UN GUIDE POUR TOUT FAIRE AVEC VOTRE MAC EN 200 QUESTIONS

Chez *Compétence Mac*, nous mettons tout en œuvre pour vous aider à maîtriser et à saisir au mieux les systèmes qui équipent votre Mac, votre iPhone ou votre iPad. Le but étant bien sûr que ces fabuleux appareils, devenus indispensables, n'aient plus de secrets pour vous. Lorsque nous explorons un sujet, nous l'envisageons de votre point de vue et tentons ainsi de répondre à vos questions. Celles que vous vous posez quotidiennement, mais aussi celles qui vous feront découvrir des fonctions jusqu'alors inconnues. Car il n'y a aucun doute, chaque jour une nouvelle interrogation vous vient à l'esprit : pourquoi ? Comment ? Est-il possible de ? C'est ainsi que ce numéro est né : tout faire avec votre Mac en 200 questions.

Nous avons établi une liste de 200 questions concrètes. Entre vos mains se trouvent les 200 réponses liées aux usages les plus courants : système, fichiers, matériel, internet, photos, audio, musique, vidéo, achats et sauvegardes. Ainsi, vous allez comprendre pourquoi votre Mac refuse d'installer une application, apprendre à le verrouiller d'un seul geste pour davantage de sécurité, comment accélérer son démarrage, pourquoi n'émet-il plus aucun son, mais aussi comment crypter un fichier ou restaurer une ancienne version d'un document. Et bien plus encore.

Ce guide, 100 % pratique, répondra à vos interrogations présentes, mais également à celles à venir, lorsque vous aurez installé une nouvelle application comme Aperture ou VLC. Sans oublier le matériel qui accroît votre équipement d'année en année : Apple TV, disque dur externe pour vos sauvegardes et, pourquoi pas, une borne AirPort pour centraliser et optimiser votre réseau domestique. Enfin, vous verrez que des applications simples en apparence, comme Time Machine, sont en réalité capables de beaucoup. Découvrez sans plus attendre le détail de ces 200 questions dans notre sommaire.

Bonne lecture à toutes et à tous.

Audrey Couleau
audrey.couleau@competencemac.com

SOMMAIRE

CHAPITRE 1 SYSTÈME, FICHIERS ET MATÉRIEL

MAC OS X

Pourquoi mon Mac refuse-t-il d'installer une application ? 10
Comment activer la demande de mot de passe en sortie de veille ? 10
Comment sécuriser une clé USB ou un disque dur externe ? 11
Pourquoi mon fond d'écran change-t-il au démarrage ? 11
Fenêtre du Finder : d'où vient ce point d'interrogation ? 12
Finder : comment supprimer un élément de la barre latérale ? 12
Pourquoi mon Mac ne se met-il pas en veille ? 13
Comment retrouver le mot de passe principal de mon Mac ? 14
Pourquoi mon Mac n'émet-il plus de son ? 15
Quelles applis ont accès à mon carnet d'adresses et à mon agenda ? 15
Comment verrouiller mon Mac d'un seul geste ? 16
Comment automatiser le démarrage et l'arrêt de mon Mac ? 16
Comment faire apparaître les barres de défilement ? 17
Comment accélérer le démarrage de mon Mac ? 17

FICHIERS

Comment exclure des fichiers d'une recherche Spotlight ? 18
Comment crypter un fichier ? 18
Comment retrouver un fichier récemment créé ? 19
Applications : comment désactiver le panneau d'accueil iCloud ? 19
Comment créer un compteur de mots et de caractères universels ? 20
Comment récupérer une ancienne version d'un fichier ? 21
Pourquoi des fichiers s'ouvrent-ils quand je lance une application ? 21
Comment afficher et changer l'extension d'un fichier ? 22
Stockage : à quoi correspondent les « Copies » ? 23
Comment synchroniser de gros fichiers sans serveur ? 24

MATÉRIEL

Comment connecter un MacBook Air ou MacBook Pro Retina en Ethernet ? 24
Dans quel sens brancher les prises USB ? 24
Comment augmenter le nombre de ports USB d'un Mac ? 25
Quelles différences entre une borne AirPort Extreme, AirPort Express et AirPort Time Capsule ? 26
Comment imprimer à partir de mon iPad ou de mon iPhone ? 28
Pourquoi utiliser une enceinte AirPlay ? 29
Le SuperDrive d'Apple a-t-il encore la cote ? 29

CHAPITRE 2 INTERNET

WEB

Comment supprimer la publicité sur YouTube ? 32
Pourquoi ma connexion internet est-elle plus lente le soir ? 32
Comment accéder à un serveur ? 33
Faut-il installer un antivirus sur mon Mac ? 33
Pourquoi mon Mac se connecte-t-il au mauvais réseau Wi-Fi ? 34
Pourquoi et comment renseigner mes comptes Facebook et Twitter ? 34
Puis-je envoyer des iMessages sans avoir d'iPhone ? 35
Puis-je remplacer ma box internet par un autre boîtier ? 35
Comment bloquer l'expéditeur d'un iMessage indésirable ? 36

SAFARI

Comment accéder rapidement à mes sites préférés ? 37
Comment accéder aux liens partagés sur Twitter ? 37
Comment garder et synchroniser des articles entre tous mes appareils ? 38
Comment personnaliser la page d'accueil de Safari ? 38
Comment partager un article intéressant ? 39
Comment fonctionnent les onglets iCloud ? 39
Avec quel outil lire confortablement un article ? 40
Comment ajouter un site à mes favoris grâce au bouton + ? 40
Comment gérer les modules bloqués par Safari ? 41
Comment archiver et partager des pages web ? 41

MAIL

Comment enregistrer dans iPhoto des photos reçues par email ? 42
Pourquoi Mail n'arrive pas à relever mes messages ? 42
Pourquoi les emails envoyés de mon iPhone n'apparaissent pas dans Mail ? 43
Comment fonctionne le service VIP ? 44
Où stocker les dossiers créés dans Mail ? 44
Comment retrouver le mot de passe de ma messagerie ? 45
Pourquoi les recherches effectuées n'aboutissent pas ? 45

NOTIFICATIONS

Comment stopper les notifications incessantes ? 46
Comment aller plus loin dans la personnalisation des notifications ? 47
Comment supprimer des applications du centre de notifications ? 48
Comment s'abonner aux notifications d'un site web ? 48
Comment ouvrir le centre de notifications grâce à un raccourci clavier ? 49
Comment désactiver les notifications d'iTunes ? 49

CHAPITRE 3 PHOTOS

APERÇU

Comment recadrer une image ? 52
Comment préparer une image pour le web ? 52
Comment détourer un élément ? 53
Comment convertir une image en noir et blanc ? 54
Comment créer un fichier PDF ? 54
Comment choisir le bon format pour partager une photographie ? 55
Comment sécuriser un fichier PDF ? 56
Comment rassembler plusieurs PDF en un seul ? 56
Comment modifier les dimensions d'un lot d'images ? 57
Comment numériser facilement un document ? 57

iPHOTO

Comment appliquer une même correction sur deux photos ? 58
Comment trouver les photos en double en dehors d'iPhoto ? 58
Comment déplacer des photos d'une bibliothèque à une autre ? 59
Pourquoi mes photos disparaissent-elles après une importation ? 60
Comment identifier le lieu de prise de vue ? 60
Comment regrouper toutes les vidéos importées ? 61
Comment réaliser un film à partir d'une série de photos ? 61
Comment transférer des photos sur iPhone ou iPad ? 62
Comment supprimer rapidement les photos de l'iPhone ? 63
iPhone : comment couper la consommation 3G/4G du flux de photos ? 63
Comment annuler le lancement d'iPhoto au branchement d'un iDevice ? 64
Comment régénérer les vignettes ? 64
iPhoto crée-t-il plusieurs versions d'une photo retouchée ? 65

APERTURE

Comment réduire la taille de la bibliothèque Aperture ? 66
Comment restaurer les paramètres d'origine ? 66
Quelle est la différence entre photothèque et banque ? 67
Peut-on basculer d'iPhoto à Aperture et inversement ? 67
Comment Aperture gère-t-il les originaux et les copies de travail ? 68
Comment afficher les informations d'un projet ? 69
Comment fonctionnent les piles ? 69

CHAPITRE 4 AUDIO ET MUSIQUE

AUDIO

Comment numériser des cassettes audio ou des vinyles ? 72
Comment personnaliser le volume sonore suivant les applications ? 74
Comment régler plus finement le son du Mac ? 74
Comment utiliser un égaliseur général pour le Mac ? 75
Comment enregistrer un mémo vocal ? 75
Comment personnaliser les effets sonores du Mac ? 76
Comment ajouter de nouveaux effets sonores ? 76
Comment modifier le volume d'entrée d'un micro ? 77
Comment changer rapidement d'entrée ou de sortie audio ? 77

iTUNES

Pourquoi ma musique disparaît-elle après une importation ? 78
Comment ajouter un titre sur un iPhone ou un iPad en un clin d'œil ? 78
Quelle différence entre doublons et éléments en double ? 79
Comment ajouter des paroles à un titre ? 79
Comment convertir des pistes .flac ? 80
Comment extraire la piste audio d'une vidéo ? 80
Comment faire réapparaître la barre latérale ? 81
Comment savoir si un plug-in ralentit iTunes ? 81
Où est passée l'option de gravure ? 82
Comment modifier l'ordre des titres en lecture ? 82
Comment regrouper plusieurs titres sur un unique album ? 83

CHAPITRE 5 VIDÉO

FILMS

Comment ajouter des sous-titres à une vidéo ? 86
Comment récupérer un extrait de film ? 86
Comment lire un Blu-ray sur mon Mac ? 87
Sur quel site héberger mes films de famille ? 87
Comment diffuser une vidéo via AirPlay sur une télévision ? 88
Comment créer un fichier de sous-titres ? 88
Comment utiliser le bureau étendu ou la recopie vidéo sans fil ? 89
Qu'est-ce que le HDCP ? 89
Comment obtenir toutes les informations relatives à un film ? 90
Comment enregistrer une vidéo YouTube ? 90
Comment accéder directement aux vidéos disponibles sur mon Mac ? 91

VLC

Comment forcer le Mac à lire mes films avec VLC ? 92
Comment regarder les chaînes de la TNT ? 92
Comment améliorer la qualité de l'image en cours de lecture ? 93
Comment zoomer sur une vidéo ? 93

iTUNES

Comment convertir des films pour iTunes ? 94
Faut-il sauvegarder les films achetés sur le Store ? 94
Comment optimiser l'espace occupé par des films sur mon iPad ? 95
Où sont rangées les vidéos en provenance d'iMovie ? 95
Comment lire des films et séries dans une fenêtre séparée ? 96
Comment forcer iTunes à lire les vidéos en haute définition ? 96
Comment ajouter informations et jaquette à vos films ? 97

QUICKTIME

Comment lire un Divx avec QuickTime sous OS X Mavericks ? 98
Comment filmer l'écran du Mac ? 99
Comment créer un générique ? 99
Comment monter plusieurs vidéos en une seule ? 100
Comment publier directement sur YouTube ? 100
Comment créer des versions pour iTunes, l'iPhone ou l'iPad ? 101
Comment afficher la durée totale d'une vidéo en cours de lecture ? 101

CHAPITRE 6 ACHATS

MAC APP STORE

Comment gérer les mises à jour ? 104
Comment installer une application achetée sur un autre Mac ? 105
Comment télécharger à nouveau une application ? 105
Pourquoi et comment ignorer une mise à jour ? 106
Comment supprimer une application de la liste d'achats ? 106
Comment télécharger à nouveau les anciennes versions de Mac OS X ? 107
Comment sauvegarder les précédentes versions de Mac OS X ? 107

iTUNES STORE

Quelles sont les limites d'un film acheté sur iTunes ? 108
Peut-on lire hors connexion un film acheté sur l'iTunes Store ? 108
À quoi sert la liste des souhaits ? 109
De combien de temps disposez-vous pour visionner un film loué ? 109

Où pouvez-vous visionner un film loué ? 110
Est-il possible de transférer un film loué vers un autre appareil ? 110
Sur quel appareil pouvez-vous regarder un film en haute définition ? 111
Faut-il attendre la fin du téléchargement pour regarder le film ? 111
Est-il possible de copier un film acheté sur un disque dur ? 112
Quelles sont les limites d'un album acheté sur iTunes ? 113
Famille nombreuse : comment gérer les achats ? 113

APP STORE
Où trouver la liste des apps que j'ai achetées ? 114
Comment bloquer les achats intégrés ? 114
Pourquoi des apps disposent du bouton Ouvrir et d'autres d'un nuage ? 115
Je possède un iPhone et un iPad, dois-je acheter deux fois les apps ? 115
Comment changer l'identifiant de mon compte Apple ? 116
Comment récupérer les achats réalisés depuis l'Apple TV ? 116
Comment activer le téléchargement et la mise à jour des apps ? 117
Comment supprimer définitivement une app ? 117

APPLE TV
Comment utiliser la télécommande de l'Apple TV avec mon Mac ? 118
Comment accéder aux bibliothèques iTunes de plusieurs Mac ? 119
Quels sont les services complémentaires de l'Apple TV ? 120
Quelles différences entre les trois modèles d'Apple TV ? 120
L'Apple TV peut-elle accéder à mes contenus iCloud ? 121
Comment connecter l'Apple TV à une chaîne hi-fi ? 121

CHAPITRE 7 SAUVEGARDES

PRÉVENTION
Comment mettre en place une sauvegarde en trois clics ? 124
Peut-on sauvegarder plusieurs Mac sur un seul disque dur externe ? 124
Comment restaurer un fichier supprimé par erreur ? 125
Comment restaurer une sauvegarde complète ? 126
Est-il possible d'avoir deux systèmes de sauvegarde ? 127
Pourquoi ma sauvegarde est-elle si longue ? 127
Faut-il laisser le disque dur externe constamment branché ? 128
Peut-on ajouter des fichiers sur le disque de sauvegarde ? 128
Comment récupérer les données d'un ancien Mac ? 129

TIME MACHINE
Comment inclure d'autres supports à ma sauvegarde Time Machine ? 130
Comment préparer un disque dur neuf pour Time Machine ? 131
Comment accéder plus rapidement à l'interface de Time Machine ? 132
Comment restaurer les données d'une application ? 132
Après une sauvegarde, puis-je supprimer de gros fichiers du Mac ? 133
Comment sauvegarder sur un disque dur réseau ? 133
Comment supprimer un gros fichier de ma sauvegarde Time Machine ? 134
Comment sauvegarder le même Mac sur deux disques ? 135
Comment accéder aux différentes versions d'un fichier ? 135
Comment transférer mes sauvegardes d'un disque vers un autre ? 136
Time Machine m'indique que le disque est plein, que faire ? 137
Comment exclure des dossiers de la sauvegarde ? 137
Pourquoi la ligne de temps utilise-t-elle différentes couleurs ? 138
Comment forcer la sauvegarde ? 138
Pour quelles raisons opter pour une Time Capsule ? 139
Peut-on utiliser Time Machine sur une partition ? 139
Comment restaurer des photos supprimées ? 140

CHAPITRE 8 BONUS VIDÉO

Poursuivez l'expérience sur notre site 141

LE KIOSQUE 144
INDEX 146

CHAPITRE 1

SYSTÈME FICHIERS ET MATÉRIEL

Mac OS X Prenez votre Mac

1 Pourquoi mon Mac refuse-t-il d'installer une application ?

Apple a renforcé la sécurité de son système d'exploitation avec la version 10.9 (Mavericks) de Mac OS X. C'est une bonne nouvelle pour nos données, mais cela se révèle parfois trop contraignant. En effet, par défaut, seule l'installation d'applications provenant du Mac App Store peut être exécutée. Un réglage qui bloque littéralement de nombreux utilisateurs débutants ou non, d'autant plus que le message d'erreur (1) ne vous indique pas comment y remédier. Pas très sympathique. Sans plus attendre, dirigez-vous dans les **Préférences Système**. Cliquez sur le panneau nommé **Sécurité et confidentialité**. Dans le premier onglet, **Général**, déverrouillez le cadenas disponible en bas à gauche, en saisissant votre mot de passe administrateur. Pour installer des applications de toutes provenances (Mac App Store, web, DVD, etc.) et en toute liberté, cochez la case **N'importe où** en réponse à la question **Autoriser les applications téléchargées de :** (2). ■

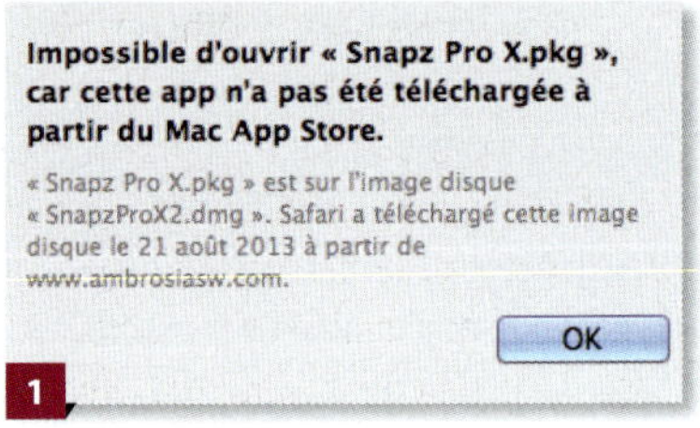

1

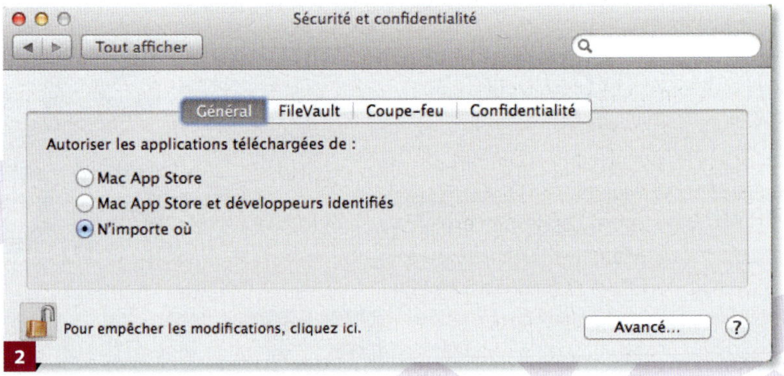

2

2 Comment activer la demande de mot de passe en sortie de veille ?

Rendez-vous dans les **Préférences Système | Sécurité et confidentialité**, cochez **Exiger le mot de passe** et définissez **Immédiatement** après la suspension d'activité ou au lancement de l'économiseur d'écran (1). Cliquez ensuite sur **Tout afficher** puis sur **Bureau et économiseur d'écran**. Cliquez ensuite sur l'onglet **Économiseur d'écran**. En bas à gauche, définissez le temps d'activation (2) : 1, 5, 10, 30 minutes, etc. Ainsi, au bout de 5 ou 10 minutes, votre Mac lancera l'écran de veille. Pour revenir à votre bureau, vous devrez saisir votre mot de passe administrateur. Pour aller plus loin et verrouiller votre Mac d'un seul geste, voyez la question 11. ■

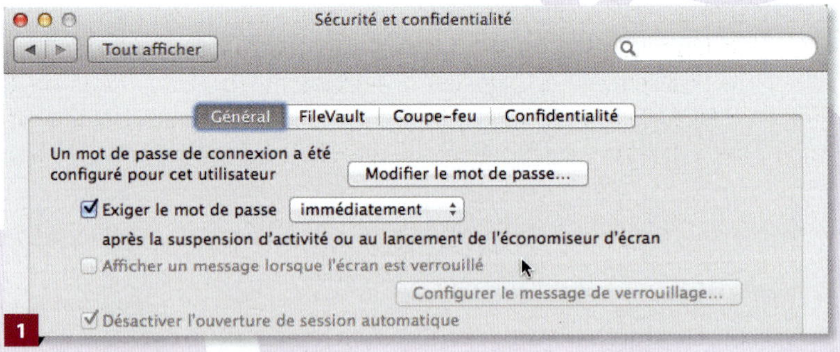

1

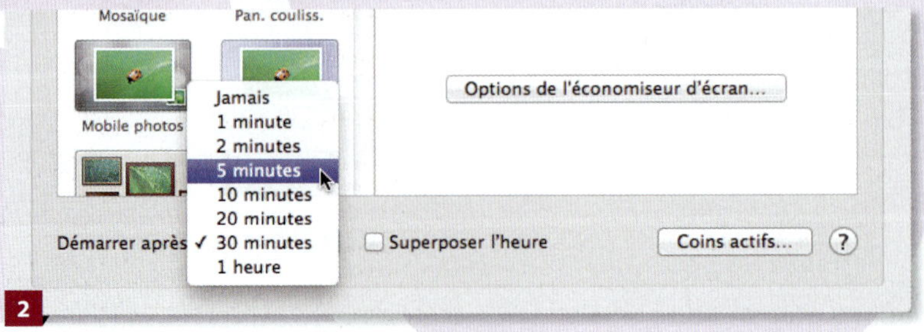

2

en main

3 Comment sécuriser une clé USB ou un disque dur externe ?

Il existe plusieurs méthodes pour protéger un support de stockage externe avec un mot de passe. L'Utilitaire de disque ou encore le logiciel True Crypt peuvent le faire, mais je vous ai trouvé une application plus simple à utiliser. C'est le fabricant LaCie qui propose une application nommée **Private-Public**. Rendez-vous à l'adresse suivante : **http://www.lacie.com/fr/support/drivers/driver.htm?id=10241** et téléchargez la version pour Mac. Ce n'est pas sur votre Mac que vous allez installer l'application, mais sur votre clé USB ou votre disque dur externe. Lancez l'application et définissez une taille pour la future partition cachée (1). Suivez les étapes et définissez un mot de passe (2). Votre partition secrète est créée, placez-y les fichiers à protéger et éjectez-la. Pour la faire réapparaître, ouvrez l'application **Private-Public** située sur le support externe. Votre mot de passe est exigé, ça fonctionne. Libre à vous d'utiliser une partie ou la totalité du support externe. En cas de perte, vous avez la garantie que personne n'accédera à vos fichiers. ■

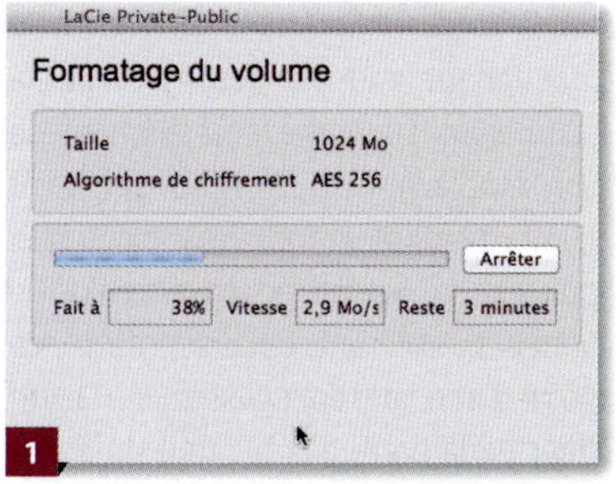

1

2

4 Pourquoi mon fond d'écran change-t-il au démarrage ?

OS X Mavericks n'est pas exempt de bugs, ici ou là. Il y en a un particulièrement agaçant qui remet le fond d'écran d'origine – la vague bleue et verte – à chaque fois que vous redémarrez votre Mac. Ce bug est notamment connu des possesseurs de MacBook Pro Retina. Si c'est votre cas : dans le Finder, maintenez la touche **[alt]** et cliquez sur le menu **Aller | Bibliothèque**. Ouvrez le dossier **Préférences** et supprimez le fichier **com.apple.desktop.plist**. Éteignez et démarrez votre Mac, l'affaire doit être résolue. ■

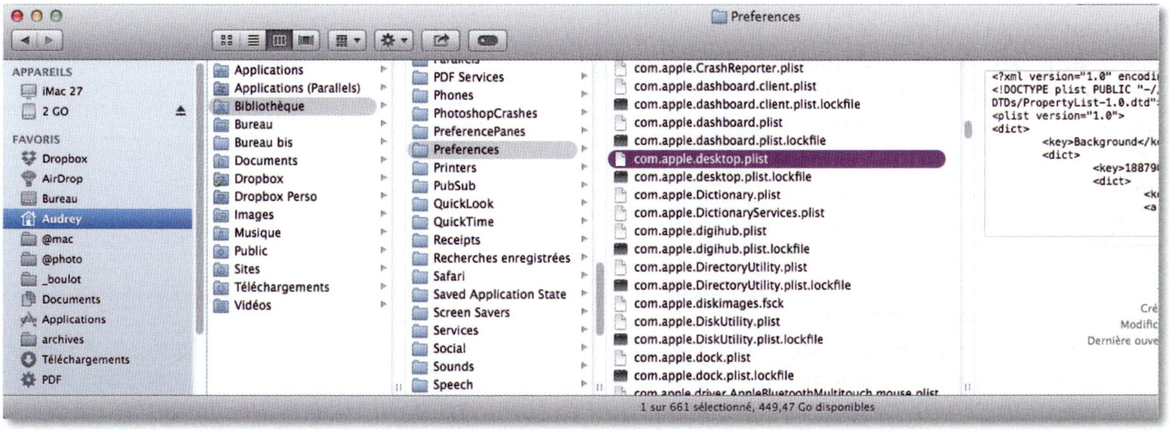

5 Fenêtre du Finder : d'où vient ce point d'interrogation ?

La barre d'outils du Finder peut contenir des dossiers ou des fichiers personnels, en plus des boutons d'actions disponibles par défaut. Pour ajouter un raccourci vers un dossier ou un fichier de votre choix, faites-le glisser dans la barre d'outils en maintenant la touche **[cmd]**. Si, par la suite, vous supprimez cet élément de son emplacement d'origine, un point d'interrogation prendra sa place (1), puisque le Finder ne trouve plus le fichier s'y référant. Pour supprimer ce point d'interrogation, glissez-le à l'extérieur de la barre d'outils tout en maintenant la touche **[cmd]**. Le Dock fonctionne de la même façon, il peut afficher un point d'interrogation si une application ou un dossier, autrefois existant, a été supprimé. Faites-le glisser hors du Dock pour le supprimer (2). ■

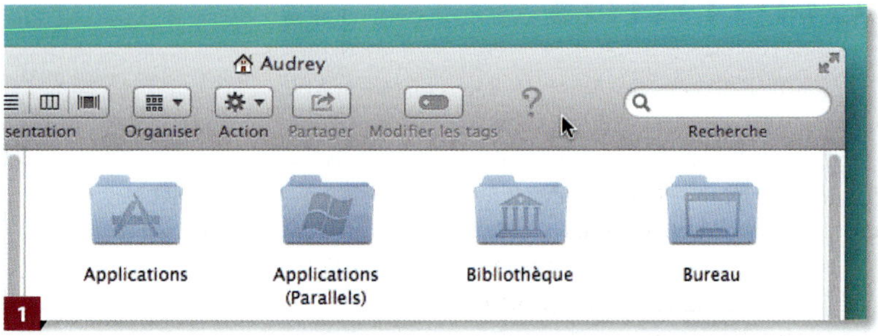

6 Finder : comment supprimer un élément de la barre latérale ?

Tout comme la barre d'outils et le Dock (voir la question précédente), la barre latérale de la fenêtre du Finder accueille des raccourcis vers vos dossiers favoris. Vous pouvez également y placer temporairement un dossier sur lequel vous êtes en train de travailler, afin de gagner du temps dans la manipulation des fichiers contenus dedans. Il est à noter que contrairement à la barre d'outils, seuls des raccourcis vers les dossiers sont acceptés et non pas vers des fichiers. Si vous placez un dossier dans la barre latérale et supprimez le dossier par la suite, son raccourci sera automatiquement supprimé, une bonne chose. Pour supprimer d'autres éléments dont vous n'avez pas besoin au quotidien, glissez-les à l'extérieur de la fenêtre, ils s'évaporent dans un petit nuage (1).

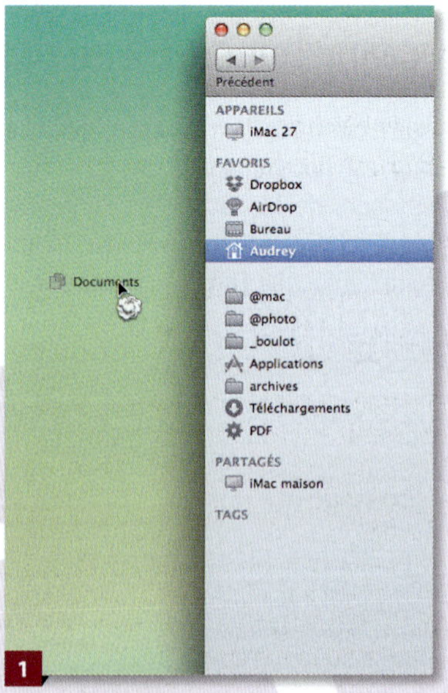

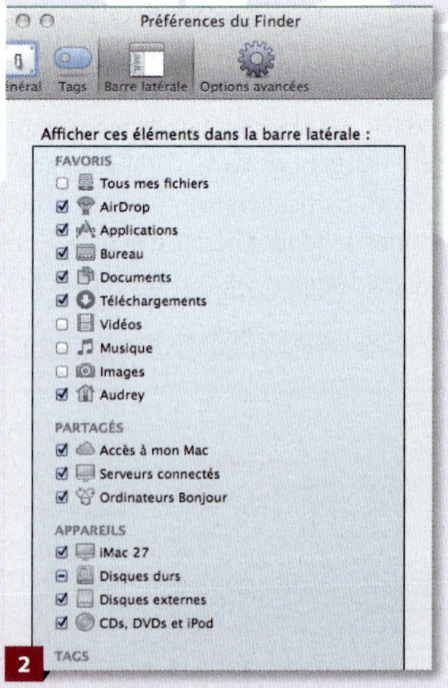

Autre solution, plus conventionnelle, et nécessitant davantage de clics : dirigez-vous dans le menu **Finder | Préférences**. Cliquez sur l'onglet **Barre latérale** et décochez les éléments inutiles (2). ■

7 Pourquoi mon Mac ne se met-il pas en veille ?

Afin de définir ce qui empêche votre Mac de se mettre en veille, ou s'il se réveille tout seul, il faut procéder par étapes. Les causes sont nombreuses et diffèrent entre les Mac de bureau et les portables. La première chose à effectuer est de vérifier les paramètres de l'économiseur d'énergie. Allez dans les **Préférences Système | Économiseur d'énergie**, vérifiez que les réglages ne soient pas sur **Jamais** (1). Dans ce cas, il est normal que votre ordinateur ne se mette pas en veille. Si vous possédez un Mac portable, vérifiez les réglages sur **batterie**, mais également sur **secteur** (ils peuvent différer). Si ces réglages sont corrects, le problème vient d'ailleurs. Si Spotlight est en train d'indexer le disque dur interne ou un périphérique de stockage externe, la mise en veille peut être perturbée. Vérifiez ensuite dans les **Préférences Système | Partage** : l'activation ou non du partage **Gestion à distance**, qui peut désactiver la mise en veille. Allez ensuite dans les paramètres **Bluetooth | Avancé** : décochez la case **Autoriser les appareils Bluetooth à réactiver l'ordinateur**. La file d'attente d'impression contient-elle une tâche d'impression ?

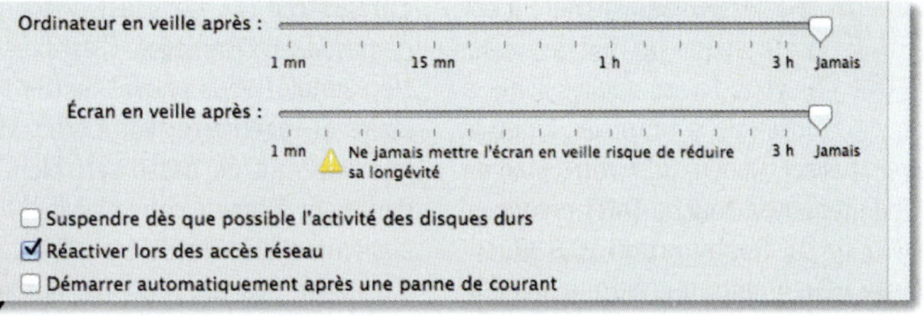

1

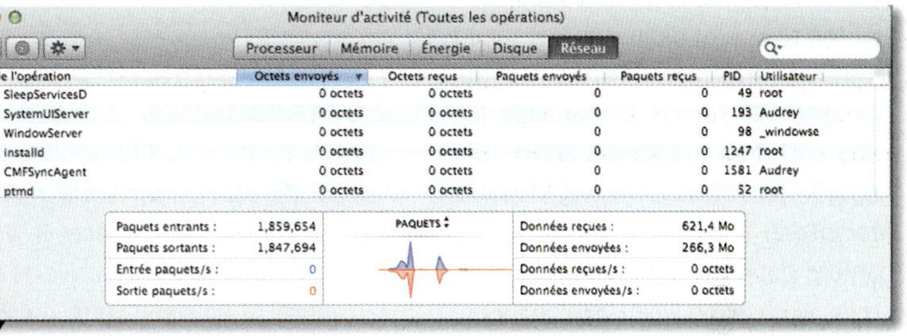

2

Supprimez-la. L'activité réseau peut également réactiver votre Mac, un processus ou une application envoyant ou récupérant des données. Il est donc bon de vérifier tout cela. Quittez toutes les applications ouvertes, sans oublier des services comme Dropbox ou Infinit. Ouvrez le **Moniteur d'activité** (**Applications | Utilitaires**). Cliquez sur l'onglet **Réseau**. En bas à droite, les données reçues et envoyées doivent être à zéro (2). Si ce n'est pas le cas, un processus est encore actif et il se peut qu'il soit responsable du problème de mise en veille. Quittez-le et testez la mise en veille. Cela ne fonctionne toujours pas ? Une dernière solution existe. Elle consiste à réinitialiser le contrôleur de gestion du système, appelé également SMC. Ce contrôleur gère beaucoup d'éléments (ventilateurs, éclairage et voyants, etc.), mais surtout l'alimentation, notre souci actuel. Suivez la procédure indiquée dans le tableau ci-dessous, selon votre équipement. ■

Réinitialiser le contrôleur de gestion du système (SMC)

Mac portable avec batterie amovible	Mac portable avec batterie non amovible	Mac de bureau
1 • Éteignez l'ordinateur. 2 • Déconnectez l'adaptateur secteur MagSafe de l'ordinateur, s'il est connecté. 3 • Retirez la batterie. 4 • Maintenez le bouton d'alimentation enfoncé pendant cinq secondes. 5 • Relâchez le bouton d'alimentation. 6 • Reconnectez la batterie et rebranchez l'adaptateur secteur MagSafe. 7 • Appuyez sur le bouton d'alimentation pour allumer l'ordinateur.	1 • Éteignez l'ordinateur. 2 • Branchez l'adaptateur secteur MagSafe à une source d'alimentation et connectez-le au Mac si ce n'est pas déjà fait. 3 • Sur le clavier intégré, appuyez simultanément sur les touches **[maj]**+**[ctrl]**+**[alt]** (de gauche) et sur le bouton d'alimentation. 4 • Relâchez en même temps toutes les touches et le bouton d'alimentation. 5 • Appuyez sur le bouton d'alimentation pour allumer l'ordinateur.	1 • Éteignez l'ordinateur. 2 • Débranchez le cordon d'alimentation de l'ordinateur. 3 • Patientez pendant quinze secondes. 4 • Branchez le cordon d'alimentation de l'ordinateur. 5 • Patientez cinq secondes, puis appuyez sur le bouton d'alimentation pour démarrer l'ordinateur.

8 Comment retrouver le mot de passe principal de mon Mac ?

Votre session administrateur est protégée par un mot de passe. Si vous l'avez oublié, il n'y a aucun moyen de le retrouver, il faut le réinitialiser. Redémarrer votre Mac en maintenant la touche **[alt]** enfoncée. Cliquez sur **Restauration 10.9** (Recovery HD). À noter que cette manipulation fonctionne avec les versions 10.7 et 10.8 de Mac OS X. Allez dans le menu **Utilitaires | Terminal**. Dans la fenêtre, qui n'attend qu'une commande de votre part, tapez **resetpassword**. Une nouvelle fenêtre s'ouvre, sélectionnez **Macintosh HD**, puis le nom de votre compte dans le menu déroulant. Saisissez alors un nouveau mot de passe, confirmez-le. Validez en cliquant sur **Enregistrer** (1). Ça y est, votre mot de passe est réinitialisé. C'est presque trop simple ! Vous pouvez quitter l'utilitaire et redémarrer votre Mac. Votre nouveau mot de passe sert bien évidemment à ouvrir votre session, mais également au sein de Mac OS X afin d'installer des applications, autoriser des services, etc.

À l'avenir, prendre ses précautions

Depuis la sortie d'OS X Mavericks, il est possible de réinitialiser votre mot de passe administrateur grâce à votre identifiant Apple. S'il vous arrive à l'avenir d'oublier à nouveau votre précieux sésame, prenez auparavant quelques précautions. Dirigez-vous dans les **Préférences Système | Utilisateurs et groupes**. Déverrouillez le cadenas en bas à gauche. Sélectionnez votre session dans la colonne de gauche et cochez la case **Autoriser la réinitialisation du mot de passe avec l'identifiant Apple** (2). Refermez les Préférences Système. Mettons-nous maintenant dans la situation suivante : vous allumez votre Mac et il vous est impossible de vous souvenir de votre mot de passe. Au bout de trois essais, votre Mac vous propose alors de le réinitialiser (3). Saisissez alors l'**identifiant** et le **mot de passe** de votre compte Apple. Cliquez sur **Réinitialiser le mot de passe** et suivez les étapes (4). ■

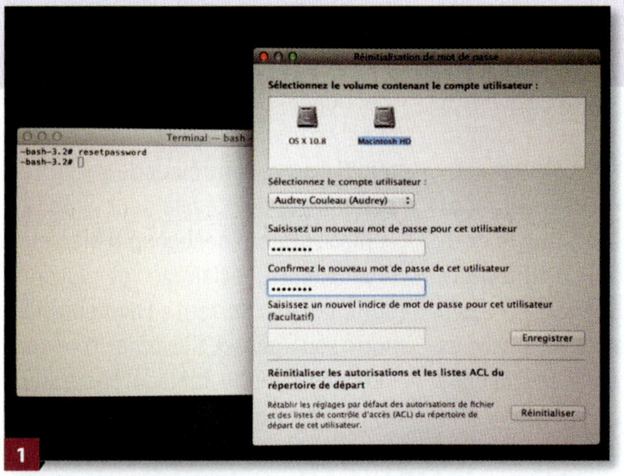

1

2

3

4

9 Pourquoi mon Mac n'émet-il plus de son ?

Un beau matin, votre Mac n'émet plus aucun son. Premiers réflexes : vous vérifiez que le volume n'est pas coupé (1), le réglage des sorties audio (2), les périphériques branchés (casques, enceintes), mais rien n'y fait, il reste muet comme une carpe. Avant de vous rendre chez votre revendeur agréé ou de perdre du temps avec la hotline d'Apple (payante, mais très efficace, soit dit en passant !), il y a quelques petites choses à connaître. OS X utilise une mémoire spécifique (*PRAM* pour les Mac équipés d'un processeur PowerPC, *NVRAM* pour les Mac équipés d'un processeur Intel) qui stocke certains éléments, et notamment le volume du Mac. En cas de problème, il faut réinitialiser cette mémoire. Éteignez votre Mac. Repérez les touches **[cmd]**, **[alt]**, **[p]** et **[r]** sur votre clavier. Allumez l'ordinateur et appuyez simultanément sur ces quatre touches. Maintenez-les enfoncées jusqu'à ce que votre Mac redémarre et qu'il émette **deux fois** son fameux dong. Relâchez les touches et ouvrez votre session. Le son est de retour, magique. ■

1

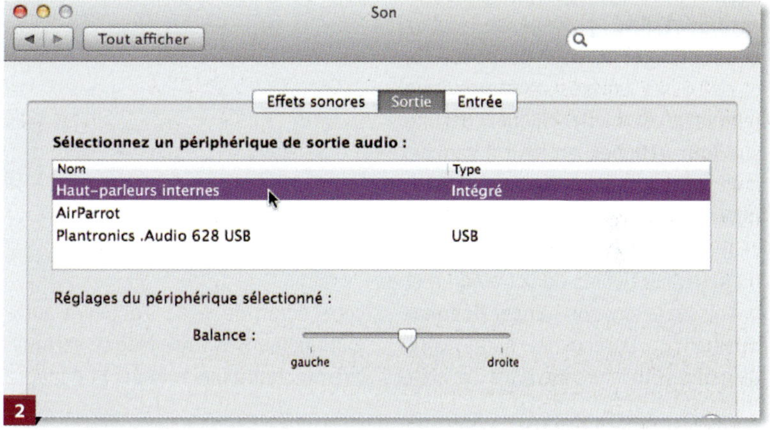

2

10 Quelles applis ont accès à mon carnet d'adresses et à mon agenda ?

Depuis l'arrivée d'OS X Mavericks, Apple a renforcé la sécurité de son système, vous le savez. Vous avez aujourd'hui la possibilité d'autoriser ou non l'accès de votre carnet d'adresses, mais aussi de votre agenda à certaines applications. Prenons un exemple : si vous avez autorisé Skype à accéder à Contacts, mais que vous le regrettez, il est possible de lui retirer cette autorisation. Rendez-vous dans les **Préférences Système | Sécurité et confidentialité**. Cliquez sur le dernier onglet **Confidentialité**. Dans la colonne de gauche, sélectionnez **Contacts** et consultez les applications listées. Pour enlever l'autorisation, décochez la case correspondante à l'application. Profitez-en pour vérifier les autorisations des autres applications. ■

11 Comment verrouiller mon Mac d'un seul geste ?

Il existe une solution simple pour protéger votre Mac des curieux, et ceci en un seul geste. Partons du principe que la session principale (la vôtre) de votre Mac est déjà protégée par un mot de passe. Celui-ci est demandé quand vous allumez votre ordinateur. Rendez-vous dans les **Préférences Système | Sécurité et confidentialité | Général**, cochez la case **Exiger le mot de passe** (1) et définissez un laps de temps (une minute, c'est bien). Cliquez ensuite sur **Tout afficher**, en haut à gauche, puis sur le panneau **Bureau et économiseur d'écran**. En bas à droite, cliquez sur **Coins actifs**. Choisissez un des quatre coins de votre écran et définissez la fonction **Lancer l'économiseur** (2). Dorénavant, quand vous placerez votre curseur dans ce coin, votre écran de veille s'activera automatiquement et votre Mac se verrouillera au bout d'une minute. Et il faudra saisir votre mot de passe pour y accéder à nouveau, le protégeant ainsi des personnes trop fureteuses... ■

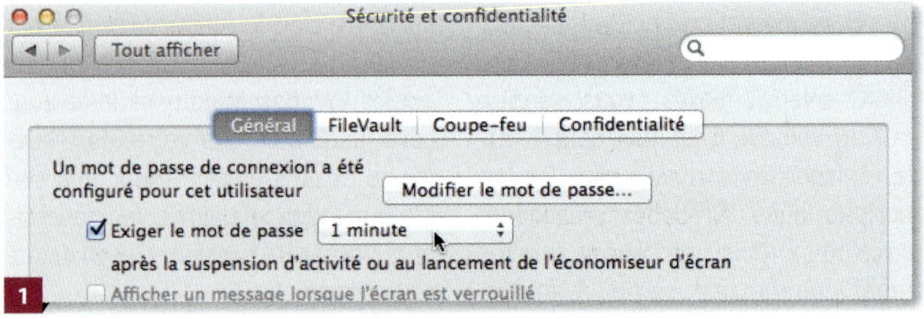

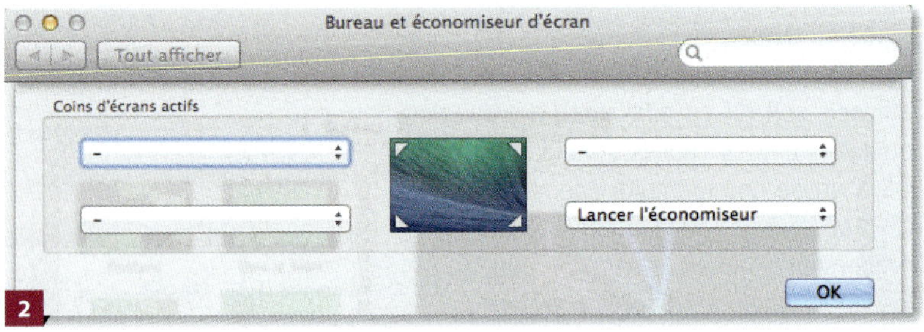

12 Comment automatiser le démarrage et l'arrêt de mon Mac ?

Vous ne le savez peut-être pas, mais votre Mac, même éteint, est équipé d'un petit dispositif électrique, actif tant qu'il est raccordé au secteur. Il permet, entre autres, de rendre le bouton de démarrage fonctionnel ou encore de conserver dans des puces divers éléments : souvenez-vous de la mémoire *PRAM* et *NVRAM*, vue en question 9. Sans ses puces mémoire, votre Mac ne pourrait pas démarrer. Grâce à ce dispositif, il est également possible d'automatiser l'allumage, la réactivation, la suspension et l'extinction de votre ordinateur. Une bonne idée pour alléger votre facture électrique (au besoin, consultez notre tableau de consommation disponible dans notre numéro 33) ! Rendez-vous dans les **Préférences Système | Économiseur d'énergie** et cliquez, en bas à droite, sur le bouton **Programmer**. Les réglages disponibles sont simples, mais efficaces (1). Définissez un jour, une période (semaine ou week-end) et des heures d'allumage et d'extinction. Cliquez sur **OK** pour valider. Si vous êtes en train d'utiliser votre Mac et que l'heure d'extinction approche, pas de panique, un message d'information apparaîtra (2). Cliquez simplement sur **Annuler** pour continuer à utiliser votre Mac. ■

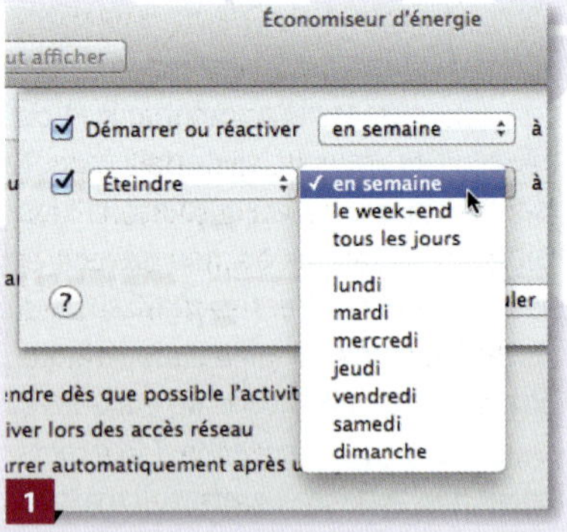

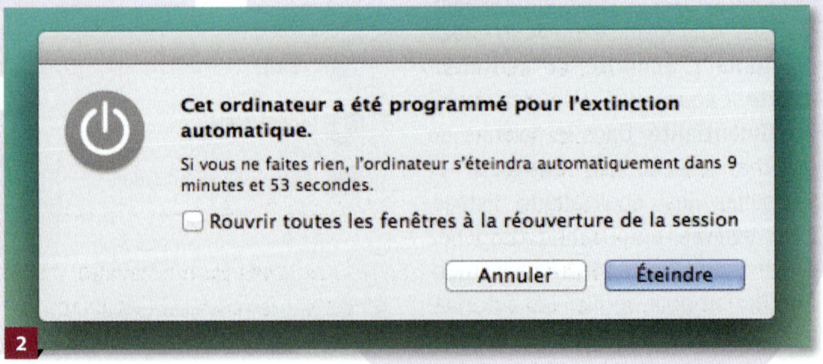

13 Comment faire apparaître les barres de défilement ?

Naviguer dans le Finder, dans un fichier PDF avec Aperçu ou encore sur le Net, c'est bien, mais avec des barres de défilement, c'est mieux. Apple a tout simplement désactivé leur affichage, sans penser aux personnes qui utilisent leur Mac avec une souris classique (non multi-touch). Bilan : impossible de voir si d'autres fichiers se trouvent dans cette fenêtre ou si ce PDF comporte plusieurs pages. Un vrai calvaire : sur l'image 1, on pourrait croire que ce dossier ne comporte que six fichiers et pourtant, une fois les barres de défilements réactivées, on se rend compte que d'autres sont disponibles. Sans plus tarder, allez dans les **Préférences Système | Général**. Devant le champ **Afficher les barres de défilement**, choisissez **Toujours**. Apple fait parfois des choix bien étranges... ■

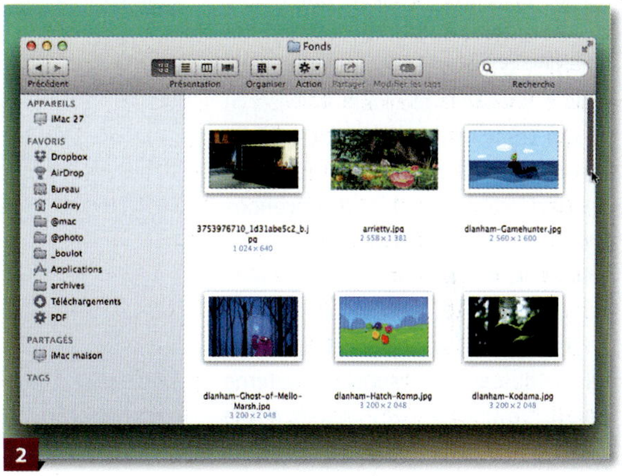

14 Comment accélérer le démarrage de mon Mac ?

La vitesse de démarrage de votre Mac dépend essentiellement du nombre d'applications et de services que ce dernier doit lancer, dès l'ouverture de votre session. Il est donc bon, de temps à autre, de vérifier ces paramètres. Pour cela, allez dans les **Préférences Système | Utilisateurs et groupes**. Déverrouillez le cadenas, en bas à gauche. Sélectionnez votre session dans la colonne de gauche, puis cliquez sur l'onglet **Ouverture**. Faites du tri, supprimez les éléments superflus en les sélectionnant et en cliquant sur le **bouton –** (1). Pour les applications, c'est réglé. Voyons maintenant les services lancés au démarrage. Cliquez dans le menu **Pomme | À propos de ce Mac**. Cliquez sur **Plus d'infos**, puis sur **Rapport Système**. Dans la colonne de gauche, section **Logiciels**, cliquez

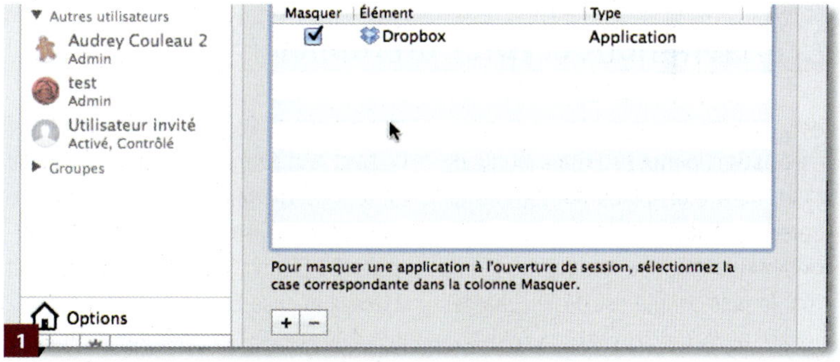

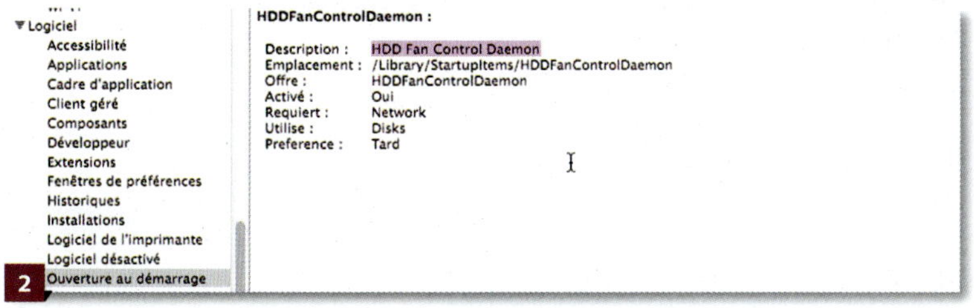

sur **Ouverture au démarrage**. Ici, je constate que j'ai un service qui tourne en tâche de fond et qui est pourtant inutile. Pour mettre la main dessus, suivez l'emplacement indiqué et mettez-le à la corbeille. ■

Fichiers Apprenez à les

15 Comment exclure des fichiers d'une recherche Spotlight ?

Apple recommande de créer autant de sessions que d'utilisateurs du Mac afin que chacun bénéficie d'une certaine confidentialité. Mais si vous êtes plusieurs à utiliser la même session, il peut être intéressant d'exclure des fichiers de la recherche. Rendez-vous dans les **Préférences Système | Spotlight**. Cliquez sur l'onglet **Confidentialité**. Par défaut, l'espace est vide puisque Spotlight a accès à tous les fichiers. Pour ajouter un dossier, un disque dur externe ou encore une clé USB, cliquez sur le **bouton +**. Parcourez l'arborescence du Mac et sélectionnez les éléments à exclure de la recherche, validez en cliquant sur **Choisir**. Désormais Spotlight exclura ces éléments de la recherche. ■

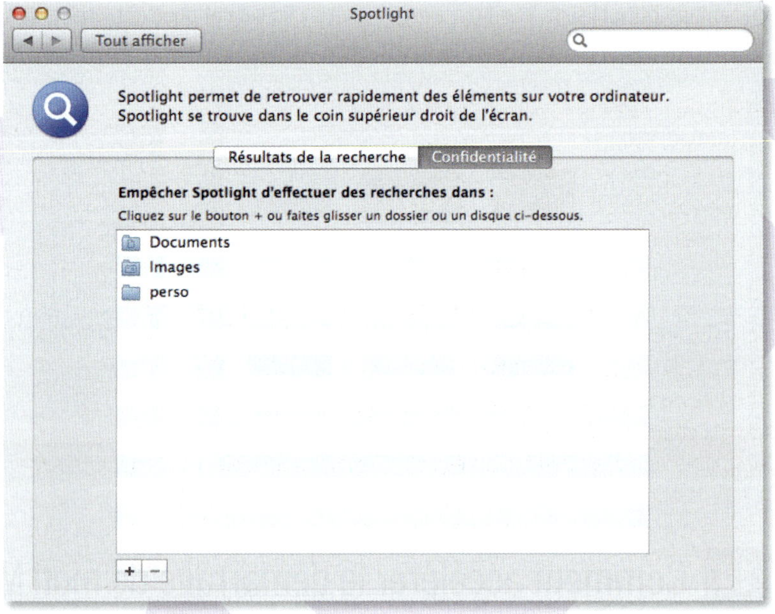

16 Comment crypter un fichier ?

Pour protéger un simple élément avec un mot de passe, inutile de mettre en place le système de protection Filevault (trop contraignant, à moins que vous ne soyez agent secret). Non, le plus simple est de télécharger gratuitement l'application **Crypt3** sur le Mac App Store (1). Installez l'appli et ouvrez-la. Glissez votre fichier ou votre dossier à crypter sur la fenêtre principale (2). Définissez un mot de passe et cochez la case **Shred original**, validez en cliquant sur **Encrypt**. Choisissez où sauvegarder votre fichier protégé. Pour l'ouvrir à nouveau, double-cliquez dessus et saisissez le mot de passe défini lors du cryptage. Pourquoi faire plus compliqué ? ■

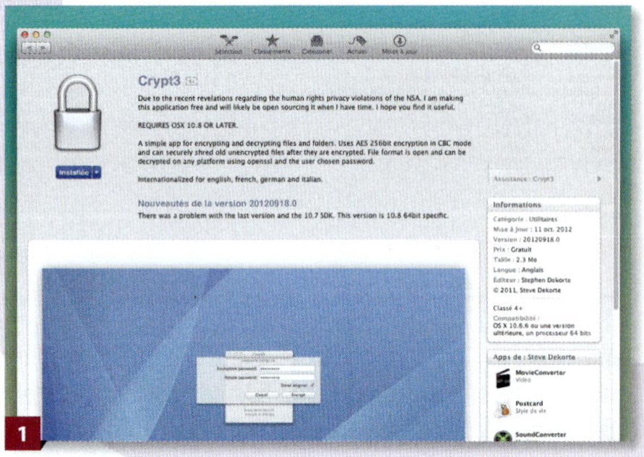

1

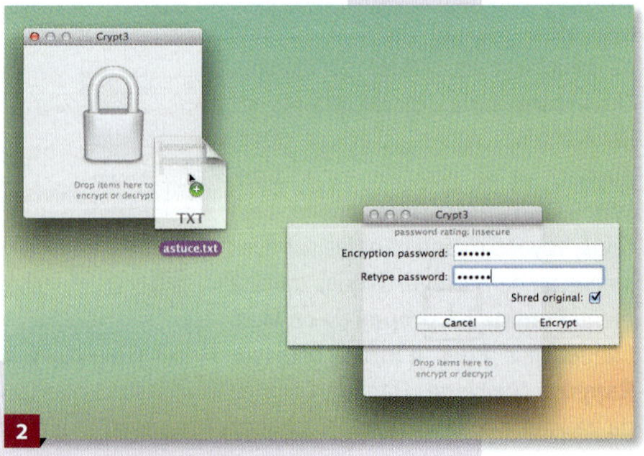

2

dompter !

17 Comment retrouver un fichier récemment créé ?

Il nous est tous arrivé, un jour ou l'autre, d'égarer un fichier ou de ne pas savoir où ce dernier avait été enregistré... C'est embêtant, d'autant plus si son nom n'a pas été personnalisé. Le premier réflexe à avoir est de relancer le logiciel qui a été utilisé pour créer ce document et d'aller dans le menu **Fichier | Ouvrir récent**. Certains logiciels conservent l'historique des cinq derniers et d'autres les dix derniers. Autre solution, passer par le menu **Pomme | Éléments récents** (1). La liste comprend à la fois les applications ouvertes récemment, mais également les documents. Une fois la main mise sur le document tant convoité, comment savoir où il a été enregistré ? Dans la liste de documents récents, cliquez sur le fichier pour l'ouvrir. Maintenez la touche **[cmd]** et cliquez sur son nom, disponible dans la barre de titre, en haut de la fenêtr (2). Vous savez dorénavant où il est rangé. ■

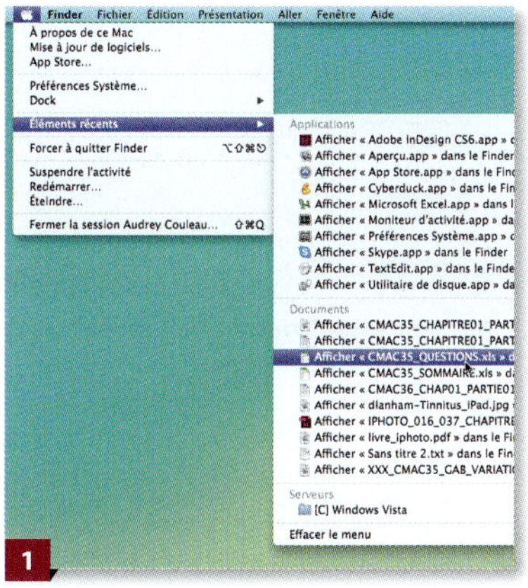

1

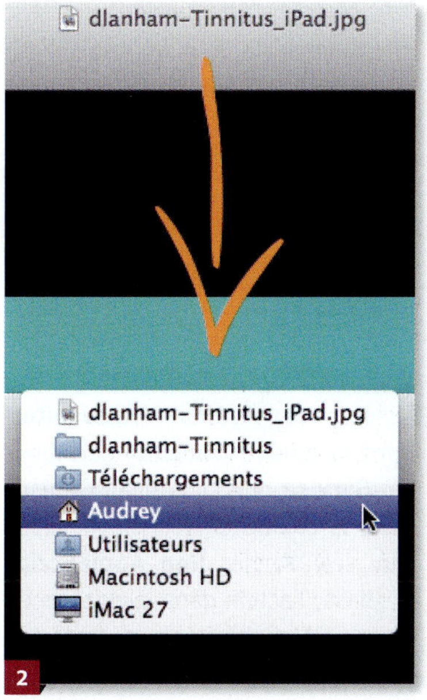

2

18 Applications : comment désactiver le panneau d'accueil iCloud ?

De nombreuses applications développées par Apple proposent une sauvegarde de vos documents sur iCloud. Au lancement, elles ouvrent donc toutes un panneau qui offre un accès à vos documents stockés sur iCloud (1). Mais cela s'avère pénible si vous n'en avez pas l'usage. Bonne nouvelle, on peut enfin le désactiver pour chacune des applications. Rendez-vous dans les **Préférences Système | iCloud**. En face du service **Documents et données**, cliquez sur le bouton **Options** et décochez les applications que vous ne souhaitez plus lier à iCloud (2). Si vous souhaitez n'en utiliser aucune, décochez tout simplement la case **Documents et données**. ■

1

2

19 Comment créer un compteur de mots et de caractères universels ?

Que ce soit pour rédiger un mémoire, un devoir, un article ou même un tweet, un compteur de mots et de caractères s'avère très utile. Par défaut, il n'en existe hélas pas dans les applications fournies avec Mac OS X. Il faut donc acquérir Pages ou Microsoft Word. Grâce à un processus simple à réaliser avec Automator, vous allez créer un compteur de caractères et de mots, qui s'intégrera à toutes les applications disponibles, aujourd'hui et à l'avenir, sur votre Mac, puisqu'il se présente sous forme d'un service.

Automator, en avant !

Lancez l'application **Automator**. Dans la fenêtre d'accueil, sélectionnez **Service**, puis cliquez sur **Choisir**. Dans le champ de recherche, tapez **run**, sélectionnez **Run AppleScript** et glisser l'action dans la colonne de droite (1). Supprimez le texte du script disponible par défaut et remplacez-le par le texte ci-contre (2). Au besoin, rendez-vous sur notre site internet (*www.competencemac.com*) pour faire directement un copier-coller. Dans Automator, et une fois le texte saisi, cliquez sur le bouton **Lecture** pour vérifier qu'il ne contient pas d'erreur. Le service est créé ! Allez dans le menu **Fichier | Enregistrer** et nommez-le (3). Quittez Automator. Votre service est désormais actif et fonctionnera dans toutes les applications où il est possible de sélectionner du texte. Lancez par exemple TextEdit et écrivez quelques mots. Sélectionnez-les. Allez dans le menu principal **TextEdit | Services** et cliquez sur votre processus **Compteur mots et caractères** (ou le nom que vous lui avez donné). Le compteur s'affiche (4), ça fonctionne. À noter que ce service est également accessible via un simple clic droit. ■

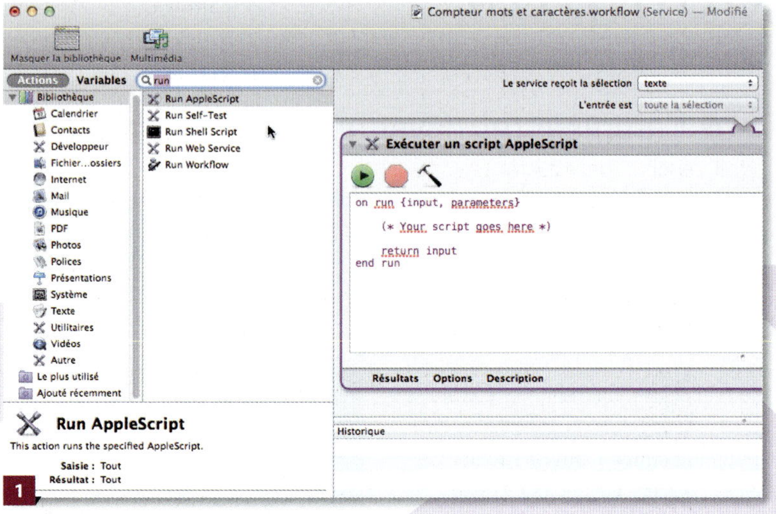

1

```
on run {input, parameters}
tell application «System Events»
set _appname to name of first process whose frontmost is true
end tell
set word_count to count words of (input as string)
set character_count to count characters of (input as string)
tell application _appname
display alert «» & word_count & « mots, « & character_count & « caractères»
end tell
return input
end run
```

2

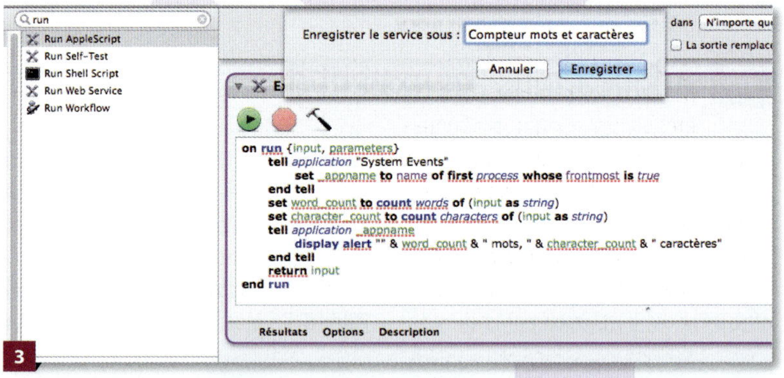

3

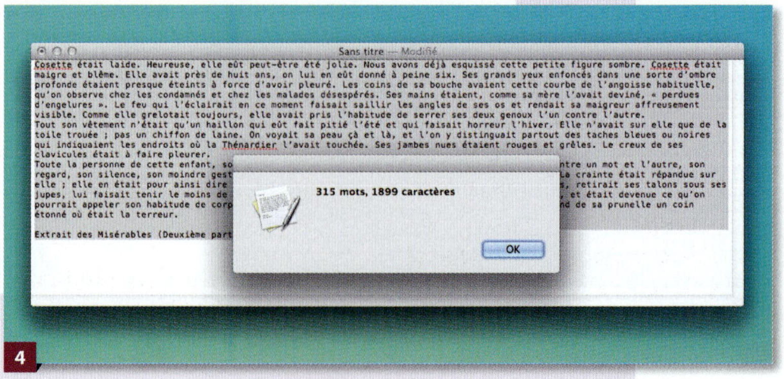

4

20 Comment récupérer une ancienne version d'un fichier ?

OS X intègre un gestionnaire de versions pour vos documents. Autrement dit, libre à vous de remonter dans le temps, d'accéder aux précédentes versions d'un document et, au besoin, de le restaurer. Le confort absolu. Cette fonction n'est pas liée à Time Machine, même si elle reprend son interface graphique. Pour en profiter pleinement, activez l'enregistrement automatique des fichiers en vous rendant dans les **Préférences Système | Général**. Décochez la case **Demander à conserver les modifications à la fermeture des documents**. Votre fichier sera alors sauvegardé toutes les cinq minutes. À l'heure actuelle, seules les applications Apple et quelques logiciels tiers sont compatibles, vérifiez auprès des développeurs. Créez un fichier dans TextEdit par exemple et saisissez du texte. Pour que la fonction s'active, enregistrez votre document. Modifiez-le et attendez quelques minutes. Voyons maintenant comment la magie opère. Dans TextEdit, allez dans le menu **Fichier | Revenir à** et choisissez **Parcourir les versions**. Comme vous le voyez sur l'image ci-dessous, votre document actuel est visible à gauche, faites défiler les anciennes versions de votre document, à droite. Une fois la bonne version trouvée, cliquez sur **Restaurer**. ■

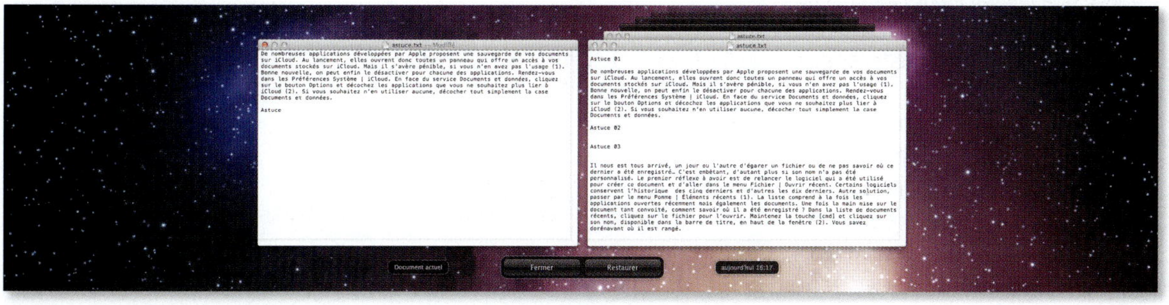

21 Pourquoi des fichiers s'ouvrent-ils quand je lance une application ?

Cette question est régulièrement posée sur les forums et vous êtes nombreux à m'avoir interrogée par email, il est donc temps de faire toute la lumière. Tout comme sur l'iPhone et l'iPad, Apple a intégré à Mac OS X une fonction permettant d'accéder aux derniers fichiers consultés ou utilisés. Sur votre tablette, il n'y a pas de gestionnaire de fichiers, vous ouvrez une app et vos documents sont déjà là. Cette fonction est donc très pratique, mais l'est moins sur le Mac, où nous gérons beaucoup plus de fichiers. Par défaut, lorsque vous ouvrez une application sur votre Mac, le ou les derniers fichiers utilisés s'ouvrent également. Si ce comportement vous gêne, direction les **Préférences Système | Général**. Cochez la case **Fermer les fenêtres à la fermeture d'une application**. Vous ne serez plus embêté ! ■

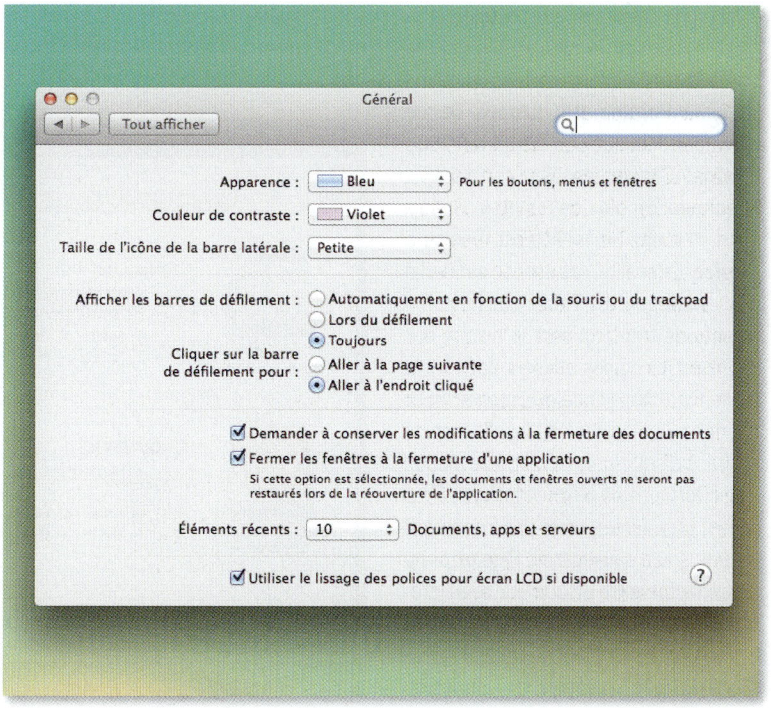

22 Comment afficher et changer l'extension d'un fichier ?

Il existe différents types de fichiers. Ceux-ci sont reconnaissables grâce à leur extension. Pour afficher les extensions dans le Finder et ainsi connaître le type de vos fichiers, allez dans le menu **Finder | Préférences**. Cliquez sur l'onglet **Options avancées** et cochez la case **Afficher toutes les extensions de fichiers** (1). Ainsi, d'un coup d'œil, vous reconnaissez le type des documents (.pdf, .txt, .rft, .doc, .xls, etc.) et des images (.png, .jpeg, .tiff, etc.). Vous savez avec quelle application les ouvrir même si, la plupart du temps, un simple double clic suffit. Pourtant, il ne suffit pas de renommer l'extension d'un fichier pour qu'il devienne compatible avec l'application visée. Ça serait trop simple ! Pour transformer une image dont l'extension est en .png en .jpeg, elle doit subir une transformation. Il faut ouvrir l'image, avec Aperçu par exemple, puis passer par le menu **Fichier | Enregistrer sous** (au besoin, appuyez sur la touche **[alt]** pour voir l'option **Enregistrer sous** apparaître). Dans **Format**, choisissez JPEG (2). Vous venez donc de changer le format de l'image. Attention, le changement de format implique parfois une perte de qualité, pour les images notamment. ■

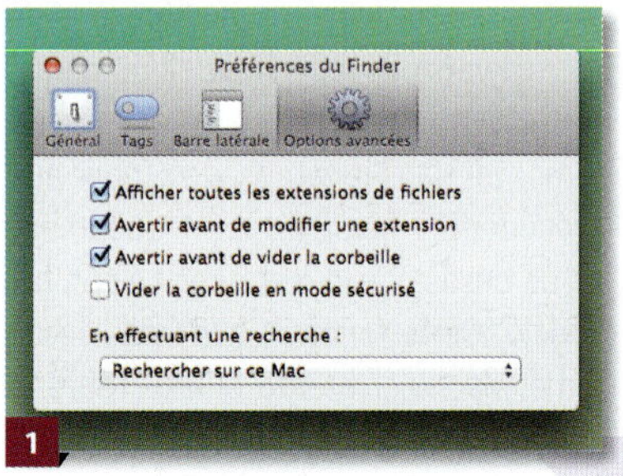

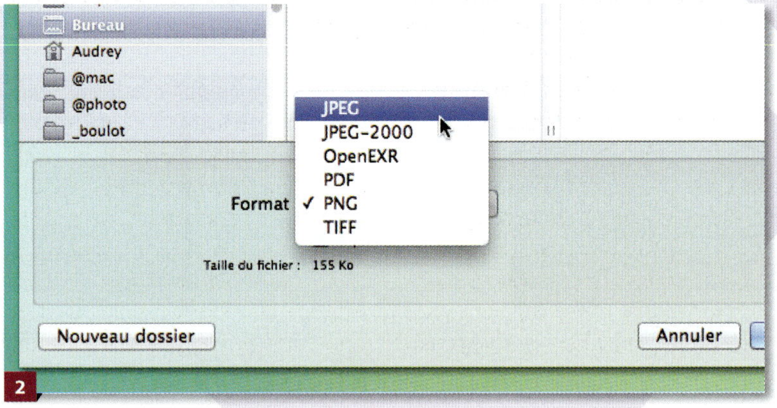

23 Stockage : à quoi correspondent les « Copies » ?

Pour savoir ce qui occupe de la place sur le disque dur interne de votre Mac, rendez-vous dans le menu **Pomme | À propos de ce Mac**, puis cliquez sur le bouton **Plus d'infos**. Cliquez ensuite sur l'onglet **Stockage**. En plus des photos, vidéos, apps et audio, un espace est réservé à **Copies**. En réalité, cet espace est dédié aux sauvegardes Time Machine en attente de transfert vers le disque dur externe. Ces copies utilisent donc de la place sur votre disque dur interne. Pour « vider » ces copies et ainsi libérer de l'espace disque, connectez votre disque dur externe dédié à Time Machine. Elles seront transférées, mais pas forcément en une seule sauvegarde. Pensez donc à connecter votre disque dur régulièrement. Il n'est pas nécessaire qu'il soit branché en permanence, une fois par semaine est suffisant. En revanche, si vous travaillez sur un gros dossier, un mémoire, etc., effectuez une mise à jour de votre sauvegarde tous les soirs. Cela libérera non seulement de la place... et vous évitera aussi une grosse déprime en cas de plantage ! ■

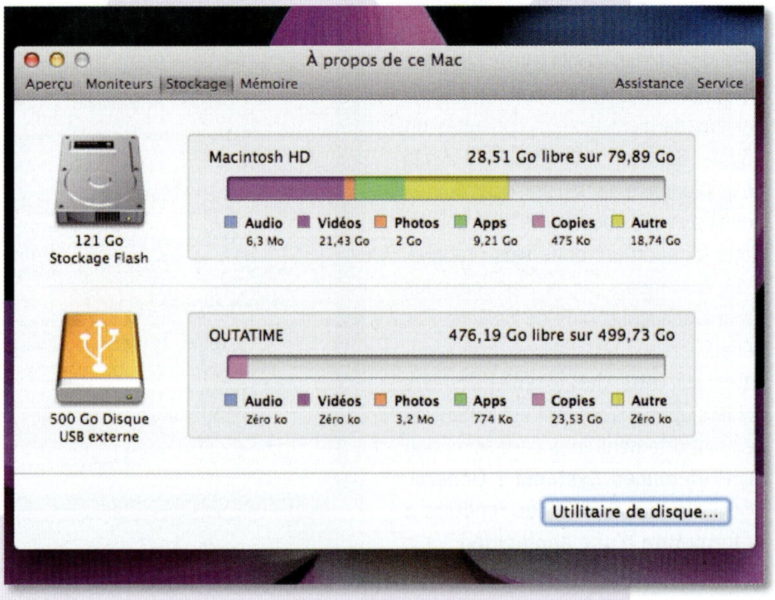

24 Comment synchroniser de gros fichiers sans serveur ?

Les trois problèmes principaux des services de synchronisation sont la sécurité et la confidentialité de nos données, sans oublier la vitesse de transfert. En effet, lorsque nous souhaitons synchroniser des données entre plusieurs appareils, la plupart des services nous offrent un espace de stockage restreint, des débits limités et nos données sont stockées chez l'hébergeur de ce service. En cas d'attaque ou de piratage du serveur, on est donc en droit de s'inquiéter pour elles. Il existe pourtant un service, gratuit de surcroît, qui crée un lien direct entre vos appareils, sans passer par un serveur, sans utiliser le Cloud, c'est **BitTorrent Sync**. Le principe de fonctionnement est simple : sur votre Mac principal, vous créez un nouveau dossier dédié au partage. Ce dossier est protégé par une clé de sécurité. Grâce à cette clé (ou un QR Code pour les appareils mobiles), vous allez synchroniser ce dossier avec vos autres appareils. Installez l'application **BitTorrent Sync** (*www.bittorrent.com/intl/fr/*) sur votre Mac et choisissez **Configuration standard** (1). Définissez le dossier à synchroniser, puis récupérez la clé de sécurité générée (2). Grâce à cette synchronisation sécurisée, vous allez choisir sur quelle machine et avec qui partager ce dossier (3).

En toute sécurité !

Sur votre second Mac par exemple, installez également **BitTorrent Sync,** mais cette fois, choisissez **J'ai une clé secrète** au lieu de la configuration standard. Saisissez la clé secrète de votre dossier. Votre second Mac est désormais synchronisé. Sur l'iPhone ou l'iPad, installez l'application du même nom, disponible sur l'App Store. Elle est également gratuite. Pour éviter de saisir la clé secrète, des QR Code ont été prévus. Sur votre Mac, cliquez sur l'icône de BitTorrent Sync dans la barre de menus. Choisissez **Ouvrir BitTorrent Sync**, cliquez sur l'onglet **Dossiers**. Faites un **clic droit** sur le dossier partagé et choisissez **Connecter un appareil mobile**. Un QR Code s'affiche, scannez-le avec votre iPhone ou votre iPad, grâce à l'app dédiée. Ça y est, tous vos appareils sont connectés (4). Placez un fichier dans votre dossier partagé et vos différents Mac se mettront à jour. Sur les appareils mobiles, et afin d'éviter l'encombrement de leur faible espace de stockage, le téléchargement n'est pas automatique par défaut… et c'est bien vu ! À vous de tapoter sur les fichiers à récupérer. Pour rappel, BitTorrent Sync est gratuit, rapide, sécurisé et n'utilise aucun serveur extérieur, une aubaine ! ■

1

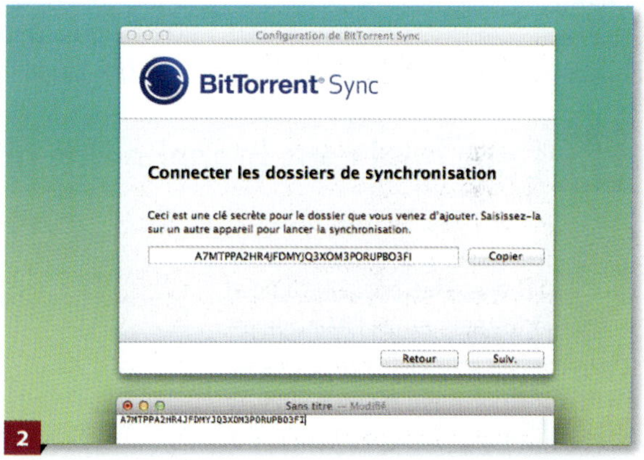

2

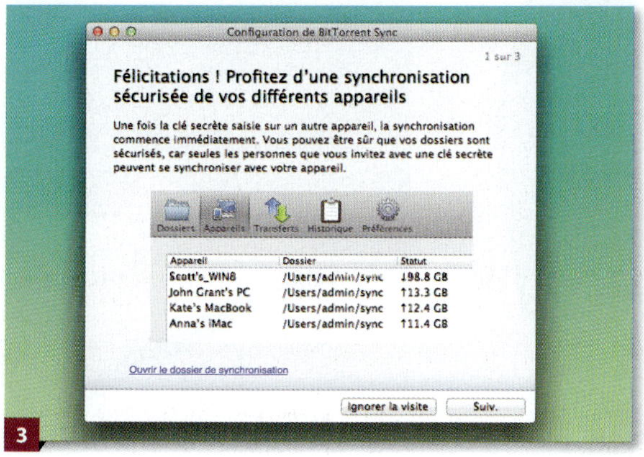

3

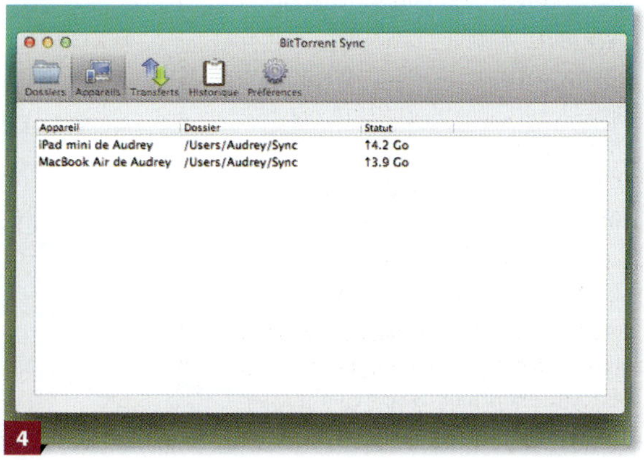

4

Matériel Donnez les meilleurs

25 Comment connecter un MacBook Air ou MacBook Pro Retina en Ethernet ?

Afin de concevoir des machines toujours plus légères et plus fines, Apple a la fâcheuse tendance à supprimer des connecteurs dans sa gamme de machines portables. C'est ainsi que le port Ethernet a tout d'abord disparu des MacBook Air, et par la suite des MacBook Pro Retina. Or certaines salles de réunion ne sont pas équipées de Wi-Fi, ou vous avez peut-être opté pour un réseau câblé afin d'éviter les ondes. Bien évidemment, la Pomme a pensé à tout en proposant deux adaptateurs. Pour cela, rendez-vous sur le site d'Apple. Le premier est un adaptateur **USB 2.0 vers Ethernet** (1). Je vous le conseille si vous possédez un MacBook Air datant d'avant 2011. Pour les MacBook Air plus récents et MacBook Pro Retina, équipé d'un port Thunderbolt, optez pour l'adaptateur **Thunderbolt vers Ethernet** (2). La connexion sera bien plus rapide qu'en USB 2.0, notamment sur le MacBook Air dont les ports USB ne sont pas très puissants. Voilà, ne reste plus qu'à passer à la caisse... ■

1

2

26 Dans quel sens brancher les prises USB ?

Que ce soit pour utiliser les ports USB d'un Mac portable, du clavier d'Apple ou de l'iMac, on arrive rarement à brancher la prise USB dans le bon sens, du premier coup, la prise USB n'étant pas réversible. Il y a pourtant une astuce simple pour ne plus se tromper ! Prenez un câble ou une clé USB en main et observez-la. Sur le connecteur, repérez les deux petits trous, les plus creux (1). Pour tout branchement horizontal (portable, clavier), ceux-ci devront toujours être vers le haut. Plus moyen de se tromper ! Pour l'iMac, qui nécessite un peu de gymnastique, gardez les petits trous vers vous et branchez vos périphériques USB (2) par la droite de l'écran. ■

1

2

compagnons à votre Mac

27 Comment augmenter le nombre de ports USB d'un Mac ?

Il faut bien l'avouer, Apple est pingre. Surtout quand il s'agit des ports USB. Sur un Mac portable, cette limitation peut se comprendre, la place étant restreinte. Mais sur un iMac, nous sommes en droit de nous poser des questions. Ce modèle de Mac de bureau dispose de quatre ports USB. Mettons bout à bout quelques périphériques : clavier, imprimante, disque dur externe, micro-casque… N'en jetez plus, les quatre ports sont pris ! Il faudra donc débrancher un périphérique pour recharger son iPhone, connecter son appareil photo, etc. Si un port USB est occupé par le clavier, vous me direz que je dispose donc d'un clavier filaire, lui-même équipé de deux ports USB. C'est vrai, mais ceux-ci sont en USB 1.1, vraiment trop lents pour décharger un appareil photo, sans parler des disques durs externes qui nécessitent au moins de l'USB 2.0 pour être fonctionnels. Nous voilà donc dans une situation inconfortable au quotidien, d'autant plus que les ports USB de l'iMac sont difficilement accessibles.

1

Vite, un hub !

La solution consiste donc à acheter un hub USB, autrement dit, un concentrateur. Avant tout, un conseil, même si votre Mac dispose de ports USB 2.0, il est plus malin d'acheter un hub en USB 3.0, vous pourrez ainsi l'utiliser pleinement avec votre prochain Mac. La rétrocompatibilité étant de mise, il fonctionnera très bien sur votre iMac actuel. Autre point important, l'alimentation. Un hub sans alimentation électrique externe sera bien moins rapide puisqu'il utilisera la bande passante de l'USB à la fois pour s'alimenter et pour transférer les données. Les tarifs de ces hubs ne sont pas excessifs, mais varient d'une marque à l'autre. MacWay propose le **Novodio Hub USB 3.0** (1) à quatre ports à 30 euros environ, du côté de Belkin, on trouve le **Concentrateur 4 ports USB 3.0** (2) à près de 60 euros. ■

2

28 Quelles différences entre une borne AirPort Extreme, AirPort

Sur son site de vente en ligne, Apple propose trois bornes disposant toutes de fonctions quasi similaires. Le souci, c'est que l'on a du mal à s'y retrouver. Le principe de ces bornes est simple : prendre le relais de votre box et vous offrir davantage de services. Si votre box ne dispose pas de la dernière génération du Wi-Fi (802.11a/ac), libre à vous de couper son réseau, d'y connecter une borne Apple par câble (Ethernet) afin qu'elle prenne le relais. Vous profiterez ainsi d'une bande passante plus rapide et d'une portée plus grande. Tentons ici de visualiser et de lister les possibilités des trois bornes. Grâce aux schémas et tableau ci-contre, vous allez y voir plus clair ! ■

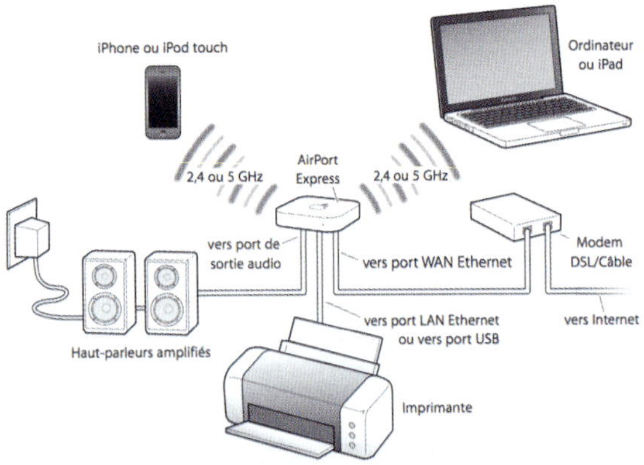

▲ *La borne AirPort Express se fait remarquer par ses connexions dédiées à la musique. Branchez-y votre chaîne hi-fi et celle-ci devient compatible AirPlay.*

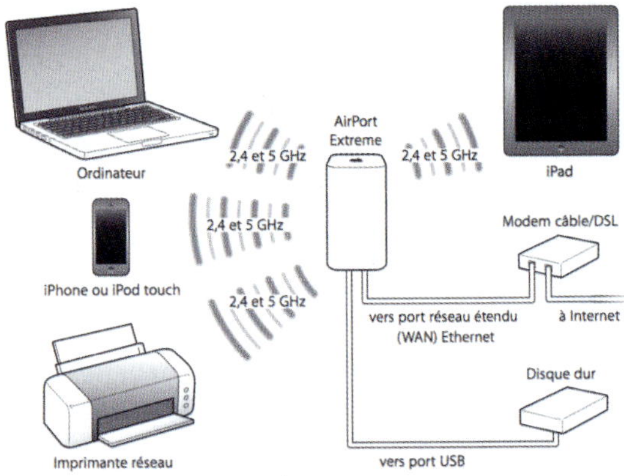

▲ *La borne AirPort Extreme améliore considérablement votre réseau Wi-Fi et permet le partage d'une imprimante et/ou d'un disque dur vers tous vos Mac et appareils mobiles.*

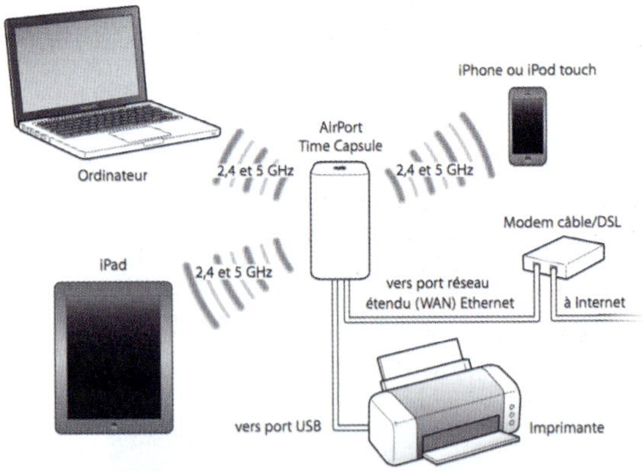

▲ *La borne AirPort Time Capsule a les avantages de la borne AirPort Extreme, mais est équipée d'un disque dur interne offrant la sauvegarde sans fil à tous les Mac de la maison.*

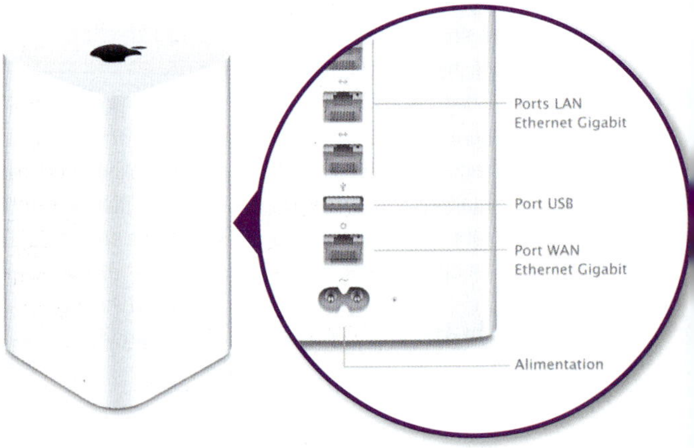

▲ *Vues de l'extérieur, les bornes AirPort Extreme et Time Capsule sont strictement identiques. Mais cette dernière est plus chère, à partir de 340 € pour la version avec disque dur de 2 To.*

◄ *La borne AirPort Express fait la même taille que l'Apple TV, elle se fait donc extrêmement discrète, pour un prix de 100 € environ.*

Express et AirPort Time Capsule ?

Les bornes AirPort d'Apple en détail

	ÉQUIPEMENTS	FONCTIONS	TARIFS
AirPort Express	Réseau Wi-Fi 802.11 a/b/g/n (Bi-bande 2,4 et 5 GHz)	Connecter sans fil tout appareil équipé du Wi-Fi d'ancienne génération (Wi-Fi 2,4 GHz 802.11b et 802.11g) et de nouvelle génération (Wi-Fi 5 GHz 802.11n et 802.11a)	100 € environ
	Réseau AirPlay	Diffuser sans fil votre musique à travers une chaîne stéréo ou des haut-parleurs	
	1 port Ethernet WAN 10/100 Base-T	Connecter votre box ou votre modem	
	1 port Ethernet LAN 10/100 Base-T	Connecter des périphériques Ethernet : imprimante réseau, ordinateurs et se connecter à un réseau Ethernet existant	
	1 port USB	Connecter une imprimante USB et la transformer en imprimante Wi-Fi	
	1 prise analogique / optique	Brancher une chaîne stéréo ou des haut-parleurs et profiter d'AirPlay	
AirPort Extreme	Réseau Wi-Fi 802.11 a/ac/b/g/n (Bi-bande 2,4 et 5 GHz)	Connecter sans fil tout appareil équipé du Wi-Fi d'ancienne génération (Wi-Fi 2,4 GHz 802.11b et 802.11g) et de nouvelle génération (Wi-Fi 5 GHz 802.11n et 802.11a et 802.11ac)	200 € environ
	Réseau AirPlay	Non disponible	
	1 port Ethernet WAN Gigabit (1000 Base-T)	Connecter votre box ou votre modem	
	3 ports Ethernet LAN Gigabit (1000 Base-T)	Connecter des périphériques Ethernet : imprimante réseau, ordinateurs et se connecter à un réseau Ethernet existant	
	1 port USB	• Connecter une imprimante USB et la transformer en imprimante Wi-Fi • Connecter un disque dur externe accessible par tous les ordinateurs du réseau, il est alors compatible Time Machine, offrant une sauvegarde centralisée • Connecter un concentrateur USB	
AirPort Time Capsule	Réseau Wi-Fi 802.11 a/ac/b/g/n (Bi-bande 2,4 et 5 GHz)	Connecter sans fil tout appareil équipé du Wi-Fi d'ancienne génération (Wi-Fi 2,4 GHz 802.11b et 802.11g) et de nouvelle génération (Wi-Fi 5 GHz 802.11n, 802.11a et 802.11ac)	340 € environ avec disque dur intégré de 2 To 450 € avec disque dur intégré de 3 To
	Réseau AirPlay	Non disponible	
	1 port Ethernet WAN Gigabit (1000 Base-T)	Connecter votre box ou votre modem	
	3 ports Ethernet LAN Gigabit (1000 Base-T)	Connecter des périphériques Ethernet : imprimante réseau, ordinateurs et se connecter à un réseau Ethernet existant	
	1 port USB	• Connecter une imprimante USB et la transformer en imprimante Wi-Fi • Connecter un disque dur externe offrant une sauvegarde centralisée avec Time Machine •Connecter un concentrateur USB	
	Disque dur intégré 2 ou 3 To	Sauvegarder les données de tous les ordinateurs de la maison sans fil grâce à Time Machine	

29 Comment imprimer à partir de mon iPad ou de mon iPhone ?

La plupart des imprimantes vendues aujourd'hui sont équipées d'un module Wi-Fi, offrant la possibilité d'imprimer depuis un iPhone ou un iPad. Si ce n'est pas le cas de votre imprimante, les choses se compliquent, mais c'est tout à fait réalisable. Il faut rendre votre imprimante compatible avec AirPrint, le service d'impression sans fil d'Apple. Bien entendu, je vous ai trouvé un petit utilitaire qui fait ça à merveille. Il s'agit d'**HandyPrint** (anciennement appelé Airprint Activator), disponible sur le site web : **www.netputing.com**. Optez pour la version 5. Téléchargez-la et installez-la. La démo est valable 15 jours gratuitement. Au-delà, et si le produit vous convient, achetez une licence pour cinq petits dollars, une aubaine. Une fois l'appli installée, activez-la en positionnant le curseur sur **ON** (1). Votre imprimante est détectée, il ne reste plus qu'à la partager. Rendez-vous dans les **Préférences Système | Imprimantes et scanners**. Cochez la case **Partager l'imprimante sur le réseau**. Votre imprimante est désormais compatible AirPrint et partagée sur votre réseau afin que votre iPhone ou iPad puisse la détecter. Prenez maintenant en main votre iPhone ou votre iPad. Ouvrez par exemple une page web dans Safari, puis tapotez sur le menu **Partage** (2). Choisissez **Imprimer**, tapotez sur **Sélection** (3) : votre imprimante est disponible (4), sélectionnez-la. L'impression est en cours (5) ! Vous l'aurez compris, comme c'est votre Mac qui partage l'imprimante, il doit rester allumé. Si cela ne vous convient pas, voyons les autres solutions.

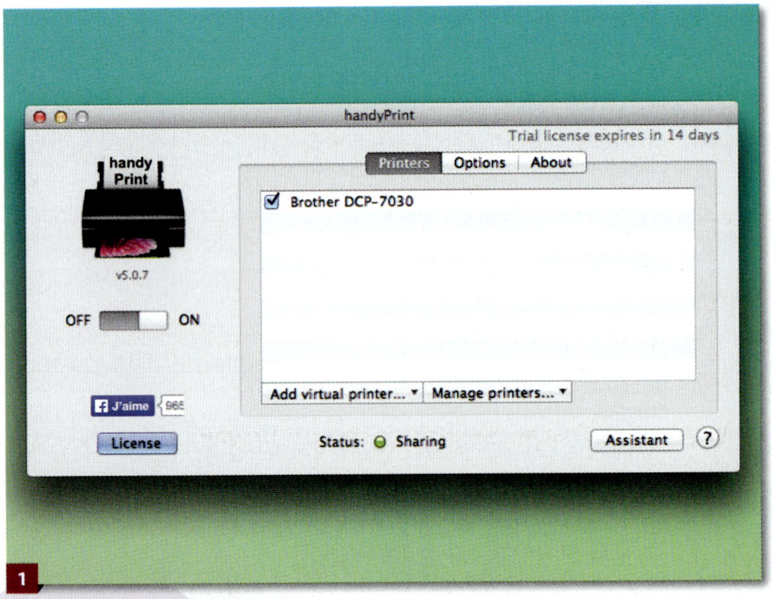

1

Je ne veux pas laisser mon Mac allumé

Le plus simple est de connecter votre imprimante à votre box, si celle-ci dispose d'un port USB. Entrez dans l'interface d'administration et activez le partage d'imprimante. Au besoin, consultez l'aide fournie par votre fournisseur d'accès à internet. Autre solution, offrant des services supplémentaires (AirPlay, AirPrint, Répétiteur Wi-Fi) : vous équiper d'une borne AirPort Express (100 € environ) et y connecter votre imprimante (voir la question 28). ■

2

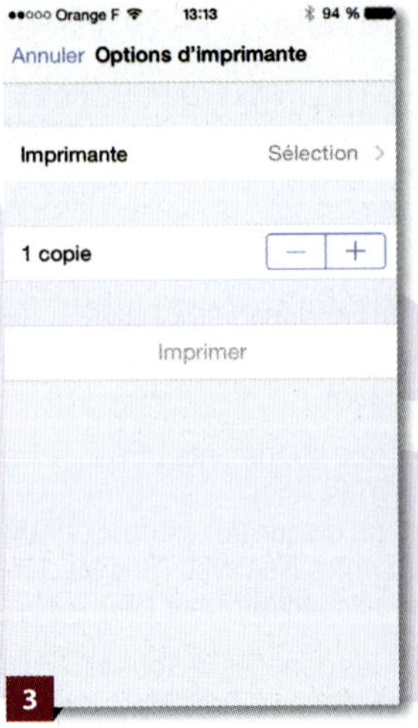

3

4

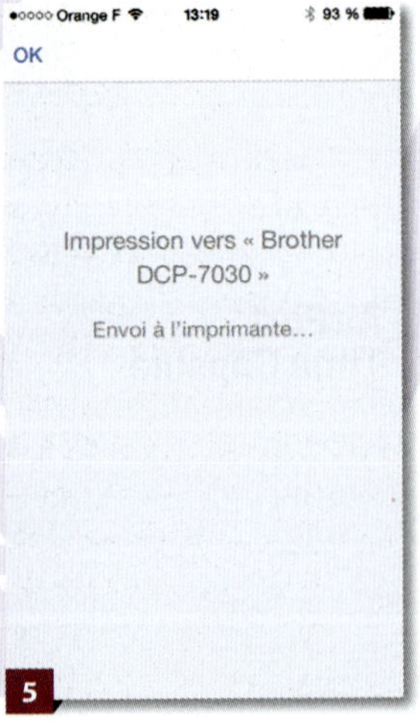

5

30 Pourquoi utiliser une enceinte AirPlay ?

Vous disposez d'un système audio de très bonne qualité, mais aimeriez profiter d'AirPlay afin de diffuser votre musique sans fil depuis votre Mac, iPhone ou iPad ? Un conseil : ne revendez pas tout votre matériel au profit d'une enceinte AirPlay, optez plutôt pour la borne AirPort Express (100 € environ), qui rendra votre chaîne hi-fi actuelle compatible. Si vous n'êtes pas du tout équipé en audio, choisir une enceinte AirPlay aujourd'hui est fortement recommandé grâce au confort apporté : vous éviterez les câbles trop nombreux ! Grâce à une appli fournie par le fabricant, configurez votre enceinte AirPlay et connectez-la à votre box (attention, si vous changez la clé WEP de votre box, il faudra aussi mettre l'enceinte à jour). Vos Mac, iPhone et iPad la détecteront alors comme périphérique AirPlay, il n'y aura plus qu'à choisir l'album à écouter. En cas de coupure de connexion internet, AirPlay ne sera plus fonctionnel, il faudra donc brancher votre iPhone directement à l'enceinte grâce à la prise casque. Toutefois, sachez que certaines enceintes, comme celles de Libratone, possèdent une fonction **AirPlay on the go** ne nécessitant pas de Wi-Fi, idéale pour l'extérieur. ■

31 Le SuperDrive d'Apple a-t-il encore la cote ?

1

2

Décidément, entre les ports Ethernet disparus, les graveurs de DVD oubliés et le nombre de ports USB restreint, quelques carences se font sentir sur nos Mac ! Rappelez-vous, Apple propose toujours une solution, même si elle n'est pas forcément la plus avantageuse en termes de prix comme en fonctionnalités. Pour équiper votre Mac d'un lecteur/graveur externe, la firme californienne propose son **SuperDrive USB** (1) à 80 € euros environ. Un peu cher pour un simple lecteur/graveur USB 2.0. Même s'il est très beau... cet argument ne suffit plus. En 2014, on aurait apprécié un lecteur/graveur de DVD et de Blu-ray, le tout équipé de l'USB 3.0. D'autres y ont pensé, comme MacWay, qui propose le **Storeva Slim Burner U3** (2) à 110 € environ. Il lit et grave les CD, DVD, Blu-ray (DL, TL,QL), la totale ! En plus, il profite de la très grande vitesse de l'USB 3.0, et croyez-moi, pour graver 50 Go de données, c'est bien mieux ! Pour lire un Blu-ray sur votre Mac, optez pour l'application **Mac Blu-ray Player** (**http://fr.macblurayplayer.com**), pour le ripper, tournez-vous vers **Blu-Ray Ripper for Mac** (**www.aunsoft.com**). Testés et approuvés ! ■

CHAPITRE 2

INTERNET

Web Fréquentez la Toile en

32 Comment supprimer la publicité sur YouTube ?

Aujourd'hui, on consomme quotidiennement des vidéos sur YouTube, c'est génial ! Le hic : on doit aussi supporter une publicité avant chacune d'elles (1). Ce n'est pas une fatalité, une solution simple et gratuite existe. Elle se nomme **AdBlock**. Pour installer cette extension sur Safari, rendez-vous dans le menu **Safari | Préférences**, onglet **Extensions**. Cliquez sur **Obtenir des extensions**. Vous êtes alors redirigé sur le site d'Apple, repérez **AdBlock** (le premier disponible) et cliquez sur **Install Now**. Suivez la procédure, quittez et relancez Safari. Profitez dorénavant d'une navigation sans publicité, sur YouTube (2), mais aussi sur tous les sites que vous visiterez à l'avenir !

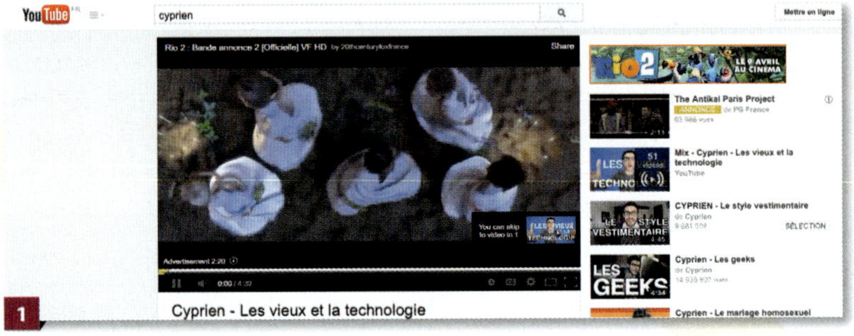

1

2

33 Pourquoi ma connexion internet est-elle plus lente le soir ?

Votre ligne téléphonique grâce à laquelle vous accédez à internet est comme une voiture sur le périphérique. En journée, ça roule, la circulation est fluide. Le soir, vers 19 heures, cela se complique, tout le monde prend la même route et ça bouchonne ! Votre ligne est raccordée à un répartiteur permettant, par exemple, la connexion de 2 000 lignes et son débit a hélas des limites. Une fois ce débit proche de son maximum, votre vitesse de surf est alors ralentie. Dorénavant, avant d'appeler votre fournisseur d'accès à internet ou de revoir les branchements de votre box, rendez-vous sur **mire.ipadsl.net** pour faire un test. Réalisez-en un en journée, un autre en soirée, et comparez.

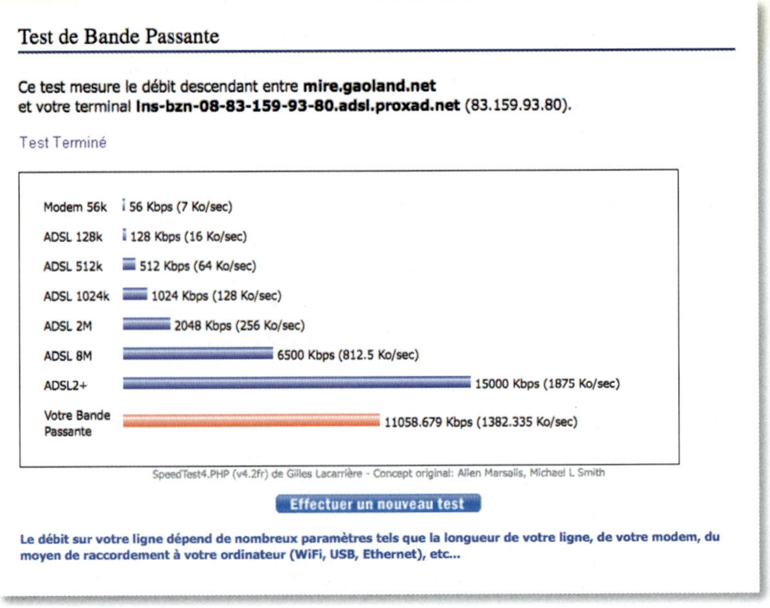

toute sérénité

34 Comment accéder à un serveur ?

Un jour ou l'autre, c'est sûr, vous aurez besoin d'accéder à un serveur depuis votre Mac. C'est un moyen simple pour récupérer des fichiers mis à disposition par un collègue, un ami ou un membre de votre famille. Même si plusieurs applications existent sur Mac, **CyberDuck** reste une référence. Rendez-vous sur **www.cyberduck.io** (1) pour télécharger la version gratuite (elle est payante sur le Mac App Store...). Pour vous connecter à un serveur, vous devez disposer de son **adresse**, d'un **nom d'utilisateur**, d'un **mot de passe** et du **port** à utiliser (2). Ces éléments doivent vous être fournis par le propriétaire du serveur. À noter sur vos tablettes !

1

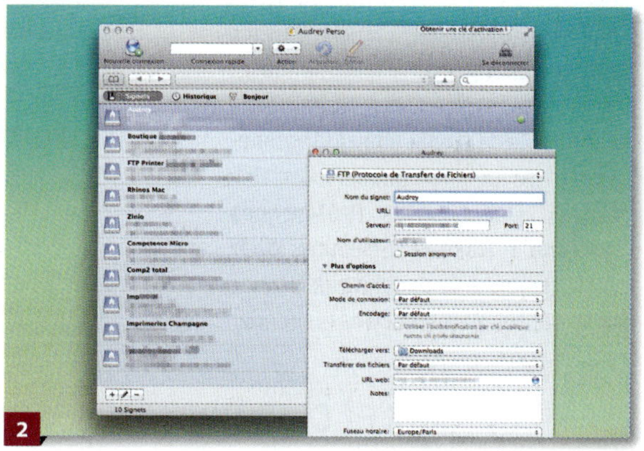

2

35 Faut-il installer un antivirus sur mon Mac ?

OS X est l'un des systèmes les plus sûrs du monde, grâce à son architecture Unix. Apple veille également à la sécurité de vos données et transactions sur le web en proposant si besoin, des mises à jour de sécurité (1). Même si l'on compte les véritables virus créés pour OS X sur les doigts de la main, cela n'empêche pas que vous puissiez être « porteur sain » et ainsi transmettre des virus à vos amis ou collègues sous Windows. Si vous n'échangez pas des fichiers (Excel avec macros par exemple) avec des utilisateurs de Windows, il n'est en aucun cas obligatoire d'installer un antivirus. Dans le cas contraire, vous trouverez sur le Mac App Store, une sélection d'antivirus, gratuits ou payants (2). Notez toutefois que l'utilisation d'un antivirus peut ralentir votre Mac, puisque ce dernier va analyser tous les fichiers existants et le fera au quotidien (réception d'emails, transferts depuis une clé USB, etc.).

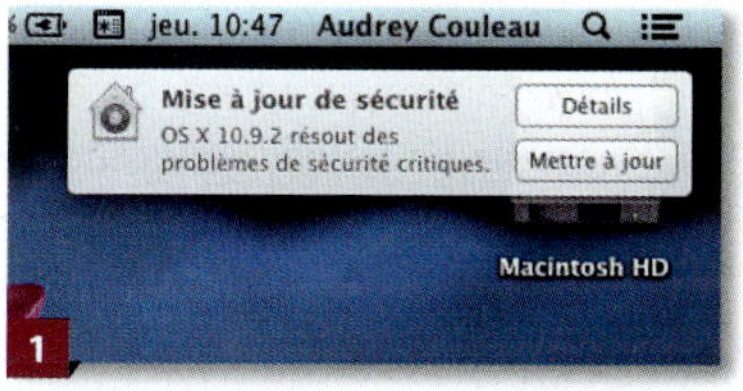

1

2

36 Pourquoi mon Mac se connecte-t-il au mauvais réseau Wi-Fi ?

Vous l'avez sans doute remarqué, une fois la connexion à un réseau Wi-Fi établie et la clé de sécurité saisie, votre Mac la mémorise et s'y reconnecte automatiquement. Au quotidien, c'est très confortable, sauf quand le Mac s'entête... La plupart des box offrent aujourd'hui un accès ouvert (*freeWi-Fi* par exemple) afin de permettre à tous les clients du FAI de s'y connecter gratuitement. Dans ce cas, il peut arriver que le Mac se connecte à ce réseau ouvert et non à celui que vous désirez (1). Afin d'éviter de devoir changer de réseau manuellement à chaque mauvaise connexion, il est possible de rendre votre Mac amnésique et de lui faire « oublier » certains réseaux. Direction les **Préférences Système | Réseau**. Sélection **Wi-Fi** dans la colonne de gauche puis cliquez sur le bouton **Avancé**. Dans le premier onglet, classez vos réseaux favoris dans l'ordre souhaité, vous indiquez ainsi à votre Mac vos priorités. Pour supprimer un réseau et empêcher que votre Mac s'y connecte, sélectionnez-le et cliquez sur le **bouton -** (2). Ainsi effacé, il ne vous embêtera plus.

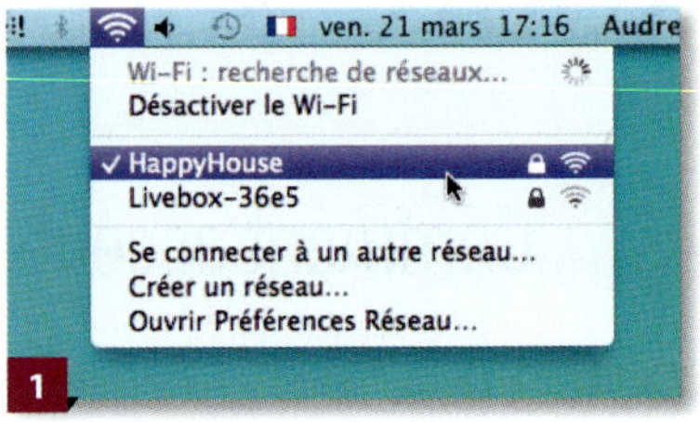

1

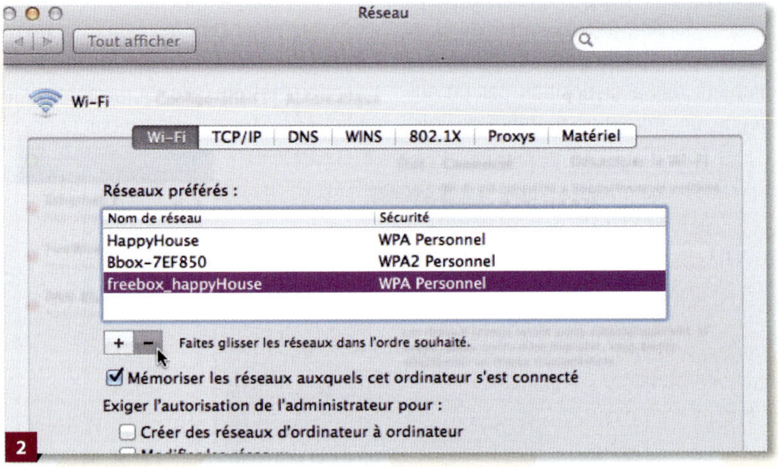

2

37 Pourquoi et comment renseigner mes comptes Facebook et Twitter ?

OS X Mavericks est totalement adapté aux réseaux sociaux et notamment à Facebook et à Twitter. Il sera dommage de s'en priver. Vous pourrez aisément, à partir du Finder ou de Safari, partager une image, une photo, un site web, etc. Ouvrez les **Préférences Système** (décidément, elles sont formidables !) et cliquez sur le panneau **Comptes Internet**. Sélectionnez un ou plusieurs services et identifiez-vous grâce à vos identifiants (1). Dans le Finder, sélectionnez par exemple une image, cliquez dans la barre d'outils sur le bouton **Partager** et choisissez le service désiré (2). Dans Safari, le fonctionnement est identique : rendez-vous sur un site, cliquez sur le bouton **Partager** pour en faire profiter vos amis. Le monde est à vous !

1

2

38 Puis-je envoyer des iMessages sans avoir d'iPhone ?

La réponse est oui ! C'est une bonne nouvelle car, en effet, nous ne possédons pas toujours l'équipement complet : Mac, iPhone et iPad… ce qui peut se comprendre vu le prix de ces produits, et notamment de l'iPhone. La messagerie interne d'Apple – iMessages – est gratuite et accessible à tous les utilisateurs, il suffit d'avoir un identifiant Apple (également appelé Apple ID). Sur votre Mac, iPad ou iPod touch, lancez l'application **Messages** et identifiez-vous grâce à votre compte Apple. Envoyez des iMessages (texte, photo ou vidéo) aux personnes de votre entourage qui sont équipées d'un produit Apple : Mac, iPhone, iPad, iPod touch. Vous communiquerez ainsi gratuitement, rapidement et sans limites. Vous pouvez même envoyer un iMessage à plusieurs destinataires.

39 Puis-je remplacer ma box internet par un autre boîtier ?

Si vous avez choisi une offre proposant, en plus de l'accès internet, la téléphonie illimitée et/ou la télévision par ADSL, il faut utiliser la box de votre fournisseur d'accès afin de profiter de tous ces services. Si votre box sert uniquement à accéder à internet, dans ce cas, vous pouvez la remplacer (et éviter de payer les frais de location mensuels) par un modem/routeur classique (NetGear, D-Link, etc.). Dans les deux situations, libre à vous de connecter une borne Airport (Extreme ou Time Capsule) à votre boîtier. Premier cas : vous utilisez la box de votre F.A.I. : connectez-y votre téléphone fixe, optez pour le C.P.L. (Courant Porteur en Ligne) pour relier votre box au boîtier TV et désactivez le Wi-Fi afin de connecter votre borne Airport en Ethernet de manière à ce qu'elle gère le réseau Wi-Fi, vous offrant ainsi de meilleures performances et des services supplémentaires (voir la question 28). Second cas, vous remplacez la box par un modem classique : connectez-y alors la borne Airport sur le port Ethernet : vous gérerez entièrement votre réseau grâce à la borne d'Apple.

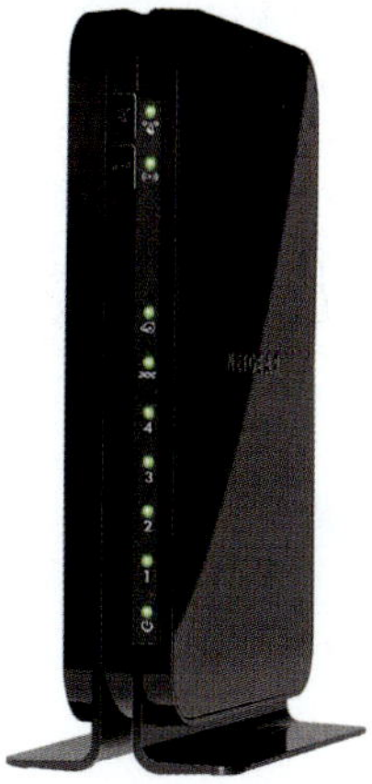

40 Comment bloquer l'expéditeur d'un iMessage indésirable ?

iMessage est disponible sur tous vos appareils et, s'ils sont tous actifs, ils sonnent en même temps. Il est donc bon d'activer de temps à autre la fonction **Ne pas déranger**, disponible sur iPhone et iPad depuis le centre de contrôle et sur Mac depuis le centre de notifications. Mais parfois, ce ne sont pas vos amis et membres de votre famille qui essaient de vous joindre, mais des sociétés ou des services qui réalisent un véritable spam téléphonique et SMS. Voyons comment les bloquer. À noter que supprimer la fiche d'un contact ne le bloque pas.

Sur les appareils mobiles

Sur l'iPhone et sur l'iPad sous iOS 7, il est désormais simple de bloquer un contact indésirable. Lancez l'app **Messages** et ouvrez le message qui vous pose souci. Tapotez en haut sur **Contact** puis sur le petit **i** (1). Descendez en bas de la page d'informations et tapotez simplement sur **Bloquer ce correspondant** (2). Autre solution, mais cette fois pour bloquer une personne de votre carnet d'adresses, allez dans **Réglages | Messages | N° bloqués** et sélectionner les contacts.

Sur le Mac

Sous OS X Mavericks, lancez l'application **Messages**. Allez dans le menu **Messages | Préférences**. Dans la colonne de gauche, sélectionnez votre compte Apple puis cliquez sur l'onglet **Bloqués**. Cliquez sur le **bouton +** et sélectionnez une personne de votre carnet d'adresses (3). Il est dorénavant bloqué. Vous me direz alors : « *Comment ajouter une personne qui ne se trouve pas dans mes contacts ?* » Et vous avez raison puisque, même si cela paraît insensé, l'application d'Apple ne le permet pas. Il va falloir ruser. Puisque Messages travaille main dans la main avec Contacts, vous allez créer un nouveau contact nommé par exemple « Bloqués » et remplir la fiche avec tous les numéros et adresses emails que vous souhaitez stopper. Ajouter ensuite ce contact dans les préférences de Messages, onglet **Bloqués**. Vous enrichirez ce « dossier » de faux contacts au fur et à mesure de la réception des messages et appels indésirables. Notez que les contacts bloqués ne sont hélas pas synchronisés entre tous vos appareils. Pensez donc à ajouter « Bloqués » à la liste des personnes non désirées sur votre iPhone et votre iPad, comme expliqué plus haut.

1

2

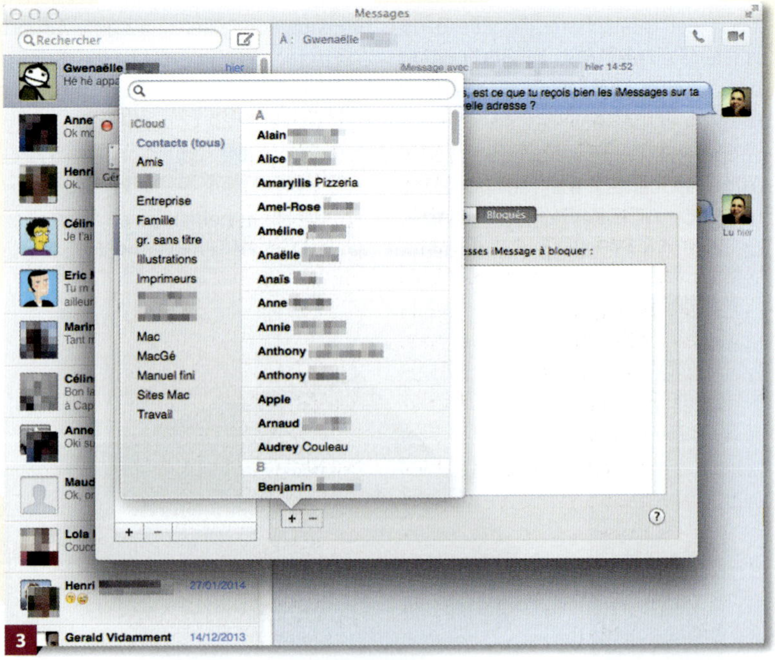

3

Safari Surfez bien !

41 Comment accéder rapidement à mes sites préférés ?

Safari, comme tout autre navigateur, offre la possibilité de conserver vos sites favoris afin de pouvoir y accéder rapidement. Il est possible d'ajouter vos sites web préférés à la **barre de favoris** (1) en un clic : faites glisser l'adresse du site (URL) sur la barre des favoris. Si celle-ci est pleine, cliquez sur le bouton représentant un **livre ouvert** : vous accédez alors aux signets (2). Créez des dossiers en cliquant sur le **bouton +** disponible en bas à gauche et ajoutez-y les sites que vous souhaitez conserver, là encore un simple glissé déposé suffit. Pour accéder rapidement à vos sites préférés, mettez en place une hiérarchie. Dans la barre des favoris, placez les sites que vous visitez quotidiennement et dans les signets ceux visités moins fréquemment. Par défaut, le **bouton +**, situé à gauche de la barre d'URL, ajoute la page ouverte à votre liste de lecture. Voyez la question 48 pour changer ce comportement.

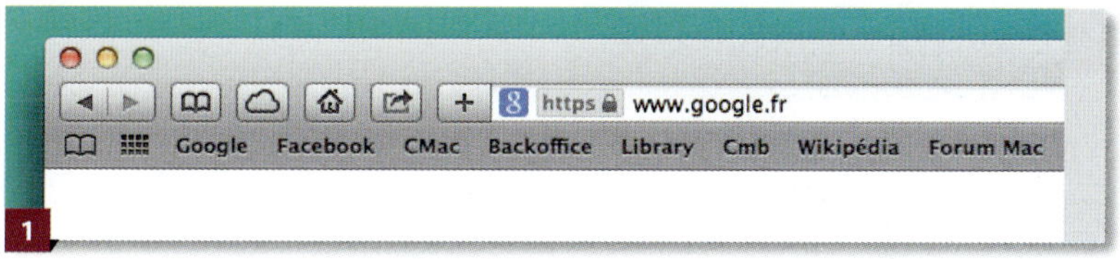

1

2

42 Comment accéder aux liens partagés sur Twitter ?

Prenez sans plus tarder la direction des **Préférences Système | Comptes Internet**. Ajoutez votre compte Twitter grâce à votre **identifiant** et à votre **mot de passe** parmi les services proposés. Quittez et relancez Safari. Cliquez sur le bouton représentant un **livre ouvert** puis sur **Liens partagés**. Tous les tweets contenant un lien, publiés par les gens que vous suivez, apparaissent. Si vous possédez plusieurs comptes Twitter enregistrés dans les Préférences Système, les liens partagés seront tous regroupés, sans distinction. Il suffit ensuite de cliquer sur un tweet pour ouvrir le lien en question. À noter que seuls les tweets contenant un lien s'afficheront dans Safari.

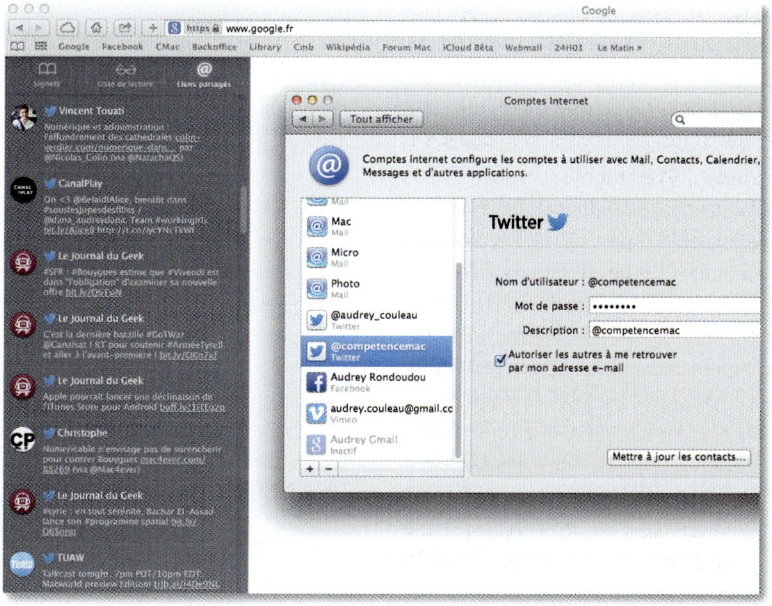

43 Comment garder et synchroniser des articles entre tous mes appareils ?

Grâce à la fonction **Liste de lecture**, intégrée à Safari sur Mac, iPhone et iPad, vous pouvez conserver et synchroniser les pages web que vous souhaitez conserver pour les lire plus tard ou sur un autre appareil. Pour utiliser cette liste, la marche à suivre est extrêmement simple. Sur Mac, dans Safari, ouvrez une page web, cliquez sur le **bouton +** situé à gauche de son adresse. La page est ajoutée à votre liste de lecture (1) et accessible sur tous vos appareils (2). Autre avantage, elle sera lisible hors connexion. De ce fait, n'en abusez pas, car ces pages web occupent de l'espace sur vos appareils mobiles. Pour le vérifier, allez dans **Réglages | Général | Utilisation | Safari**. Prenez donc l'habitude de supprimer l'article de votre liste de lecture une fois celui-ci lu.

44 Comment personnaliser la page d'accueil de Safari ?

On aime Apple, beaucoup – voire trop –, on croque la Pomme tous les jours. Mais voir s'afficher son site web à chaque fois que l'on ouvre Safari, c'est fatigant... Et surtout peu pratique, puisque si on lance Safari, c'est pour effectuer une recherche, du moins la plupart du temps. Voudraient-ils nous pousser à la consommation... C'est vrai que c'est tentant, mais il faut savoir dire non. Prenez un instant et quelques clics pour changer ce comportement : allez dans le menu **Safari | Préférences**. Cliquez sur l'onglet **Général**. Devant le champ **Page d'accueil**, saisissez l'adresse de la page que vous souhaitez voir (Google par exemple, ou tout autre choix) au lancement de votre navigateur web, refermez les préférences, la modification est prise en compte.

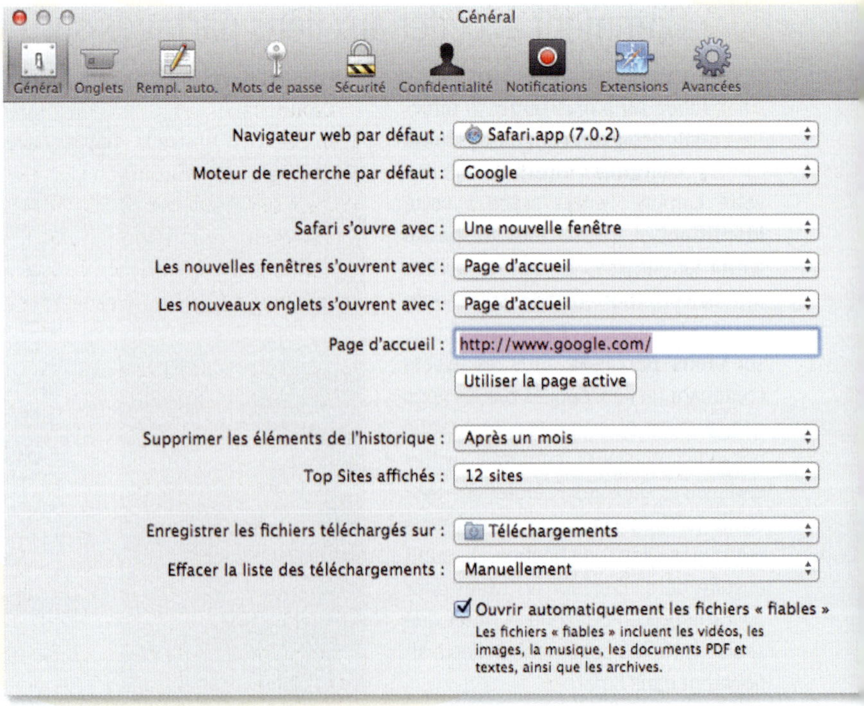

45 Comment partager un article intéressant ?

Vous pourriez, comme on le faisait avant l'intégration des réseaux sociaux au cœur d'OS X, copiez le lien d'un article à partager et le coller dans un nouveau tweet ou une publication Facebook. Mais aujourd'hui, il est beaucoup plus confortable de cliquer sur le bouton **Partager** (disponible un peu partout sur votre Mac) pour publier plus rapidement une information. Ajoutez vos comptes (Twitter, Facebook, Linkedin, Vimeo et Flickr) dans les **Préférences Système | Comptes Internet**. Ce bouton est disponible dans la barre d'outils de Safari, cliquez dessus et optez pour le réseau social de votre choix. La fenêtre de Safari s'assombrit et une fenêtre flottante apparaît, il ne vous reste plus qu'à saisir votre réflexion ou commentaire, le lien de l'article est déjà lié au message. Cliquez sur **Envoyer** et quelques secondes plus tard votre publication est en ligne. ■

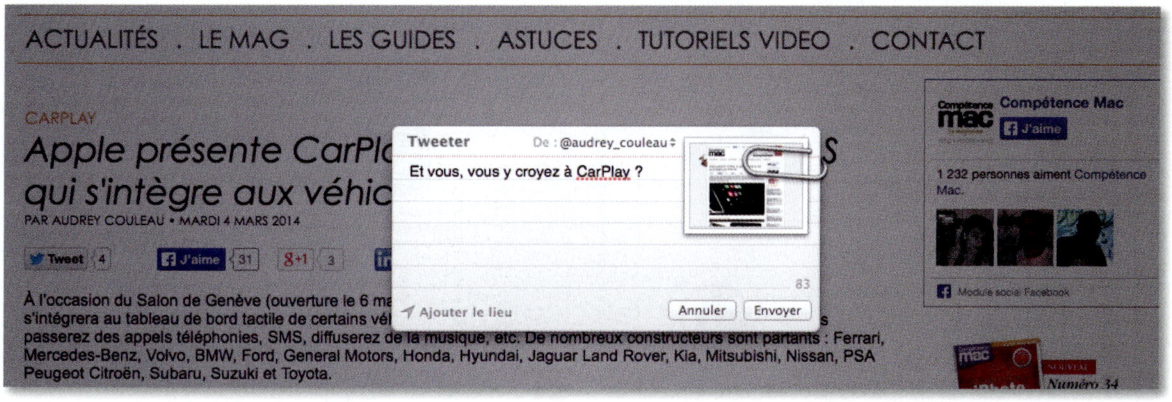

46 Comment fonctionnent les onglets iCloud ?

Grâce à iCloud, il est possible d'accéder aux pages web ouvertes (les onglets) sur vos différents appareils. Cela permet notamment de commencer la lecture d'un article sur son Mac et de la terminer sur l'iPad par exemple. Même si cette fonction n'est pas révolutionnaire, elle pourrait parfois vous rendre service. Vérifiez sur tous vos appareils que les services liés à Safari sont bien cochés dans les réglages d'iCloud : sur le Mac, allez dans les **Préférences Système | iCloud**, cochez la case dédiée à **Safari**. Sur vos appareils mobiles, allez dans **Réglages | iCloud** et poussez le curseur dédié à **Safari** (1). Sur le Mac, lancez Safari et cliquez sur le bouton en forme de nuage, disponible dans la barre d'outils (2). Vous accédez immédiatement aux onglets ouverts sur vos autres appareils. Sur l'iPhone ou l'iPad, lancez également Safari et tapotez sur le bouton représentant deux carrés superposés, en bas à droite. Les onglets ouverts s'affichent, tapotez vers le bas pour voir et accéder aux onglets ouverts sur votre Mac et autres appareils mobiles (3). Il n'y a plus qu'à cliquer ou tapoter sur un lien pour l'ouvrir. ■

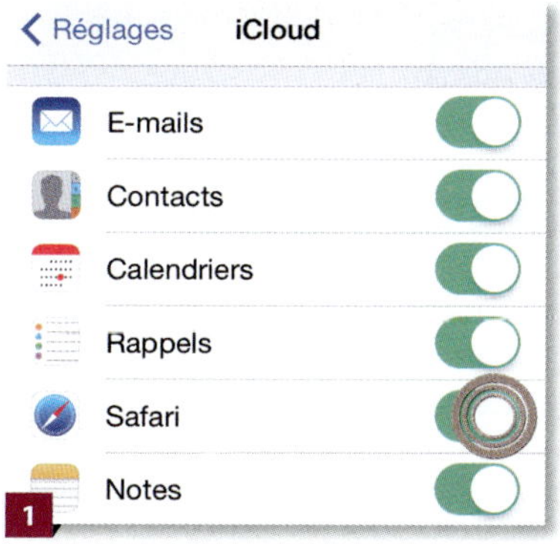

1

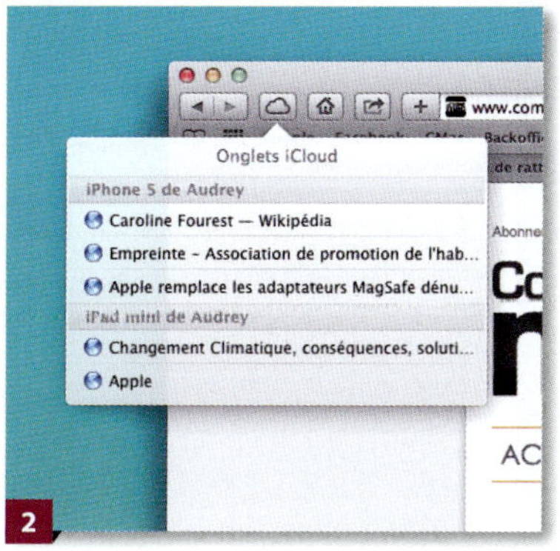

2

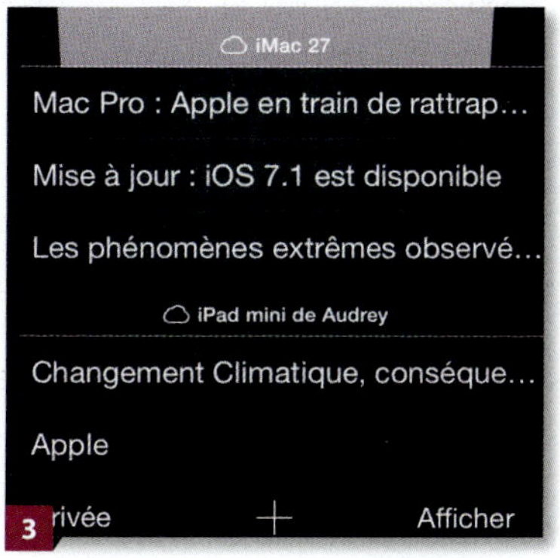

3

47 Avec quel outil lire confortablement un article ?

Place à l'information ! Safari est équipé d'un mode **Lecteur** que l'on a parfois tendance à oublier, mais qui offre pourtant un confort incomparable. Il écarte les publications et autres distractions. Ouvrez une nouvelle fenêtre de Safari et une page contenant un article. Cliquez sur le bouton **Lecteur** disponible au bout de la barre d'adresse. Regardez, sur l'image 1, un article du *Monde*, entre les publicités, encarts et autres informations, l'espace dédié à l'article est vraiment restreint. Une fois le mode Lecteur activé, l'article est incontestablement plus agréable à lire (2). Grâce aux **boutons A/A**, on peut même grossir le texte.

1

2

48 Comment ajouter un site à mes favoris grâce au bouton + ?

Nous l'avons vu dans la question 41, le **bouton +**, situé à gauche de la barre d'adresse de Safari, permet par défaut d'ajouter la page web ouverte à ce moment-là à la **Liste de lecture**. Pourtant ce bouton + cache bien son jeu et offre beaucoup plus d'alternatives qu'il n'y paraît. Ouvrez Safari et une page web. Maintenez le **bouton +** enfoncé quelques instants et comme par magie des options s'affichent, lesquelles permettent d'ajouter ce site à l'emplacement de votre choix : *Liste de lecture*, *Top Sites*, *Barre de favoris* ou dans vos *signets* et *dossiers*. Extrêmement pratique, mais encore fallait-il le savoir ! Malgré tout, on aurait aimé pouvoir régler le comportement de ce bouton dans les préférences de Safari. À l'heure actuelle, aucun réglage ne le permet. Dommage.

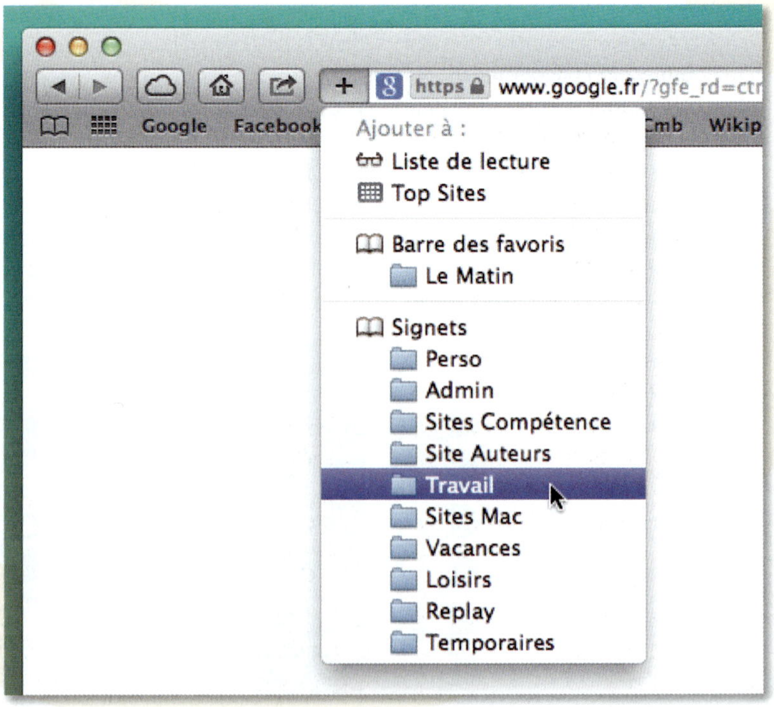

49 Comment gérer les modules bloqués par Safari ?

Apple, dans sa grande bonté, veut économiser les ressources de la planète et alléger votre facture d'électricité, mais surtout augmenter l'autonomie des batteries qui équipent ses portables. Las, il n'y a pas de miracle : pour bénéficier d'une meilleure autonomie, il faut consommer moins. L'entreprise a donc intégré à la dernière version de Safari un blocage de certains modules, gourmands en énergie, comme Flash Player. Problème, vous n'accédez plus à certains jeux en ligne ou vidéos. Une fenêtre flottante liée à l'économiseur d'énergie s'affiche alors, cliquez pour activer tout de même le module (1). Pour gérer ces modules, allez dans le menu **Safari | Préférences**, onglet **Avancées**. Cliquez sur bouton **Détails** pour supprimer les modules qui se lancent automatiquement (2).

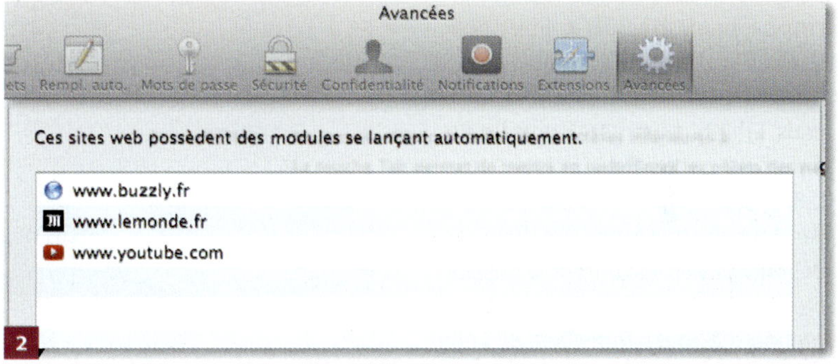

50 Comment archiver et partager des pages web ?

Internet est une source phénoménale d'informations, une bibliothèque inépuisable ! Comme les paroles, les pages web s'envolent, mais les écrits restent. Il peut donc parfois s'avérer utile de conserver certains articles. Pour ce faire, deux solutions existent. La première, sous Safari, consiste à passer en mode **Lecteur** (voir question 7), puis à aller dans le menu **Fichier | Exporter au format PDF** (1). Vous nommerez et rangerez ensuite vos PDF à l'endroit de votre choix. La seconde solution, si vous utilisez Firefox, consiste à utiliser le site : **www.htm2pdf.co.uk** (2). Il suffit d'y coller l'URL de la page web et de cliquer sur **Convert**. Vous ne bénéficierez pas de la belle mise en page du mode Lecteur, mais le résultat est satisfaisant. Libre à vous ensuite de partager vos PDF par email !

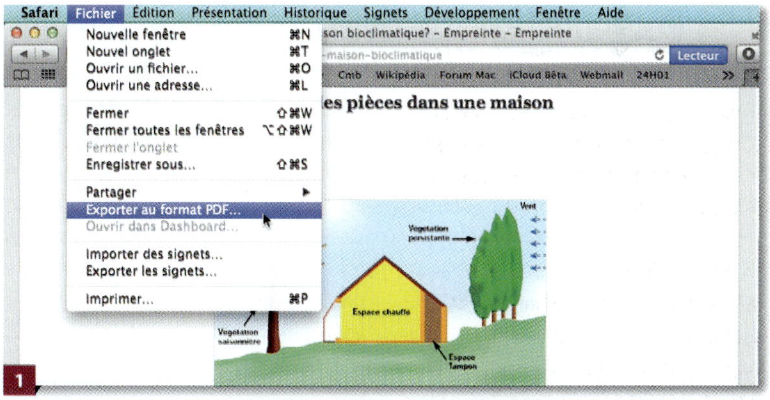

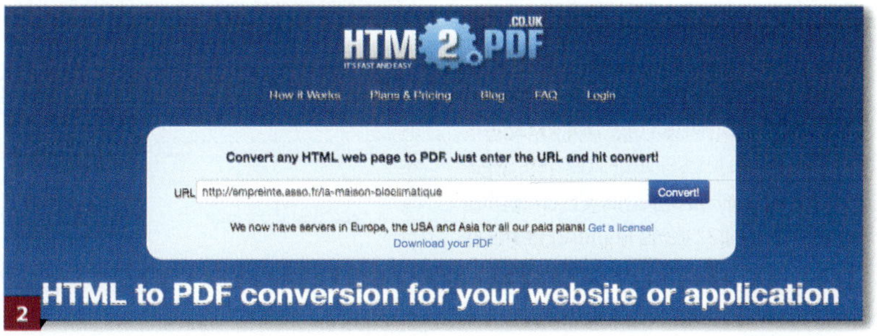

Mail Le facteur d'excellence

51 Comment enregistrer dans iPhoto des photos reçues par email ?

Recevoir des photos par email est toujours un plaisir. Vous le savez, toutes les applications développées par Apple travaillent main dans la main, ce qui facilite l'utilisation de Mac OS X. Il est donc normal que Mail permette d'enregistrer les photos reçues directement dans iPhoto. À un détail près : cette option se cache. Pour la faire apparaître, positionnez votre curseur sous l'en-tête du message. Des boutons, désormais visibles, offrent la possibilité de supprimer l'email ; répondre ; répondre à tous ; transférer et enfin enregistrer les pièces jointes. Cliquez sur le **trombone** et, dans le menu déroulant, choisissez **Exporter vers iPhoto** (1). Une fois cette option choisie, iPhoto s'ouvre et un nouvel événement est créé. Son nom reprend la date du jour où vous avez reçu les photos par email. Ayez un bon réflexe et, dans la foulée, prenez quelques secondes pour renommer ce nouvel événement, vous le retrouverez plus facilement par la suite.

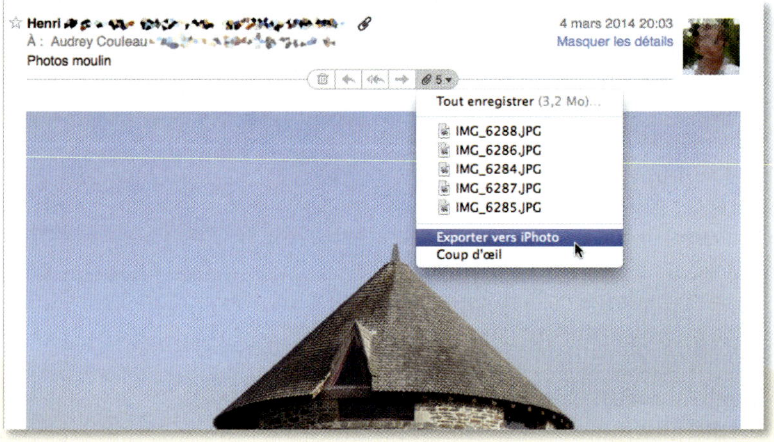

52 Pourquoi Mail n'arrive pas à relever mes messages ?

Afin de comprendre pourquoi Mail n'arrive pas à relever vos messages, il faut comprendre son fonctionnement. Lorsque vous cliquez sur le bouton **Relever le courrier**, Mail envoie une requête au serveur de messagerie pour lequel vous avez opté (Orange, Free, Gmail, iCloud, etc.). Si celui-ci ne répond pas à la requête, Mail affiche alors un petit éclair à côté de vos boîtes de réception (1), il n'est donc pas responsable de ce problème. En premier lieu, vérifiez que vous êtes bien connecté à Internet. Si c'est le cas, ce sont donc les serveurs de messagerie qui posent problème. Pour vérifier leurs états, allez dans le menu **Fenêtre | Diagnostic de connexion** (2). Si vous n'avez rien changé à vos réglages, mais que Mail vous demande tout de même votre mot de passe, faites **Annuler**. Il faut patienter. Si cela dure au-delà de 24 heures, prévenez le service de messagerie. En cas d'urgence, rendez-vous sur votre webmail (votre messagerie en ligne) afin de consulter vos emails.

1

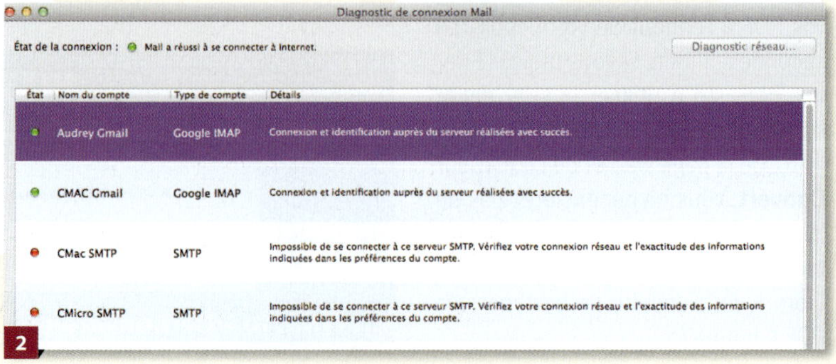

2

53 Pourquoi les emails envoyés de mon iPhone n'apparaissent pas dans Mail ?

Aujourd'hui, vous n'envoyez plus d'emails uniquement à partir de votre Mac, vous en envoyez également depuis l'iPhone et l'iPad. Le hic : vos messages ne sont pas synchronisés entre tous vos appareils. Au quotidien, il faut donc se souvenir depuis quelle machine a été envoyé cet email afin de remettre la main dessus, ce qui s'avère inconfortable au possible. Si vous possédez une adresse en **me.com** ou **icloud.com**, vous n'avez pas ce problème et vous avez sûrement remarqué que tous vos emails (envoyés, reçus, réexpédiés, etc.) sont synchronisés sur l'ensemble de vos appareils.

IMAP, qu'est-ce que c'est ?

Apple ne fait pas de magie, elle utilise simplement le protocole de messagerie **IMAP,** apte à synchroniser un même compte email entre plusieurs appareils. Même si ce protocole existe depuis longtemps, il est resté sous-utilisé tant que nous ne possédions qu'un seul ordinateur. Nous utilisions alors le protocole **POP**. Aujourd'hui, tous les services de messagerie et opérateurs proposent l'IMAP, il suffit donc d'effectuer quelques réglages pour en profiter. Vos emails seront synchronisés. Si vous en lisez un sur votre iPhone, il sera marqué comme lu sur votre Mac et iPad, et inversement. Pour appliquer les réglages liés à votre fournisseur de messagerie, consultez le tableau ci-dessous, puis allez dans les réglages de vos comptes email, sur votre Mac, iPhone et iPad. À noter que certains services de messagerie requièrent l'activation de l'IMAP dans les préférences de votre compte. ■

Configurez votre messagerie en IMAP

	Nom du service	Adresse de messagerie	Serveur d'envoi	Port d'envoi	Envoi sécurisé	Serveur de réception	Port de réception	Réception sécurisée
Fournisseur d'accès à Internet	Orange Wanadoo	@orange.fr @wanadoo.fr	smtp.orange.fr	465	SSL	imap.orange.fr	993	SSL/TLS
	Free	@free.fr	smtp.free.fr	465	SSL	imap.free.fr	993	SSL/TLS
	SFR / Neuf Club Internet	@sfr.fr / @neuf.fr @club-internet.fr	smtp.sfr.fr	465	SSL/TSL	imap.sfr.fr	993	SSL/TLS
	Bouygues Telecom	@bbox.fr	smtp.bbox.fr	25	Non	imap4.bbox.fr	143	Non
	Numéricable	@numericable.fr	smtps.numericable.fr	25 ou 587	SSL	imap. numericable.fr	143	Non
Fournisseur de messagerie indépendant	Google	@gmail.com	smtp.gmail.com	465	SSL	imap.gmail.com	993	SSL/TLS
	AOL	@aol.com	smtp.fr.aol.com	25	Non	imap.fr.aol.com	143	Non
	La Poste	@laposte.net	smtp.laposte.net	465	SSL	imap.laposte.net	993	SSL/TLS
	Apple	@me.com @icloud.com	smtp.mail.me.com	587	SSL/TSL	imap.mail.me. com	993	SSL/TLS
	Outlook Hotmail Live	@outlook.com @hotmail.com @live.com	smtp-mail.outlook.com	587	SSL/TSL	imap-mail. outlook.com	993	SSL/TLS
	Yahoo!	@yahoo.fr	smtp.mail.yahoo.com	465	SSL/TSL	imap.mail.yahoo. com	993	SSL/TLS

54 Comment fonctionne le service VIP ?

Le service VIP permet d'activer des fonctions supplémentaires pour vos correspondants favoris, dans Mail, mais également dans le centre de notifications. Pour ajouter un contact à vos favoris, cliquez sur la **petite étoile**, à gauche de son nom, dans l'un des emails qu'il vous a envoyé (1). Bien évidemment, réservez cette fonction uniquement à vos proches, ou collègues, dans le cas d'une utilisation professionnelle de Mail. Grâce à cette action, une nouvelle rubrique **VIP** est créée dans la barre latérale de Mail. En un clic, vous accédez à tous les messages de la personne ainsi désignée. Cela s'avère très pratique, notamment dans le cas d'une recherche. Concernant le centre de notifications d'OS X, il peut limiter les notifications de Mail aux VIP : un véritable confort au quotidien. Rendez-vous dans le menu **Mail | Préférences**, dans l'onglet **Général**, devant le champ **Notifications de nouveau message**, sélectionnez **VIP** dans le menu déroulant (2). Ainsi, le centre de notifications vous préviendra uniquement lorsque vous recevrez un email provenant de l'un de vos contacts favoris. À noter que cette fonction est également disponible dans Mail sur l'iPhone et l'iPad (3), profitez-en.

1

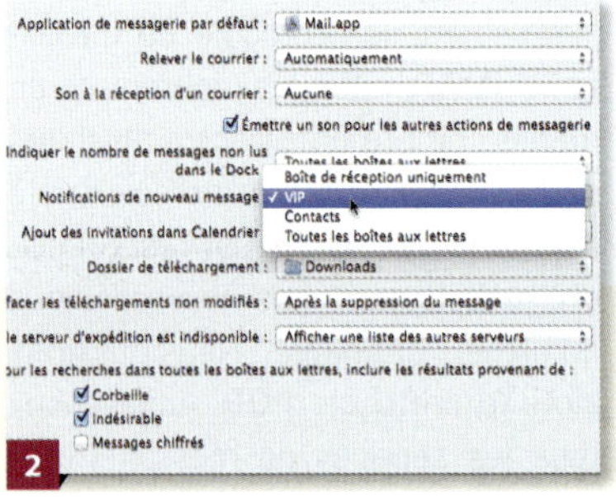

2

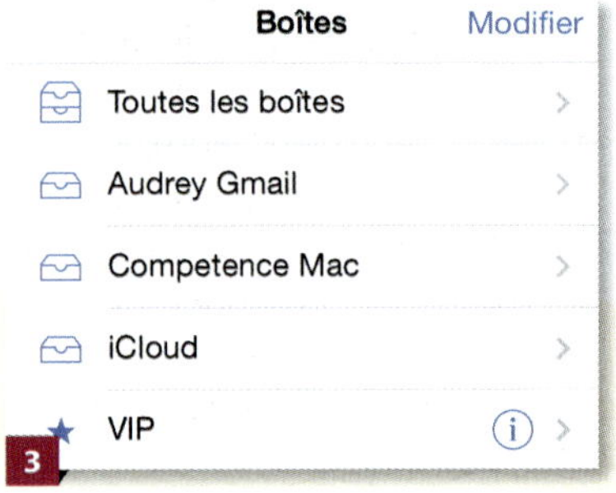

3

55 Où stocker les dossiers créés dans Mail ?

Lorsque vous créez un nouveau dossier (nommé *Boîte à lettres* par Apple) afin d'y classer vos emails, plusieurs choix s'offrent à vous (1). Si votre messagerie est configurée en POP, seule l'option **Sur mon Mac** sera disponible. Vos dossiers et emails seront donc enregistrés sur votre disque dur. En IMAP, vous avez en plus la possibilité de créer ce dossier directement sur le serveur de messagerie. Cette option est très intéressante, puisque le classement de vos emails n'est plus lié à l'application Mail, mais à votre compte de messagerie en ligne. Ainsi, si vous changez de Mac, sans utiliser le transfert de données, toute la hiérarchie de vos dossiers est déjà en ligne (2) (ici chez Gmail) et sera ainsi directement rapatriée lorsque vous ajouterez votre compte à Mail.

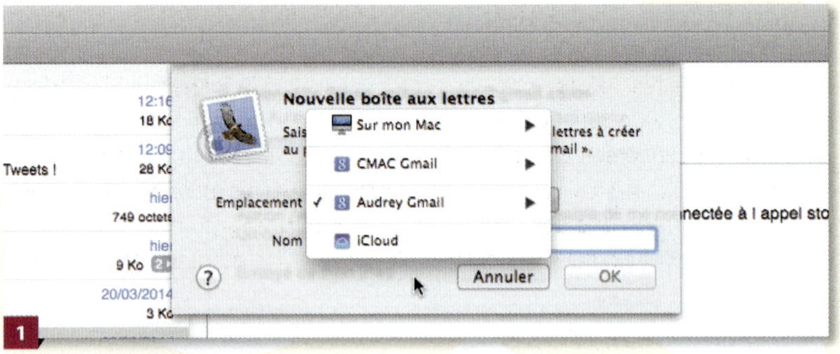

1

2

56 Comment retrouver le mot de passe de ma messagerie ?

Si vous consultez vos emails uniquement dans Mail, vous avez dû saisir votre mot de passe de messagerie à la création de votre compte. Dans le cas où vous auriez besoin de le retrouver, il faut lancer l'application **Trousseau d'accès**, disponible dans **Applications | Utilitaires**. Cette application mémorise tous les mots de passe saisis, au moins une fois. Recherchez l'entrée qui correspond à votre messagerie et double-cliquez dessus. Cochez la case **Afficher le mot de passe** et saisissez alors votre **mot de passe administrateur** (celui que vous saisissez au démarrage du Mac). Le mot de passe de votre messagerie s'affiche en clair, vous l'avez retrouvé. N'hésitez pas à utiliser le trousseau d'accès pour remettre la main sur d'autres mots de passe oubliés.

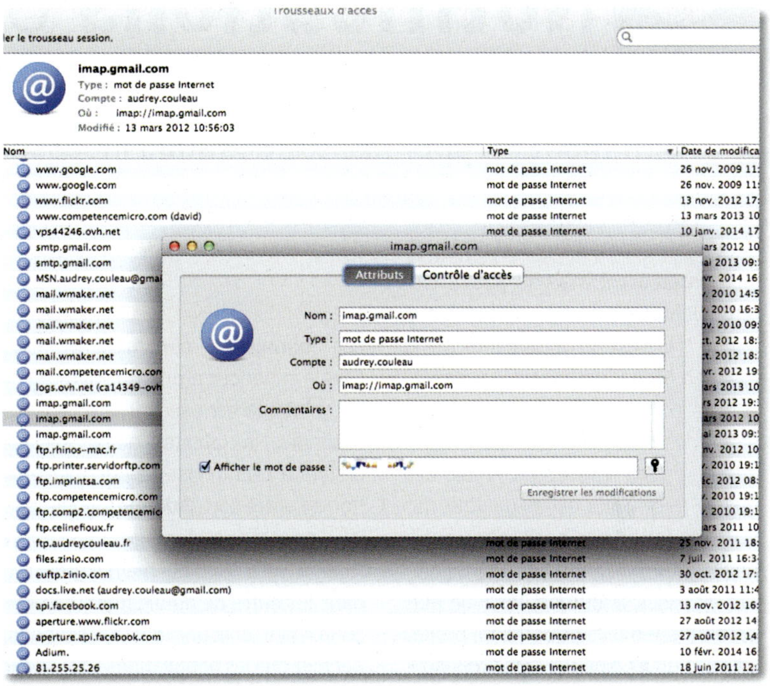

57 Pourquoi les recherches effectuées n'aboutissent pas ?

Vous n'arrivez pas à remettre la main sur ce fameux email, vous faites alors une recherche et là, ça ne fonctionne toujours pas, la requête n'aboutit pas. La recherche dans Mail repose sur un index et il arrive que celui-ci soit corrompu. Pour réinitialiser l'index de Mail, quittez tout d'abord l'application. Dirigez-vous ensuite dans **Maison | Bibliothèque | Mail | V2 | MailData**. Sélectionnez tous les fichiers commençant par **Enveloppe Index**. Au besoin, pour afficher le dossier **Bibliothèque** disponible dans la maison, maintenez la touche **[alt]** enfoncée, puis, dans le Finder, choisissez **Aller | Bibliothèque**. Relancez Mail. Afin de créer un nouvel index, vos différentes boîtes aux lettres vont être à nouveau importées, patientez et n'ayez crainte, aucun doublon ne sera créé. Relancez votre recherche, cette fois, elle devrait aboutir.

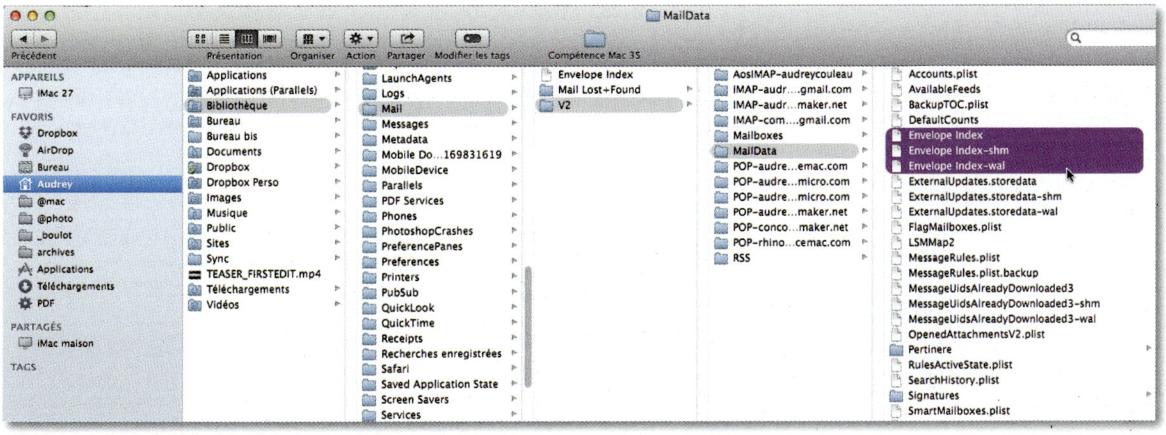

Notifications Conjuguez

58 Comment stopper les notifications incessantes ?

Le centre de notifications disponible sous OS X est un outil très intéressant, mais qui peut s'avérer envahissant s'il est mal configuré. Même s'il s'est vu agrémenté de la fonction *Ne pas déranger* (1) avec Mavericks, par défaut, vous êtes dérangé toutes les deux minutes : c'est-à-dire dès que vous recevez un email, dès qu'une mise à jour est disponible, dès qu'un tweet ou une notification Facebook vous concerne, etc. On pourrait y passer la journée. Pour ne plus perdre de temps au quotidien, prenez un petit quart d'heure – une fois pour toutes ! – pour peaufiner ces réglages et ne recevoir ainsi des notifications que lorsque vous l'estimez nécessaire. Vous gagnerez simultanément en tranquillité et en efficacité. Lancez les **Préférences Système** et cliquez sur le panneau **Notifications**. Dans la colonne de gauche sont disponibles toutes les applications compatibles avec le centre de notifications, il faut donc choisir, pour chacune d'entre elles, le type d'alerte, le nombre de notifications à conserver, puisque par défaut tout est coché.

Les réglages disponibles

Les **bannières** apparaissent dans l'angle supérieur droit et disparaissent automatiquement au bout de quelques secondes, les **alertes** quant à elles, restent à l'écran jusqu'à une intervention de votre part. **Aucune** signifie que vous ne serez pas dérangé, mais l'information sera tout de même présente dans le centre de notifications (2). Ensuite, pour chacune des applications, décidez que les notifications s'affichent ou non sur l'écran de verrouillage et/ou dans le centre de notifications. Décidez également si une pastille doit être apposée sur l'icône de l'application dans le Dock ou si un son doit être émis. Sélectionnez les applications dans la colonne de gauche et définissez des paramètres en fonction de vos besoins. Enfin, cliquez tout en haut de la liste pour paramétrer la fonction **Ne pas déranger** (3), très utile pour avoir la paix durant une plage horaire.

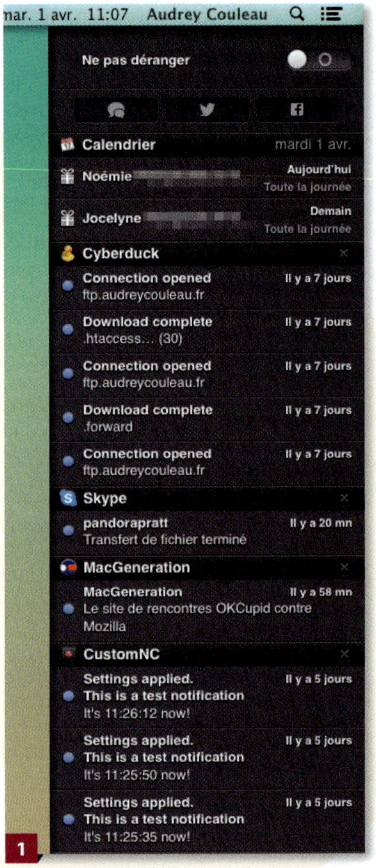

1

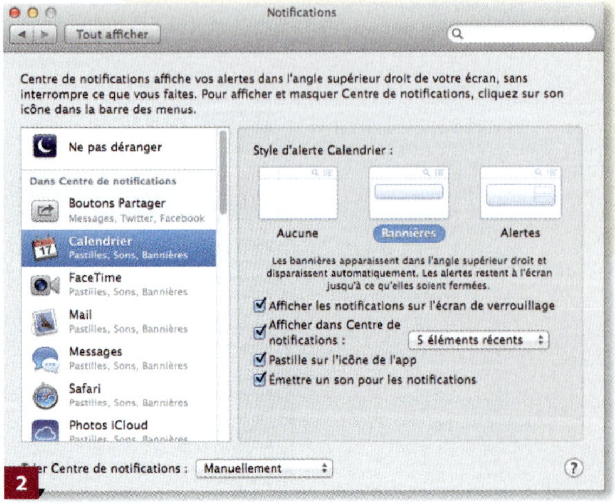

2

3

tranquillité et efficacité

59 Comment aller plus loin dans la personnalisation des notifications ?

Même si OS X propose pas mal de réglages pour les notifications, on aimerait parfois aller plus loin et jouer notamment sur leur durée. Rendez-vous sur le site web MacUpdate (**https://www.macupdate.com/app/mac/50550/customnc**) pour télécharger l'application gratuite **CustomNC**, mise à jour il y a peu pour OS X Mavericks (1). Téléchargez-la et installez-la dans votre dossier **Applications**. Ouvrez CustomNC et suivez les étapes. Il vous est alors demandé d'installer un module complémentaire **EasySIMBL**, l'appli en ayant besoin pour fonctionner. Une fois que tout est prêt, celle-ci se présente dans une fenêtre unique (2). Dans **Banners & Alerts**, cliquez sur **Hide icon** pour masquer l'icône affichée sur les notifications (3) (4). Définissez ensuite le type de l'animation quand une notification arrive : **Drop** (tombe comme une goutte) ou **Fade** (apparaît en fondu), puis choisissez la durée de son arrivée.

What else ?

Voyons maintenant quels sont les réglages disponibles une fois la notification en place. Déplacez le curseur pour que la notification reste à l'écran, entre une et dix secondes. Pour la sortie de scène d'une notification, là encore des réglages sont disponibles. Tout d'abord, le type **Slide** (glisse vers la droite), **Fade** (disparaît en fondu) et **Raise** (s'élève vers le haut). Enfin, définissez la durée de la sortie, entre 0 et 2 secondes. Cliquez sur **Apply** pour valider vos réglages. Si vous utilisez encore Growl, des réglages sont également disponibles.

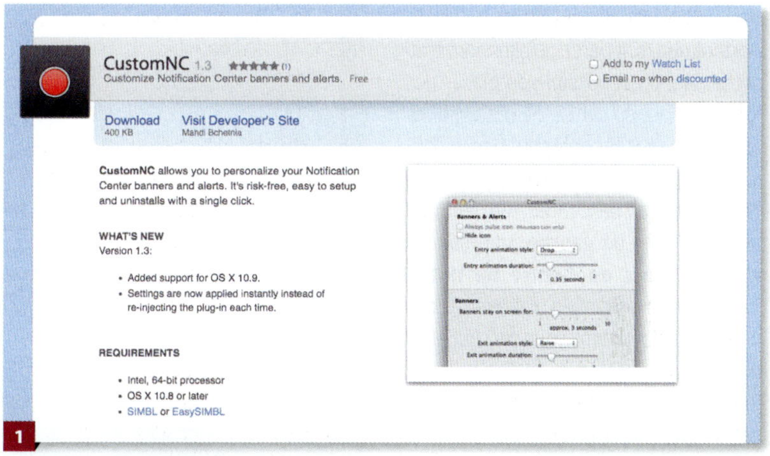

1

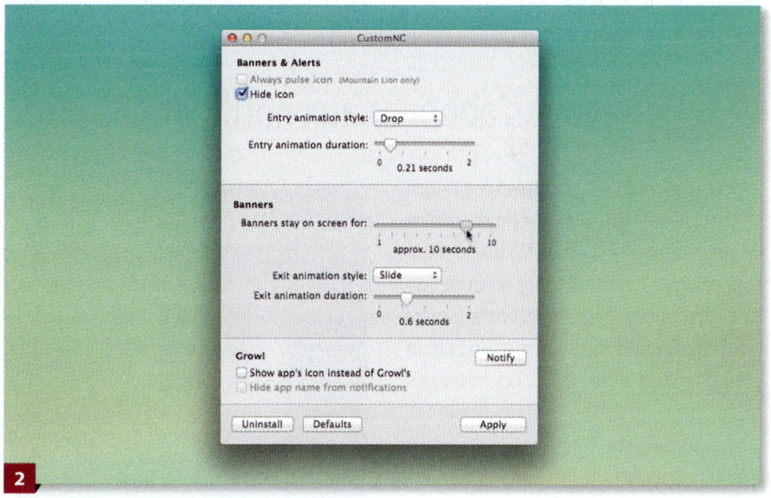

2

3

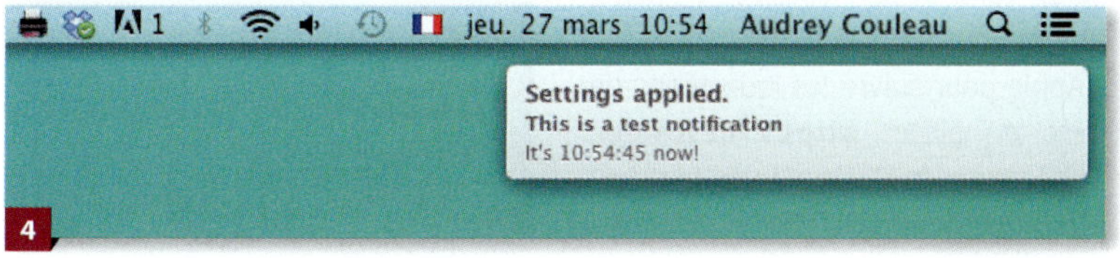

4

60 Comment supprimer des applications du centre de notifications ?

En plus des applications livrées avec votre Mac, vous avez certainement installé des logiciels tiers qui fonctionnent eux aussi avec le centre de notifications. Mais parfois, l'utilité de certaines notifications n'est pas réelle, soit parce qu'elles ne vous apportent rien, soit parce qu'elles sont trop présentes. Il est possible de placer des logiciels hors du centre de notifications afin de ne plus en entendre parler. Toujours dans les **Préférences Système | Notifications**, descendez tout en haut de la colonne de gauche. Une section nommée **Hors du Centre de notifications** est disponible. Faites-y glisser les applications dont vous ne souhaitez plus recevoir d'alertes. Notez qu'il est possible de faire machine arrière en les replaçant à nouveau dans la partie **Dans Centre de notifications**.

61 Comment s'abonner aux notifications d'un site web ?

Il est désormais possible, pour tout webmaster, de proposer un service de notifications à ses visiteurs. Ainsi, à chaque fois que le site en question publiera une information, votre centre de notifications vous avertira. Si un site propose cette fonction, un message apparaîtra lorsque vous le visiterez, proposant cette fonctionnalité (1). À vous d'accepter ou de refuser. Si par la suite, vous souhaitez désactiver les notifications de l'un des sites, allez dans le menu **Safari | Préférences**, onglet **Notifications**. Cochez **Autoriser** ou **Refuser** en fonction de votre envie (2). Si vous possédez un site web et souhaitez offrir ce service à vos visiteurs, rendez-vous sur le site web américain d'Apple pour suivre les indications de mise en place : **https://developer.apple.com/notifications/safari-push-notifications/**

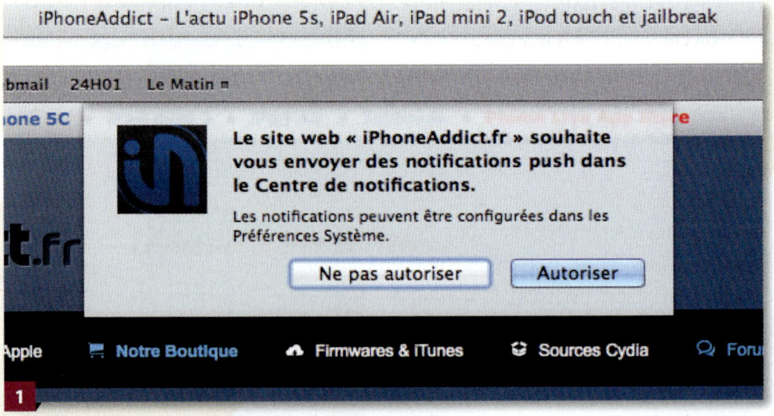

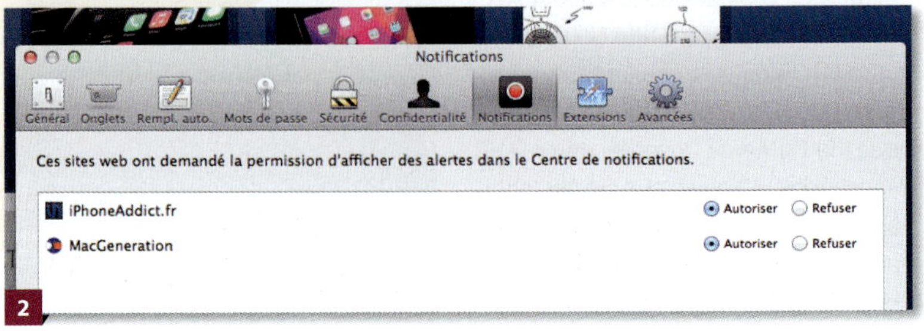

62 Comment ouvrir le centre de notifications grâce à un raccourci clavier ?

Si comme moi, vous êtes un utilisateur régulier des raccourcis clavier, vous serez ravi d'apprendre qu'il est possible d'en attribuer un afin d'ouvrir et de fermer le centre de notifications. Ainsi, grâce à une touche, vous jetterez rapidement un œil à vos notifications. Prenez le chemin des **Préférences Système | Clavier**. Cliquez sur le troisième onglet **Raccourcis**. Dans la colonne de gauche, cliquez sur **Mission Control**. Au centre, cochez la case **Afficher Centre de notifications**. Cliquez au bout de cette ligne et appuyez sur une touche de votre clavier. Pour ma part, j'ai choisi la touche **[F14]**, non utilisée. Désormais, vous appuierez sur cette touche pour ouvrir le centre de notifications, appuyez à nouveau dessus pour le fermer.

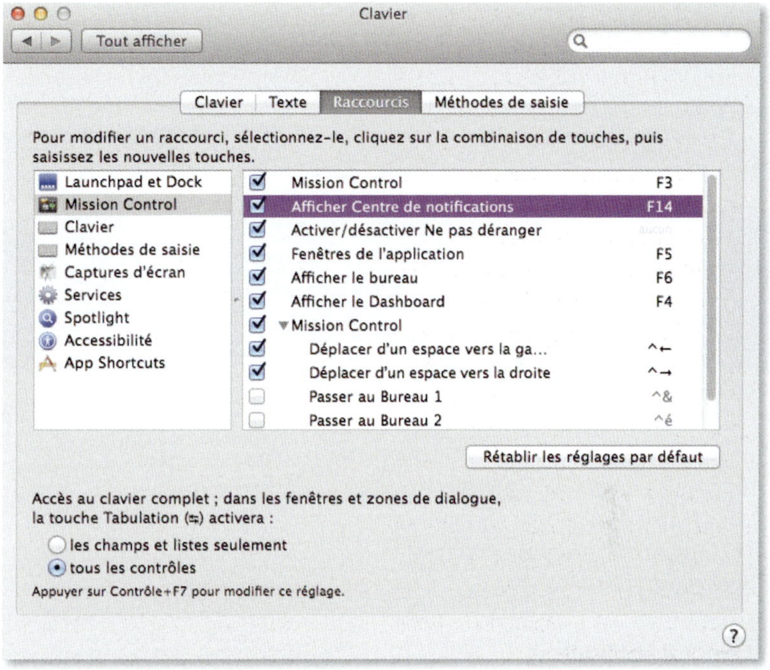

63 Comment désactiver les notifications d'iTunes ?

Cela paraît fou, mais même en plaçant l'application iTunes dans la section **Hors du centre de notifications** (dans les **Préférences Système | Notifications**), comme expliqué dans la question 60, il continue de nous afficher une alerte pour chaque morceau joué. Et il faut avouer que nous avons du mal à y voir un intérêt (1), d'autant plus que cela fait une notification toutes les trois ou quatre minutes ! Après recherche, c'est en réalité dans les préférences d'iTunes qu'il faut se rendre pour trouver un bon réglage. Lancez l'application, puis allez dans le menu **iTunes | Préférences**. Dans le premier onglet **Général**, repérez la section **Notifications** (2), décochez alors les cases **Lorsque le morceau change** et **Conserver tous les changements de morceaux dans le centre de notifications**. Cliquez sur **OK** pour valider, le changement est pris en compte immédiatement. Si l'un des préceptes de Steve Jobs était « *Simplifier, simplifier, simplifier !* », il reste des progrès à faire...

1

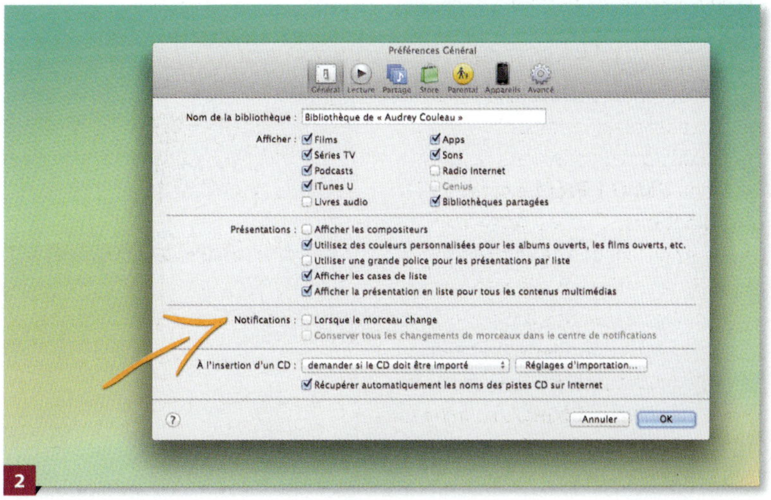

2

CHAPITRE 3

PHOTOS

Aperçu Le couteau suisse

64 Comment recadrer une image ?

Une photo mal cadrée, ça arrive ! Un bon recadrage peut considérablement améliorer un cliché. Bonne nouvelle, Aperçu est là. Ouvrez une photo de votre choix. Tracez directement un cadre sur la partie que vous souhaitez conserver. Par défaut le cadrage sera rectangulaire, mais en cliquant sur le **petit crayon**, disponible dans la barre d'outils puis sur l'outil de **Sélection** disponible dans la seconde barre d'outils, libre à vous de réaliser une sélection elliptique ou libre. Pour forcer la sélection à être carrée ou parfaitement circulaire, maintenez la touche **[maj]** enfoncée. Enfin, pour valider le recadrage, allez dans le menu **Outils | Recadrer** ou faites directement **[cmd]**+**[k]**. ■

65 Comment préparer une image pour le web ?

Pour publier rapidement une photo sur le web, l'élément primordial est son poids. Il dépend principalement de deux facteurs : les **dimensions** et la **résolution** (le nombre de pixels qui composent l'image). À noter qu'une photo en noir et blanc sera moins lourde que son équivalent en couleurs. La majorité des images publiées sur le web ont une résolution de 72 dpi (pixel par pouce), dépassent rarement le mégaoctet (1 Mo) et sont au format JPEG. Ouvrez une image, si celle-ci provient de votre appareil photo compact ou de votre iPhone, elle est déjà en 72 dpi, c'est donc sur ses dimensions qu'il va falloir intervenir. Ouvrez le menu **Outils** et choisissez **Ajuster la taille**. Vous retrouverez tous les éléments dont je viens de vous parler : largeur, hauteur, résolution et poids. Jouez sur sa largeur, si la case **Échelle proportionnelle** est cochée, sa hauteur s'ajustera automatiquement. Ne touchez pas à la résolution et ne descendez pas sous les 72 dpi, sinon elle sera pixélisée. Le poids de l'image se met alors à jour. Ici, je suis passée d'une photo de 4,9 Mo à 0,6 Mo (686 Ko). Cliquez sur **OK** pour valider. Pour conserver votre image d'origine, pensez à en faire une copie. Elle est prête à être publiée sur internet ! ■

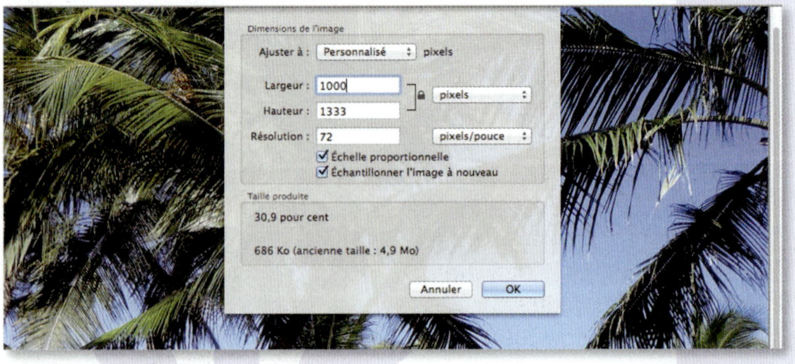

d'Apple

66 Comment détourer un élément ?

Vous souhaitez extraire un objet, une personne ou tout autre élément du fond de l'image ? On parle dans ce cas-là de détourage. Aperçu dispose d'un outil nommé **Alpha instantané** qui conviendra surtout si le fond de l'image est uni. Autant vous le dire tout de suite, si l'image est trop complexe, cela va s'avérer périlleux. Mais vous le verrez, nous allons combiner plusieurs outils pour réaliser ce détourage. Ouvrez votre image dans Aperçu. Tout d'abord, recadrez votre image au maximum autour de l'objet. Cliquez ensuite sur l'outil **Alpha Instantané**, disponible à droite de l'outil de sélection (1). Tracez un trait sur le fond, il se colorise en rouge, c'est cette partie qui sera éliminée (2). Allez-y tout en délicatesse et relâchez le clic de la souris.

À petits pas

Comme vous le voyez (3), vous n'allez pas pouvoir supprimer le fond en une seule fois, appuyez alors sur la touche **[suppr]** de votre clavier afin d'effacer la partie sélectionnée. Aperçu vous demande alors de convertir votre image au format **PNG**. Acceptez, puisque ce format gère la transparence et votre fond sera désormais transparent. Continuez à utiliser l'outil **Alpha instantané** sur des petites surfaces, n'hésitez pas à zoomer au besoin. Pour des surfaces un peu plus grandes, utilisez l'outil de **Sélection** (4), vous gagnerez du temps ! Le détourage est une affaire de patience et Aperçu a ses limites. Pour aller plus loin, optez pour un logiciel comme PixelMator par exemple pour détourer à l'outil plume, bien plus précis. ■

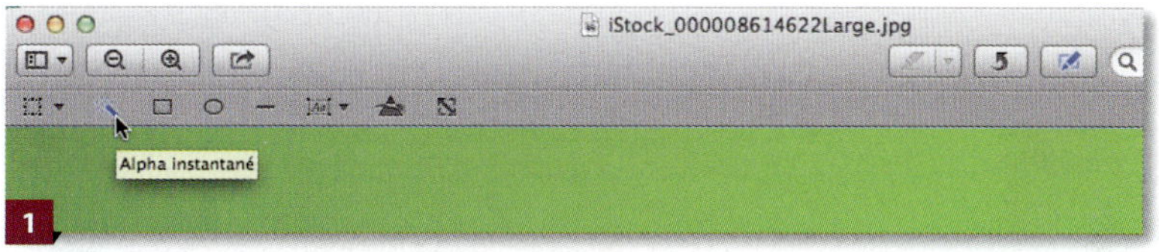

1

2

FLYINGDOUGLAS

3

4

67 Comment convertir une image en noir et blanc ?

Aperçu ne dispose pas d'un menu ou d'un sous-menu proposant directement la conversion d'une image en couleurs vers du noir et blanc, il faut ruser. Ouvrez la photo à convertir – pensez à en faire une copie au préalable si vous souhaitez conserver la version couleur (1) –, puis allez dans le menu **Outils | Réglage de la couleur**. De nombreux réglages sont disponibles pour ajuster les différents niveaux de votre image, arrêtez-vous sur **Saturation**. Poussez le curseur tout à gauche, votre image est désormais désaturée, autrement dit, en niveaux de gris (2). Pour lui donner plus de pep, jouez avec les curseurs **Exposition** et **Contraste**. ■

1

2

68 Comment créer un fichier PDF ?

Mac OS X est l'un des rares systèmes d'exploitation disposant d'une fonction pour transformer tous les types de fichiers en PDF : images, pages web, document texte. Cette fonction pour générer des fichiers PDF a été incorporée de façon plutôt maligne, puisqu'elle est liée au module d'impression. Quasiment toutes les applications fournies par Apple ou par des développeurs tiers proposent une option d'impression, via le menu *Fichier*. Ouvrez un fichier que vous souhaitez transformer en PDF, puis allez dans le menu **Fichier | Imprimer**. En bas à gauche, un bouton **PDF** est disponible, cliquez dessus et choisissez **Enregistrer au format PDF**. Définissez où enregistrer le fichier et le tour est joué, vous pouvez ainsi vous créer de belles archives. ■

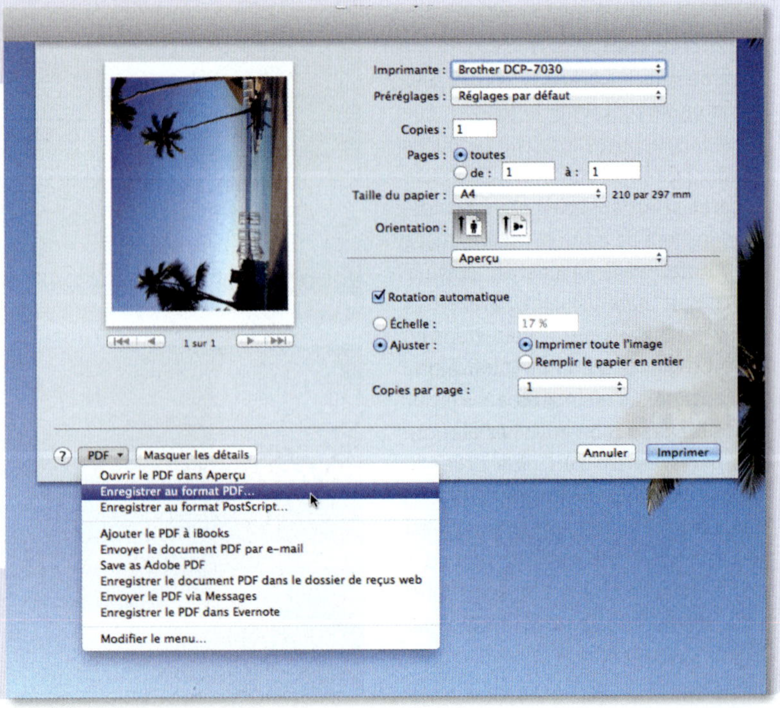

69 Comment choisir le bon format pour partager une photographie ?

La qualité d'une photographie dépend avant tout des réglages de l'appareil photo qui l'a prise. Elle se rattache à deux critères : les dimensions, en pixels, et le format (1). Il est donc recommandé de régler son appareil photo numérique sur la taille maximale de prise de vue. Vous pourrez ainsi la réduire plus tard, suivant sa destination, sur votre ordinateur. L'inverse n'est pas possible : une photo trop petite ne peut être agrandie sans perte de qualité. Quant au format, les appareils photo compacts optent pour le JPEG, tandis que les appareils photo Reflex offrent la possibilité de capturer, en plus du JPEG, en format RAW. Le **format JPEG** est le plus utilisé, car son rapport qualité / poids est très bon. Malgré cet avantage, il s'agit ici d'un format utilisant une compression avec perte des données. Cela signifie que la retouche réalisée sur une photo au format JPEG atteindra vite ses limites. Le **format RAW** est un format « brut de capteur », on parle alors de « négatif numérique ». Ce type de fichier, dont l'extension varie suivant les fabricants, a besoin d'un outil pour être interprété, Aperçu s'en sort très bien (2).

Raw, le 4 étoiles

Le RAW est le format le plus exploitable pour les amoureux de la retouche : il ne subit aucune perte, est malléable et très riche en informations. Pour une image qui va être postée sur internet, voyez la question 65, où vous opterez pour le format JPEG. Le **format PNG** est lui surtout utilisé lorsqu'on souhaite travailler en conservant la transparence, notamment lors d'un détourage. Le **format TIFF** a l'avantage de ne subir aucune perte des données, il n'est pas compressé. En contrepartie, le poids de la photo sera très lourd. Il est rarement utilisé par le grand public et est en perte de vitesse.

Ouvrez une image dans Aperçu, puis, pour changer son format, allez dans le menu **Fichier | Exporter**. Cliquez sur le menu déroulant **Format**. Par défaut, seuls les formats JPEG, PDF, PNG, Open EXR (image à grande dynamique) et TIFF sont disponibles. L'astuce consiste donc à maintenir la touche **[alt]** enfoncée tout en cliquant sur le menu déroulant face à **Format** (3). Vous avez alors accès à des formats supplémentaires : BMP, GIF, ICNS, Photoshop, SGI et TGA, qui peuvent répondre à des demandes spécifiques, pensez-y !

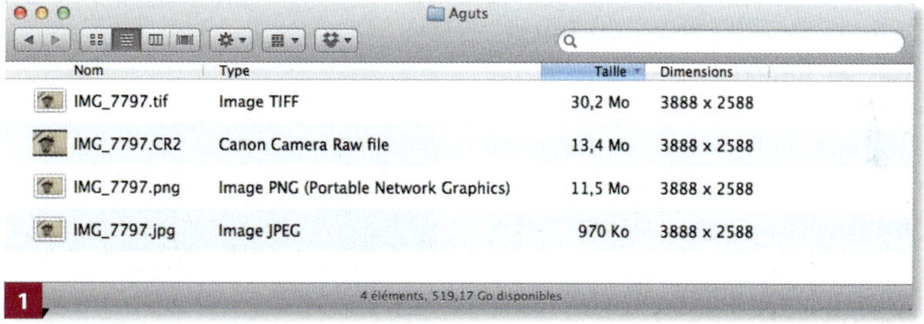

▲ *La même photo dans quatre formats différents. Le poids (colonne* Taille*) varie fortement de l'une à l'autre alors que les dimensions, en pixels, sont identiques...*

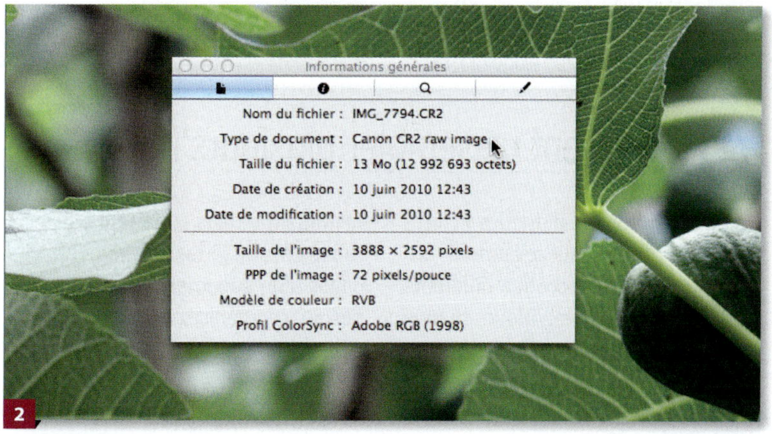

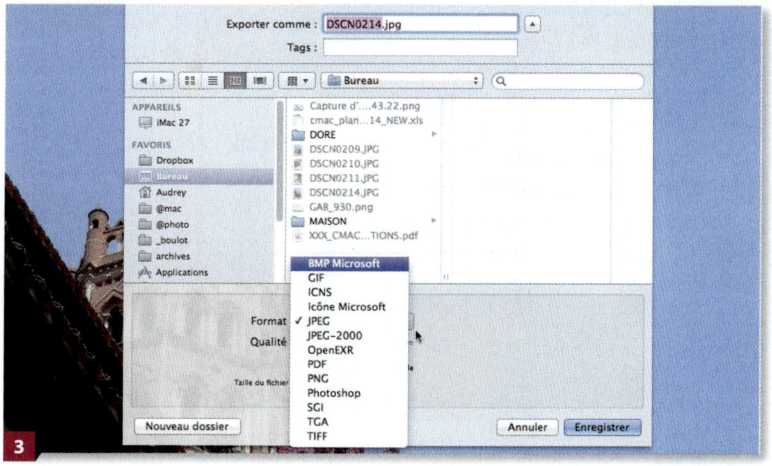

70 Comment sécuriser un fichier PDF ?

Question 68, nous avons vu comment transformer un fichier en PDF, mais saviez-vous qu'il est possible de sécuriser l'ouverture du fichier généré grâce à un mot de passe ? Ouvrez un fichier, puis allez dans le menu **Fichier | Imprimer**. Cliquez sur le bouton **PDF**, en bas à gauche. Dans le menu déroulant, choisissez **Enregistrer au format PDF**. Dans la fenêtre qui s'ouvre, cliquez sur **Options de sécurité** (1). Cochez la case **Exiger un mot de passe pour ouvrir le document**, définissez-en un et confirmez-le. Vous pouvez aller encore plus loin en exigeant un mot de passe pour copier du texte, des images et autre contenu, mais aussi pour imprimer le document. Le second mot de passe devra être différent du premier. Cliquez sur **OK** pour valider. Testez votre fichier en l'ouvrant : le mot de passe est bien exigé (2). ■

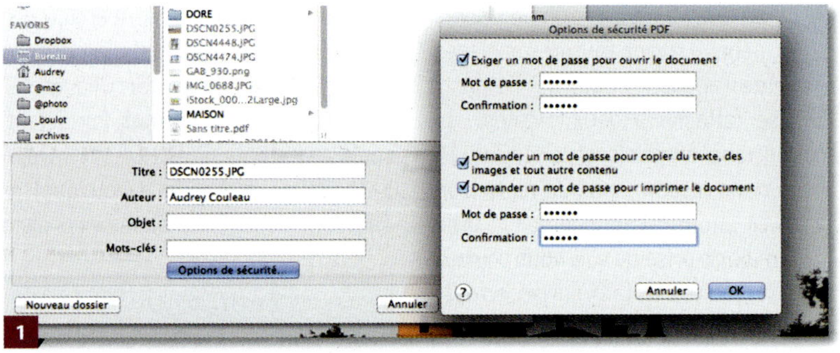

1

2

71 Comment rassembler plusieurs PDF en un seul ?

Pour fusionner plusieurs fichiers PDF en un seul document, ouvrez tout d'abord les différents fichiers à rassembler. Pour chaque document, activez le mode d'affichage **Vignettes** grâce au bouton **Présentation** situé dans la barre d'outils (1). Faites ensuite glisser les vignettes des pages d'un document à l'autre (2). Au besoin, réorganisez l'ordre des pages en les faisant glisser, toujours depuis la vue **Vignettes**. Pour supprimer une page, sélectionnez sa vignette puis allez dans le menu **Édition | Supprimer** ou appuyez sur la touche **[suppr]** de votre clavier. Enregistrez votre nouveau document sous un nouveau nom pour conserver les originaux. ■

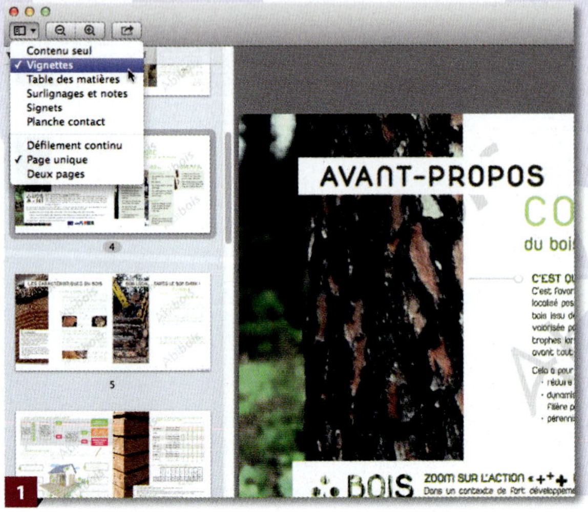

1

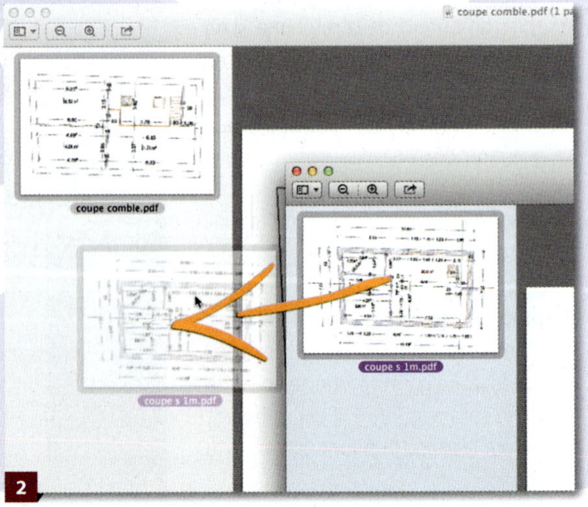

2

72 Comment modifier les dimensions d'un lot d'images ?

Aperçu gère très bien les modifications d'images par lots. Ainsi, si vous avez plusieurs images à redimensionner, ne le faites pas image par image, une seule action suffit. Vous allez donc gagner du temps. Je vous conseille toutefois d'appliquer un premier redimensionnement sur les images horizontales et un second sur les images verticales, ne mélangez pas des photos dont l'orientation est différente. Sélectionnez les éléments dans le Finder et ouvrez-les avec Aperçu. Les vignettes des images sont normalement visibles, au besoin affichez-les grâce au bouton **Présentation**. Sélectionnez tout en allant dans le menu **Édition | Tout sélectionner** ou en faisant **[cmd]**+**[a]**. Cliquez maintenant sur le menu **Outils | Ajuster la taille**. Réalisez vos réglages et validez. Toutes les images sont modifiées d'un coup. La fonction **Tout enregistrer** ayant disparue sans explication – merci Apple ! –, passez par le menu **Fichier | Exporter « les images sélectionnées »**. ■

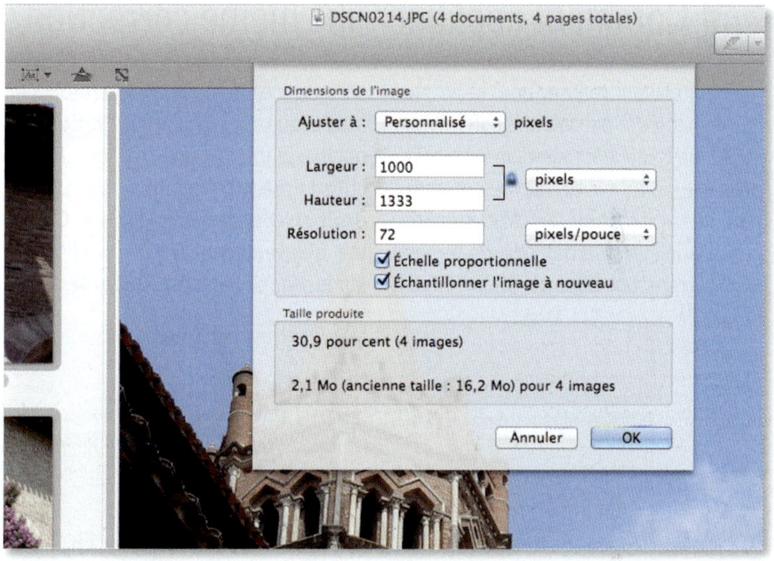

73 Comment numériser facilement un document ?

Stop ! Arrêtez tout ! Avant d'installer le paquet de pilotes – pour la plupart indigestes – livré avec votre scanner ou votre imprimante multifonctions, pensez à Aperçu. Connectez votre scanner à votre Mac puis, dans **Aperçu**, allez dans le menu **Fichier | Importer depuis...** (1). L'outil se lance, effectuez vos réglages (2) (type, résolution, format, etc.), numérisez ! Pourquoi faire plus compliqué ? ■

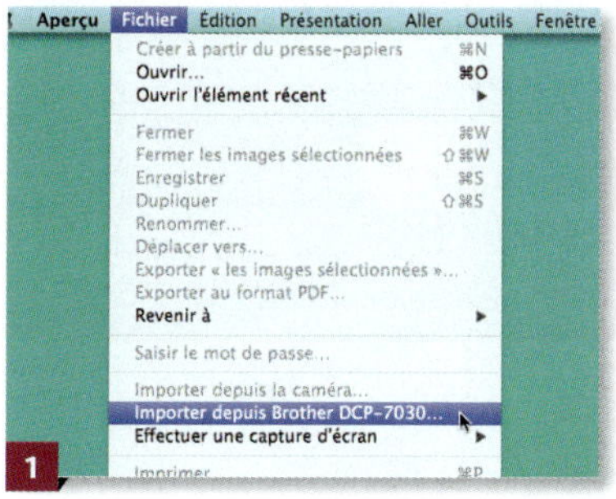

1

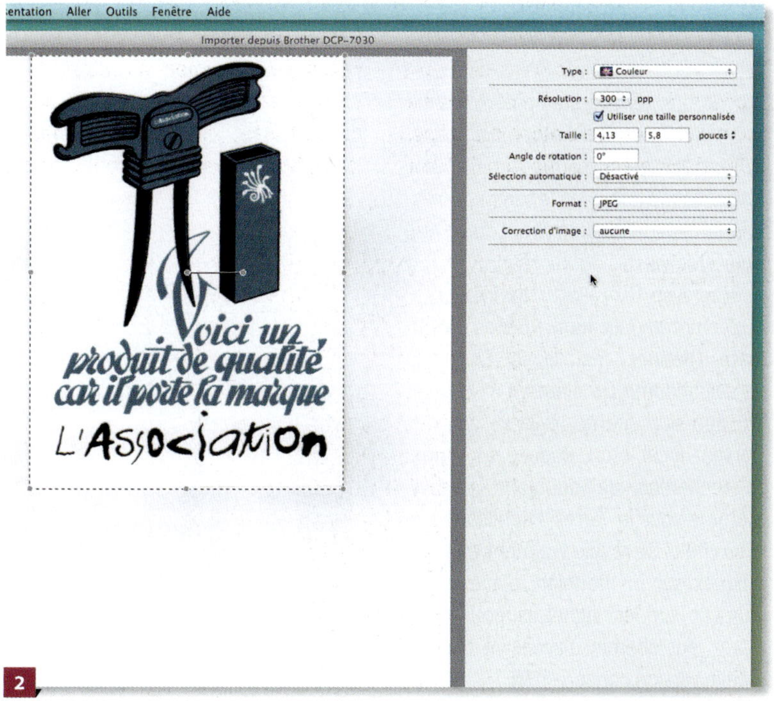

2

iPhoto Ouvrez la boîte à

74 Comment appliquer une même correction sur deux photos ?

Orsqu'on réalise une série de photos – plusieurs fois le même paysage par exemple –, il est probable de devoir réaliser les mêmes retouches, si la série est trop sombre par exemple. Ne perdez plus de temps à les corriger une par une. Dans iPhoto, sélectionnez les photos à retoucher, puis cliquez sur le bouton **Édition** disponible dans la barre d'outils. Retouchez la première photo. Faites un **clic droit** sur l'image et choisissez **Copier les ajustements**. Faites un clic droit sur la seconde et faites **Coller les ajustements**. Bien entendu, n'hésitez pas à réajuster légèrement les niveaux si le besoin s'en fait sentir. Cette technique fonctionnera sur les photos disposant des mêmes réglages de prise de vue et prises dans un laps de temps assez court. Eh oui, la lumière change vite. ■

75 Comment trouver les photos en double en dehors d'iPhoto ?

Vous gérez certainement vos clichés avec iPhoto, mais possédez aussi d'autres images sur votre disque dur. Avec le temps, celles-ci prennent de la place et nul doute que vous stockez des doublons inutiles. Sur le **Mac App Store** est disponible gratuitement l'application **Photos Duplicate Cleaner**, installez-la. Ouvrez-la et sélectionnez un élément à analyser (disque dur interne, externe, dossier, serveur local, etc.). Cliquez sur **Open**, la recherche de doublons s'active. Comme vous le verrez, l'application va très vite et se révèle vraiment efficace. Cliquez sur un doublon, placez votre curseur sur les vignettes pour comparer leur chemin d'accès et décidez quelle version conserver. ■

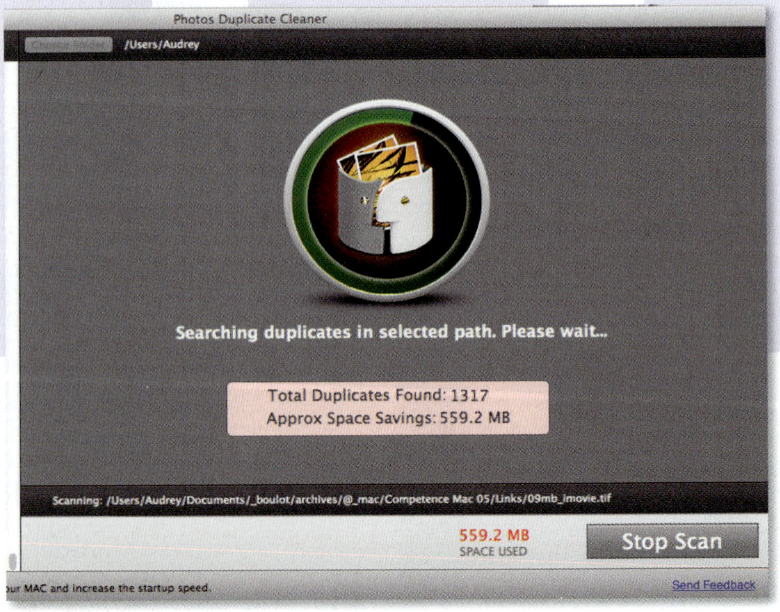

images

76 Comment déplacer des photos d'une bibliothèque à une autre ?

Deux solutions existent pour transférer des photos d'une bibliothèque à une autre, puisque iPhoto ne sait pas le faire. La première, gratuite, consiste à sélectionner les photos ou événements à transférer puis à passer par le menu **Fichier | Exporter**. Cochez les cases **Titres et mots-clés** et **Informations sur les lieux**. Dans **Type**, choisissez **Original**. Cliquez sur **Exporter** (1) Enregistrez les photos ainsi copiées dans un dossier spécifique qui vous servira uniquement au transfert. Quittez iPhoto puis ouvrez votre seconde bibliothèque. Allez dans le menu **Fichier | Importer dans la bibliothèque**. Sélectionnez votre dossier de transfert. C'est fait. Le souci avec cette solution, c'est que toutes les photos sont regroupées dans un événement unique, c'est dommage. En attendant, vous avez tout de même conservé vos mots-clés, lieux et autres informations.

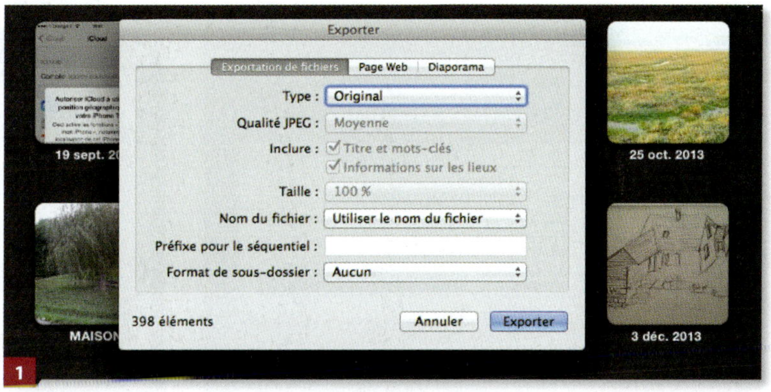

1

Transferts pros

Seconde solution, faire appel à un logiciel dédié : **iPhoto Library Manager**. Moyennant 23 €, vous avez à votre disposition une application très bien conçue qui permet le transfert de photos ou d'événements d'une bibliothèque à l'autre par simple glissé déposé. Rendez-vous sur **www.fatcatsoftware.com** pour télécharger l'application. Installez-la et ouvrez-la. Importez vos deux (ou plus) bibliothèques dans l'application, puis cliquez sur l'une d'elles, dans la colonne de gauche, pour visualiser son contenu. Sélectionnez un élément (un événement, une photo ou un groupe de photos) et faites-le glisser dans l'autre bibliothèque, visible dans la colonne de gauche (2). Patientez pendant la copie. Une fois celle-ci terminée, un message vous informe que tout s'est bien passé, avec le nombre de photos, vidéos et événements copiés (3). Grâce à la fonction **Merge Libraries**, il est possible de fusionner deux ou plusieurs photothèques. Cette application, bien qu'en anglais, est assez simple à utiliser et se révèle être une véritable pépite. Si vous gérez beaucoup de photothèques, n'hésitez pas une seconde ! ■

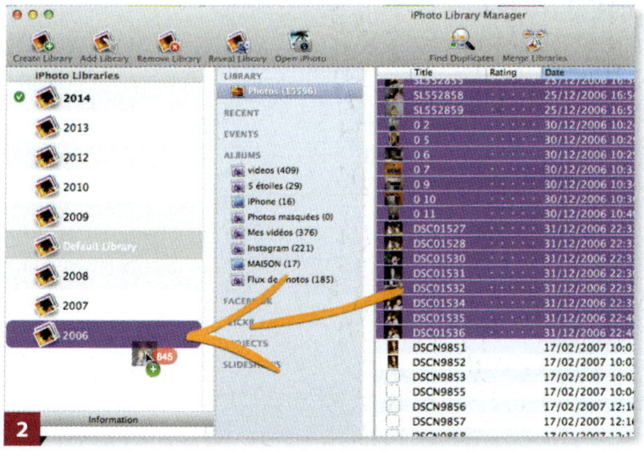

2

3

77 Pourquoi mes photos disparaissent-elles après une importation ?

Notre bien-aimé iPhoto a parfois un comportement mystérieux et certains réglages sautent, sans que l'on comprenne le pourquoi du comment. C'est ainsi qu'après une importation, en voulant agrandir une photo, j'ai eu un message d'erreur m'indiquant que la photo originale était introuvable (1). Après une méticuleuse recherche dans les préférences d'iPhoto, c'est dans l'onglet **Avancé** que j'ai découvert que la fonction **Copier les éléments dans la bibliothèque iPhoto** (2) avait été décochée. Pourquoi, comment, je n'en ai pas la moindre idée – une mise à jour ? –, mais il me semblait évident de vous prévenir, si cela vous arrive un jour ! ■

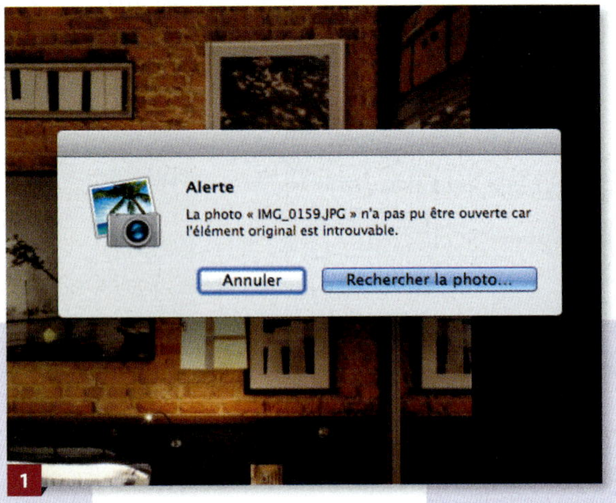

1

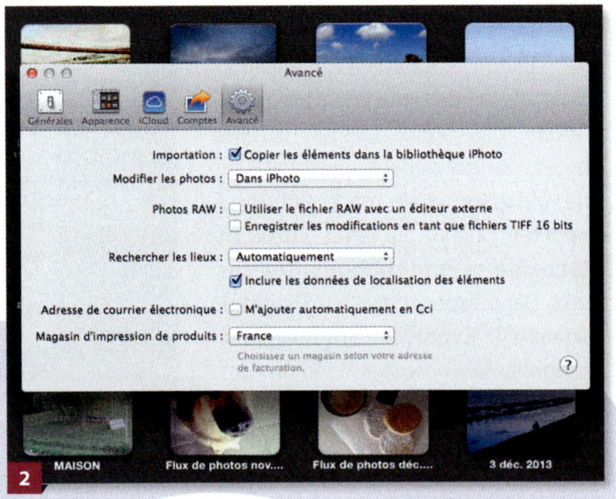

2

78 Comment identifier le lieu de prise de vue ?

Rares sont encore les appareils photo numériques à être équipés d'une puce GPS afin de géolocaliser les lieux des prises de vue (l'iPhone en est équipé). Il est possible d'ajouter cette information, directement dans iPhoto. Sélectionnez un événement, cliquez sur le bouton **Informations**, disponible dans la barre d'outils. En bas du panneau latéral, saisissez le lieu dans le champ **Attribuer un lieu**. La recherche se lance et des propositions apparaissent (1), sélectionnez-en une et validez en appuyant sur la touche **[entrée]**. Toutes les photos de l'événement sont désormais géolocalisées. Pour voir vos photos sur une carte, cliquez sur **Lieux** dans la liste Source d'iPhoto. Une carte du monde s'affiche (2), les repères rouges représentent les lieux correspondant à vos photos. ■

1

2

79 Comment regrouper toutes les vidéos importées ?

iPhoto gère bien évidemment tous les clichés que vous importez, mais aussi toutes les vidéos. Le hic : réussir à mettre la main sur une vidéo est parfois laborieux. Le plus simple serait de toutes les regrouper dans un album, mais cela engendrerait des manipulations après chaque importation. Pour faire vraiment plus simple, utilisons les superpouvoirs des albums intelligents ! Un album intelligent va réagir en fonction d'une règle (au minimum) que vous allez lui dicter. Allez dans le menu **Fichier | Nouvel album intelligent** et appliquer les réglages comme sur l'image 1: **Photo** / **est** / **séquence**. Nommez-le et cliquez sur **OK** pour valider. Comme par magie, toutes vos vidéos sont accessibles dans l'album intelligent (2). Autre avantage, il est autonome : à chaque importation, les nouvelles vidéos y seront visibles. Au besoin, supprimez ce dossier sans crainte, les vidéos n'y sont pas réellement déplacées, puisqu'elles conservent leur emplacement d'origine, dans leurs événements respectifs. ■

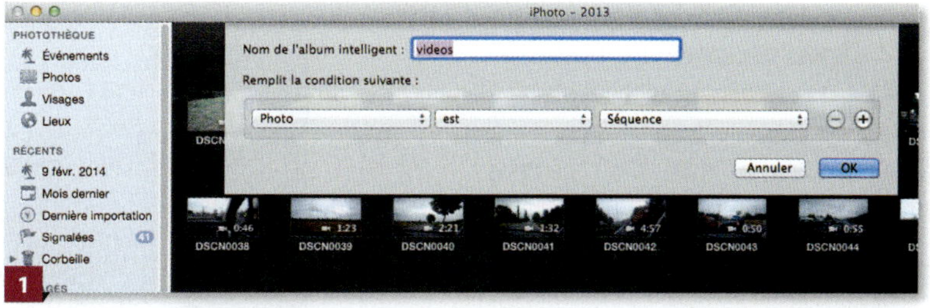

80 Comment réaliser un film à partir d'une série de photos ?

Grâce à iPhoto, vous réalisez sans problème de beaux diaporamas. Mais saviez-vous qu'il était possible de transformer un diaporama en film ? Sélectionnez un groupe de photos, un événement ou un album, puis allez dans le menu **Fichier | Nouveau diaporama**. Les photos sélectionnées composent déjà votre diaporama. Définissez un thème (passez votre curseur sur les vignettes pour voir une démonstration), cliquez sur **Choisir** (1). En bas à droite, dans la barre d'outils, ajoutez une diapositive avec le texte de votre choix, définissez la musique et accédez aux réglages supplémentaires (2). Cliquez ensuite sur le bouton **Aperçu** ou **Lire** (en plein écran). Tout est ok ? Cliquez sur le bouton **Exporter**, définissez la taille et où enregistrer le film (3). Choisissez également si ce dernier doit être transmis directement à iTunes. Suivant le nombre de photos sélectionnées au départ, l'exportation sera plus ou moins longue. Patientez le temps nécessaire. ■

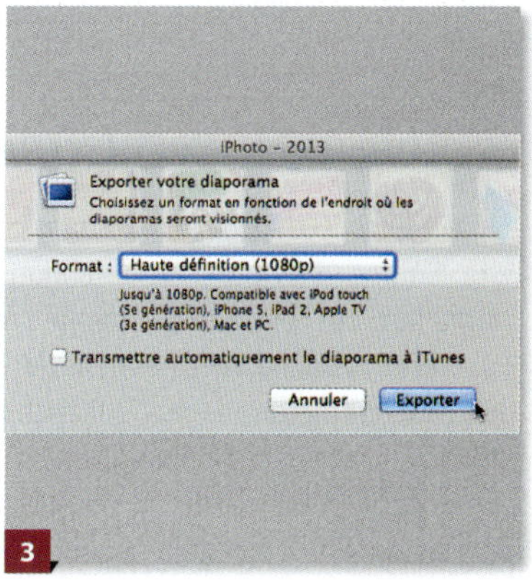

81 Comment transférer des photos sur iPhone ou iPad ?

On offre souvent des solutions pour récupérer les photos de nos appareils mobiles vers le Mac, mais rarement dans l'autre sens. Pourtant, on aimerait avoir certains clichés toujours avec soi, comme on les mettait autrefois dans notre portefeuille. La solution traditionnelle consiste à passer par iTunes et à choisir quel événement synchroniser avec l'iPhone et/ou l'iPad. Mais il existe une méthode plus futée : créer un album dans iPhoto spécialement dédié au transfert de photos entre vos appareils. Dans iPhoto, allez dans le menu **Fichier | Nouvel album** et placez-y vos photos favorites (1). Allez encore plus loin dans l'idée en créant un album intelligent qui regroupera, par exemple, les photos auxquelles vous avez attribué la meilleure note, soit cinq étoiles. Lancez iTunes, sélectionnez votre iPhone ou votre iPad puis cliquez sur l'onglet **Photos** (2). Dans les albums, cochez celui que vous venez de créer. Seules les photos choisies et placées dans cet album seront synchronisées. Côté gain de place, c'est avantageux et plus malin que de synchroniser un événement entier, qui ne comporte, en général, qu'une poignée de photos intéressantes. Cliquez sur **Appliquer** vous transférera les photos vers votre iPhone ou iPad.

Et le flux de photos iCloud ?

Il est également possible de copier des clichés depuis votre bibliothèque iPhoto vers votre flux de photos iCloud. Ouvrez un événement, sélectionnez une ou plusieurs photos et faites-les glisser sur le bouton iCloud, disponible dans la liste Source d'iPhoto (3). Attention, votre flux de photos est limité à 1000 photos conservées par mois. Au-delà des trente jours, les plus anciennes seront supprimées du flux. Dans ce cas-là, rien n'est perdu puisqu'elles sont aussi dans votre bibliothèque. ■

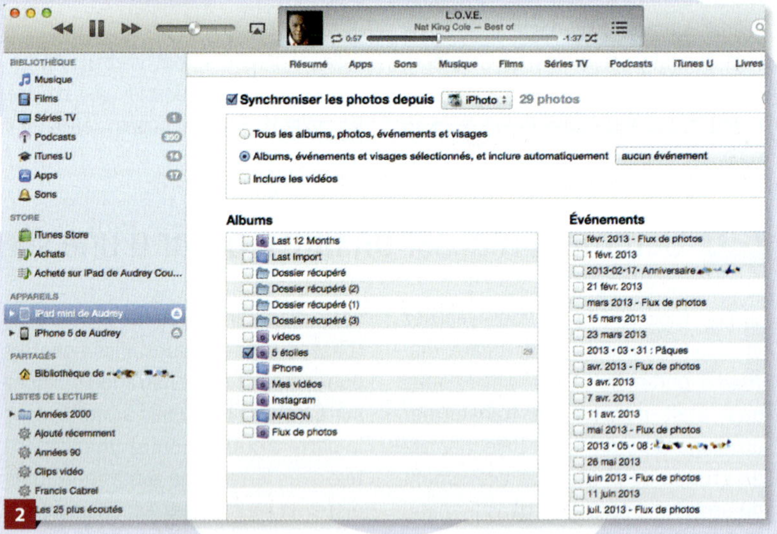

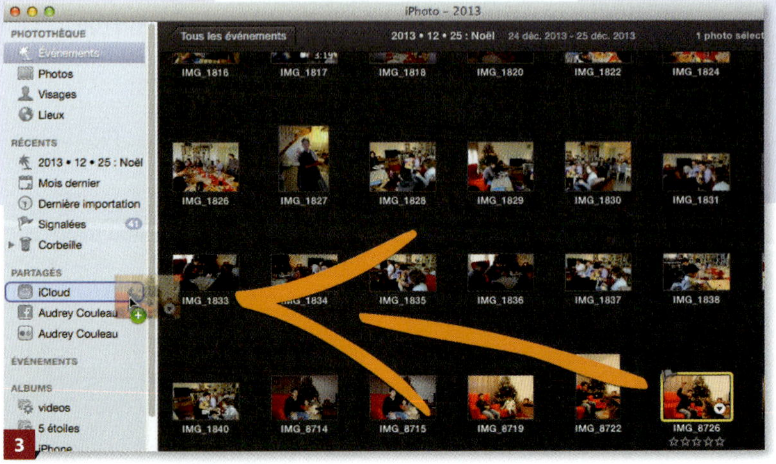

82 Comment supprimer rapidement les photos de l'iPhone ?

Parfois, on a juste besoin de faire du vide et de libérer de la place sur nos appareils mobiles ! Si iPhoto permet de récupérer les photos de l'iPhone, il ne permet pas de les supprimer. Du coup, on est obligé de le faire directement sur l'iPhone ou l'iPad et il faut pour cela sélectionner les images une à une. Une hérésie des temps modernes ! Stoppons cette perte de temps tout de suite. Reliez votre iPhone ou votre iPad à votre Mac grâce au câble USB fourni. Rendez-vous dans le dossier **Applications** et ouvrez **Transfert d'images**. Dans la colonne de gauche, cliquez sur votre appareil, les photos qu'il contient s'affichent. Sélectionnez les photos à supprimer ou faites directement **[cmd]**+**[a]** pour tout sélectionner. En bas, cliquez sur le bouton représentant un cercle rouge barré (voir image ci-dessous) et en quelques secondes, les photos sont supprimées ! ■

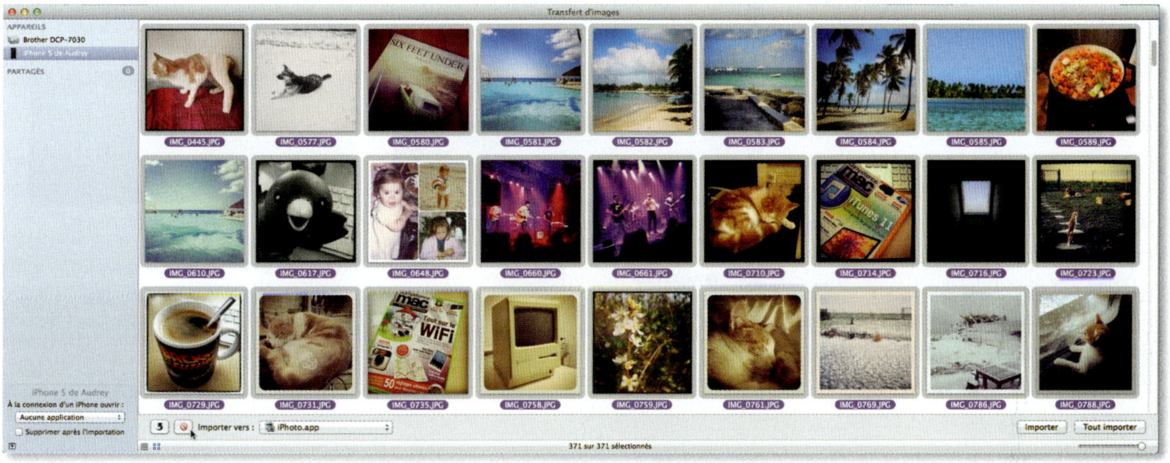

83 iPhone : comment couper la consommation 3G/4G du flux de photos ?

Votre forfait 3G / 4G est limité : vous disposez en effet d'une consommation – en méga ou gigaoctets – définie lorsque vous avez souscrit un forfait. Les plus chanceux disposent de 20 Go, tandis que d'autres sont limités à 500 Mo. Pour maîtriser au mieux ce forfait, et éviter les mauvaises surprises lors de la facture, intervenez dans les réglages de votre iPhone. Vous déciderez, en fonction de vos besoins, quelles sont les apps qui doivent se mettre à jour ou pas, en cas de connexion 3G ou 4G. Sur votre iPhone ou votre iPad, allez dans **Réglages** et tapotez sur **Réseau cellulaire** (1). Descendez et observez la longue liste des apps qui utilisent votre forfait data, décochez celles qui ne sont pas si utiles et pensez à désactiver **Photos** (2). ■

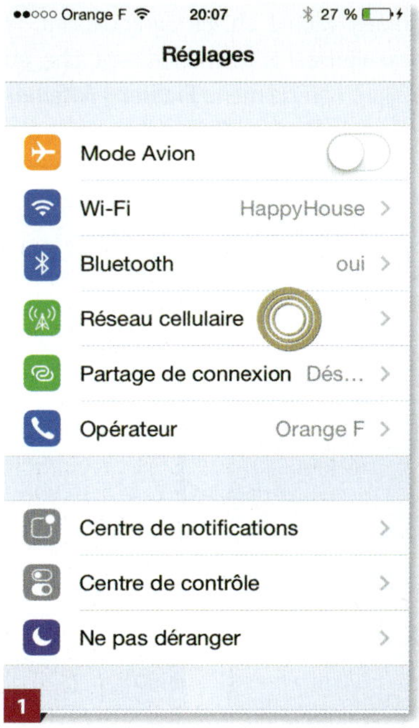

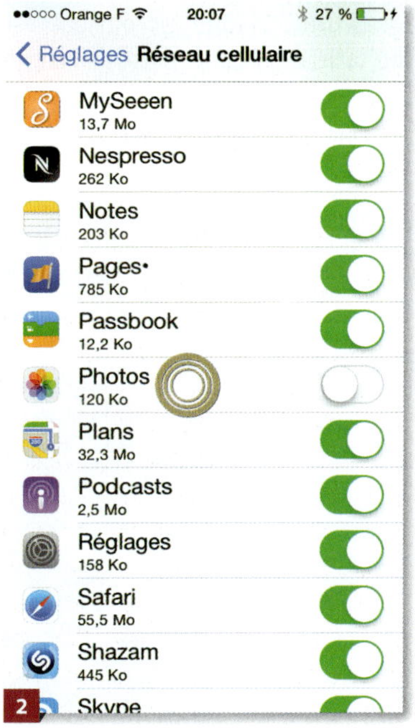

84 Comment annuler le lancement d'iPhoto au branchement d'un iDevice ?

Personnellement, je recharge régulièrement – qui a dit tous les jours ?! – mon iPhone en le connectant à mon iMac grâce au câble USB. Par défaut, iPhoto se lançait donc automatiquement, alors que je n'avais pas forcément de nouvelles photos à importer. Une fois, deux fois, trois fois, cela finissait par devenir agaçant, surtout si l'on a une bibliothèque conséquente à ouvrir. J'ai décidé de désactiver cette ouverture spontanée. Si cela vous ennuie également, connectez votre iPhone en USB à votre Mac et ouvrez l'application **Transfert d'images**. Sélectionnez votre appareil dans la colonne de gauche. En bas de cette même colonne, un menu déroulant est disponible : **À la connexion d'un iPhone ouvrir** : optez pour **Aucune application**. iPhoto ne vous embêtera plus ! ■

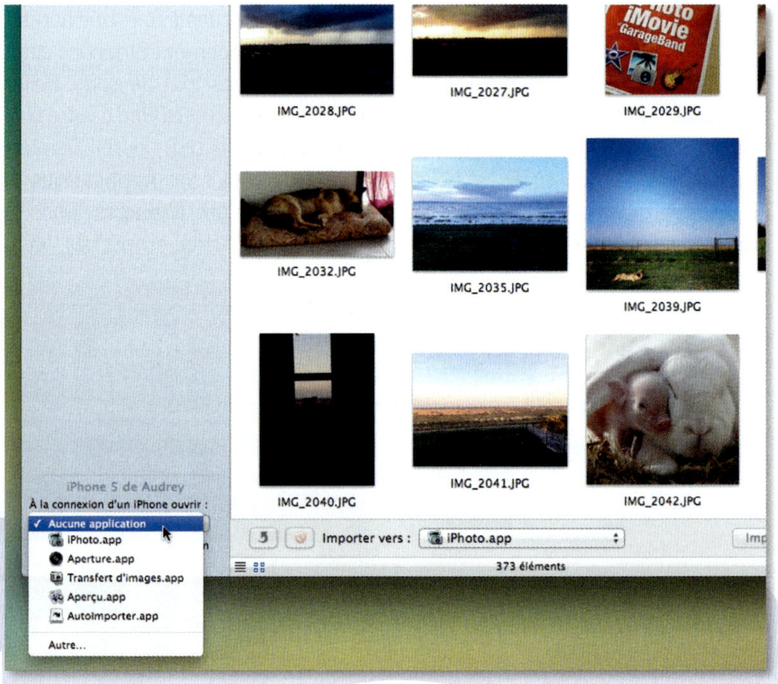

85 Comment régénérer les vignettes ?

La base de données d'iPhoto a parfois quelques soucis, notamment si votre bibliothèque est de taille importante. Ainsi, l'affichage des vignettes est erroné. Observez l'image 1, les deux photos sélectionnées s'affichent mal : elles ne sont pas dans le bon sens et elles sont déformées. Même en les agrandissant, le résultat est le même. En revanche, en allant dans le menu **Fichier | Afficher dans le Finder | Original**, la photo originale est correcte. Pour résoudre ce problème, quittez iPhoto et relancez-le en appuyant sur **[cmd]**+**[alt]** : des solutions sont alors proposées. Optez pour **Reconstruire les vignettes** et cliquez sur **Reconstruire** (2). ■

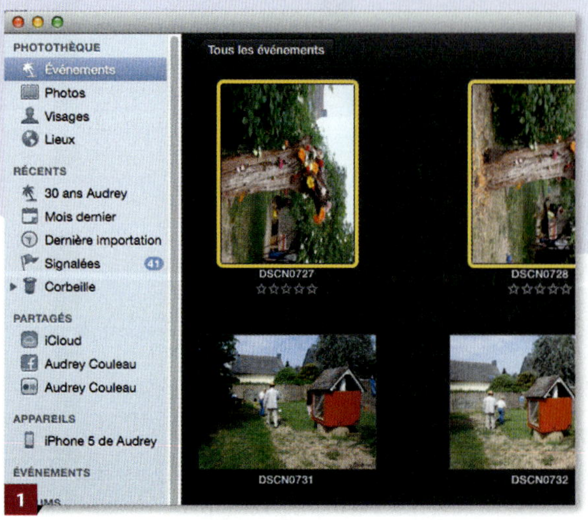

1

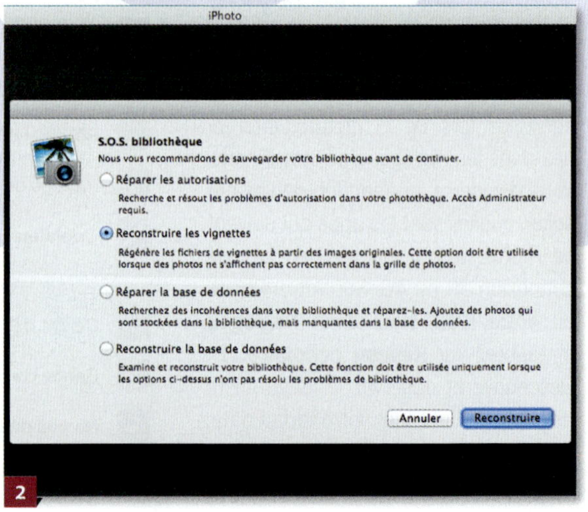

2

86 iPhoto crée-t-il plusieurs versions d'une photo retouchée ?

Non. Avec iPhoto, le poids de votre bibliothèque ne grossit pas au fur et à mesure des retouches. Grâce à un processus bien rodé, vos photos originales sont toujours accessibles. Comme vous le voyez sur le schéma, le choix de ce processus est plutôt malin, examinons-le en détail. Première étape : lorsque vous importez une photo, le logiciel la stocke dans son format d'origine. Seconde étape : lorsque vous réalisez une première retouche, iPhoto créé alors une copie de l'originale, appelée plus communément **Copie de travail**. Par la suite, à chaque fois que vous apportez d'autres modifications à cette photo, iPhoto ouvrira la copie de travail – cette action est invisible pour l'utilisateur – et lui appliquera l'ensemble des retouches précédentes ainsi que vos nouveaux traitements. La version qui contient toutes vos retouches (antérieures et nouvelles) est sauvegardée. Vous avez ainsi la garantie que des retouches successives sur une même photo ne créent pas autant de versions qu'il y a eu de retouches. Grâce au bouton **Revenir à l'original**, il est toujours possible de retrouver la photo d'origine, telle qu'elle a été importée depuis votre appareil photo.

Une seule copie de travail

Attention, il n'est pas possible de revenir à une retouche antérieure (de C à A par exemple). Si vous revenez à l'original, les retouches sont annulées et la copie de travail supprimée. Au besoin, dupliquez la photo au préalable pour conserver différentes versions (couleur, noir et blanc, sépia, etc.). Le but d'un tel processus est bien sûr d'économiser de la place sur votre disque dur. Dans le cas contraire, une même photo serait dupliquée à chaque retouche, grossissant sans fin votre bibliothèque. ■

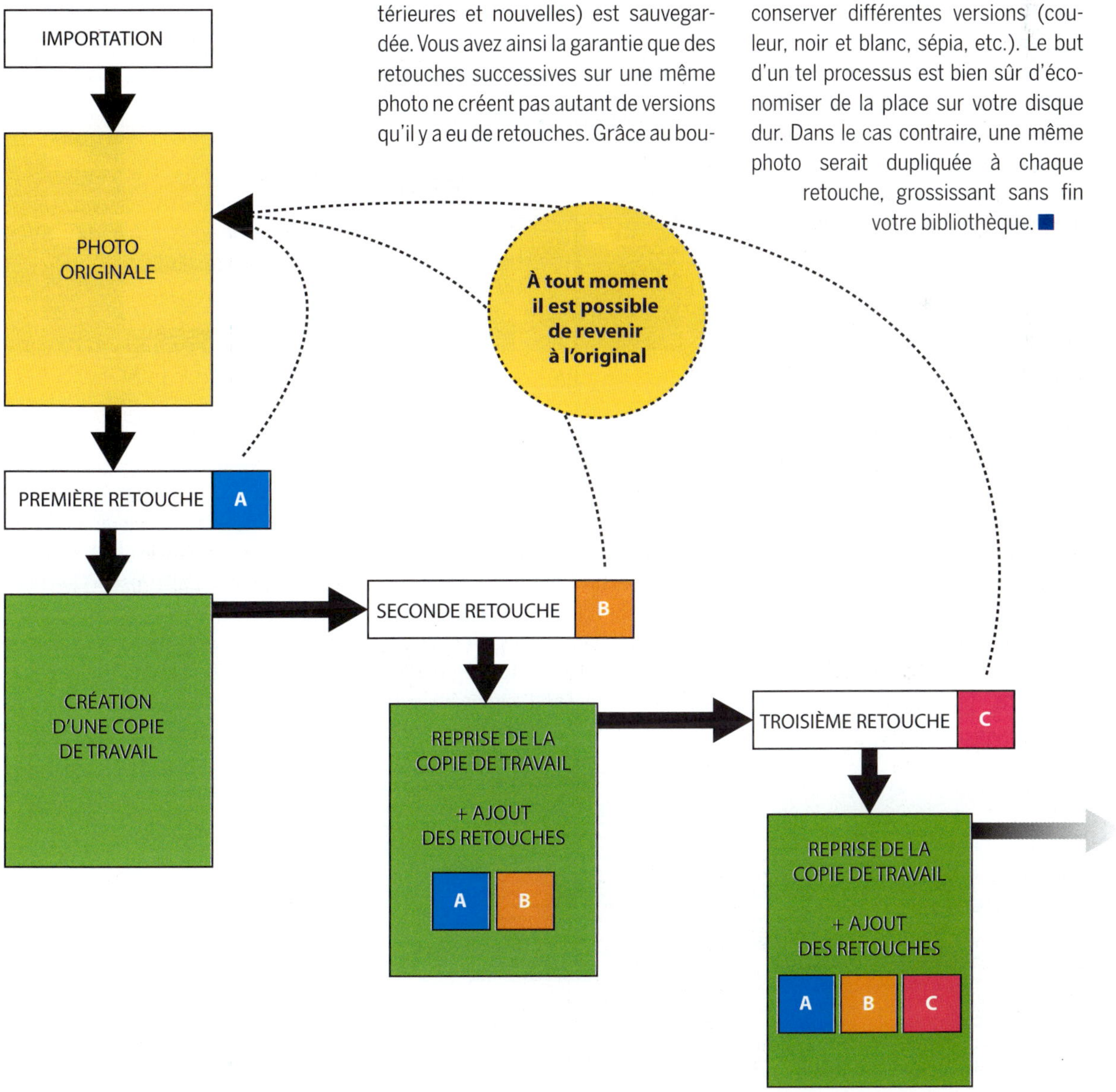

Aperture Apprivoisez le grand

87 Comment réduire la taille de la bibliothèque Aperture ?

Aperture propose le mode **Référencé** : vos photos ne sont pas stockées dans une photothèque, mais dans des dossiers que vous organisez comme bon vous semble. À chaque importation, le logiciel d'Apple créé alors des aperçus afin que vous visualisiez vos images. Et tous ces aperçus prennent beaucoup de place ! Allez dans **Aperture | Préférences | Aperçus**. Baissez la qualité des aperçus, à **6** par exemple (1). Fermez les préférences, puis cliquez sur **Photos** dans la liste Source d'Aperture. Faites **[cmd]**+**[a]** pour tout sélectionner puis un **clic droit** et choisissez **Mettre à jour les aperçus** (2). Cure d'amaigrissement en vue ! ■

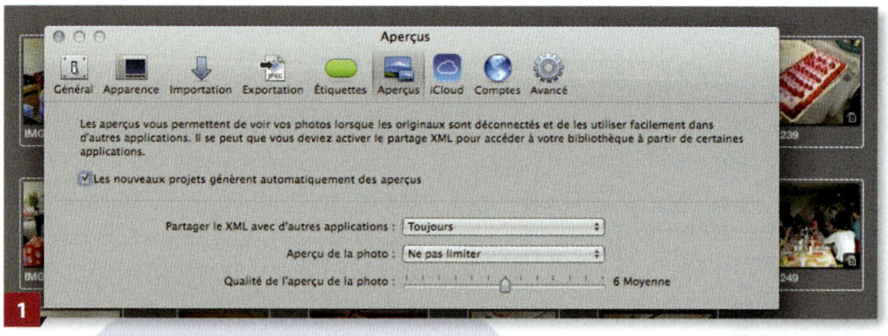

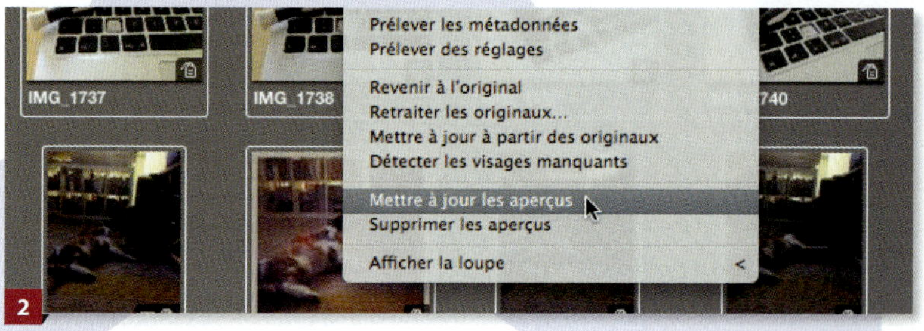

88 Comment restaurer les paramètres d'origine ?

Si Aperture est lent à se lancer, voire ne se lance pas, ou si son fonctionnement n'est tout simplement pas conforme, il peut être bénéfique de restaurer ses paramètres d'origine. Si elle est en cours de fonctionnement, quittez l'application. Dans le Finder, allez dans **Maison | Bibliothèque | Préférences**. Recherchez le fichier **com.apple.Aperture.plist** et jetez-le à la corbeille. Si vous ne voyez pas le dossier Bibliothèque, cliquez sur le menu **Aller**, dans le Finder, tout en maintenant la touche **[alt]** enfoncée. La bibliothèque est maintenant accessible. Relancez Aperture puisque ses paramètres sont réinitialisés. Au besoin, faites un tour dans les préférences pour effectuer à nouveau des réglages personnels. Retenez que chaque application dispose d'un fichier préférence qui peut se corrompre, affectant son bon fonctionnement. ■

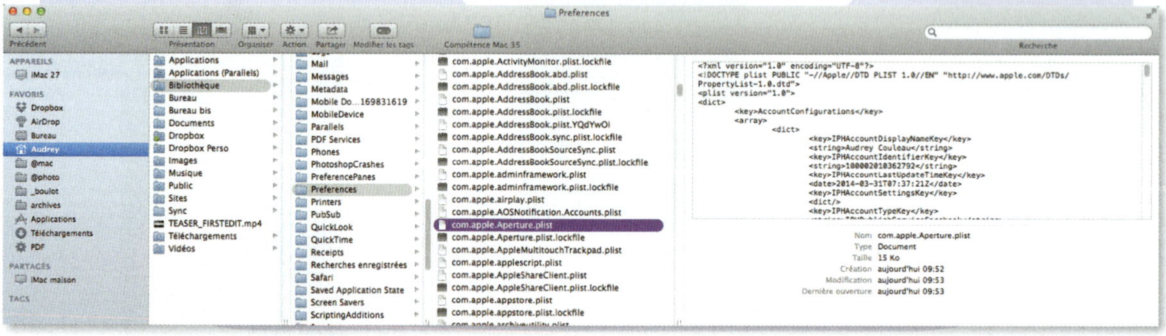

frère d'iPhoto

89 Quelle est la différence entre photothèque et banque ?

La **photothèque** s'occupe du suivi de chaque projet, album, dossier, original et copie de travail, peu importe que les fichiers images y soient stockés ou non. Pour être certain de disposer de copies de sauvegarde de vos clichés, je vous recommande de créer une **banque** destinée à contenir ces sauvegardes. Allez dans le menu **Fichier | Banque | Ajouter une banque**. Une banque contient une copie exacte de la photothèque, qui comprend les projets, les originaux et toutes les copies de travail que vous avez importées et créées. En cas d'utilisation professionnelle d'Aperture, il est toutefois recommandé de créer plusieurs banques sur plusieurs disques durs externes.

Toutes les banques sont suivies par la photothèque, de sorte que même si vous débranchez le disque dur externe sur lequel se trouve une banque, Aperture y accédera à nouveau la prochaine fois que vous le reconnecterez et que vous mettrez la banque à jour. Si vous avez opté pour le mode référencé, les originaux des images étant stockés en dehors de la photothèque, vous devez gérer vous-même leur sauvegarde et leur archivage. ■

90 Peut-on basculer d'iPhoto à Aperture et inversement ?

Oui ! Un système de bibliothèque unifiée a été mis en place par Apple avec la version 3.3 d'Aperture et la version 9.3 d'iPhoto. Il est maintenant possible d'utiliser la même bibliothèque avec ces deux logiciels. De nombreux avantages en découlent. Avant tout, le gain de place, ensuite l'exploitation à l'identique des fonctions *Visages*, *Lieux*, *Albums*, *Partage web*, *Albums intelligents*, *Diaporamas*, etc. Le système d'imagerie étant désormais identique, les retouches et corrections apportées depuis une application sont visibles et éditables dans l'autre. Pour ouvrir une bibliothèque iPhoto dans Aperture ou inversement, lancez l'application en maintenant la touche **[alt]**, puis faites votre choix. ■

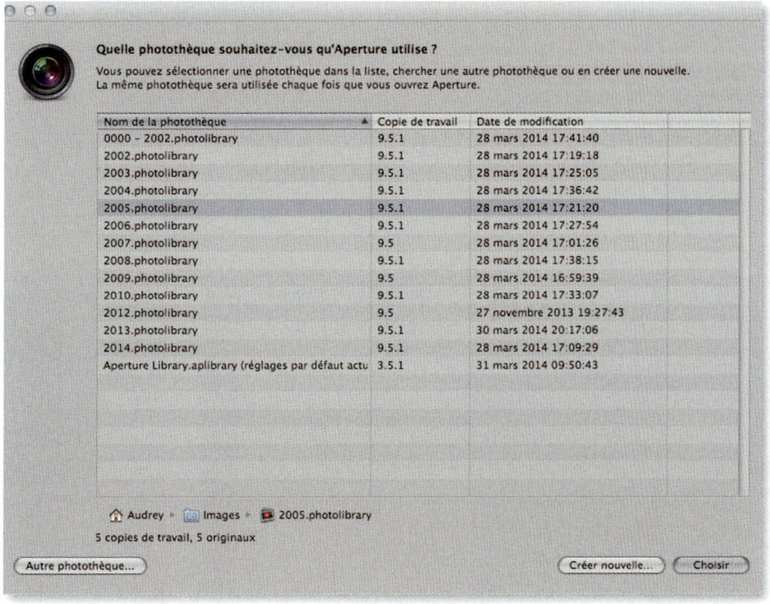

91 Comment Aperture gère-t-il les originaux et les copies de travail ?

Tout comme iPhoto, Aperture utilise un processus bien rodé quant à la gestion des fichiers. Lorsque vous importez des photographies dans Aperture, les originaux sont stockés bien à l'abri et ne seront jamais modifiés. Pour vous permettre de visualiser vos clichés, Aperture crée immédiatement un **aperçu**, nommé également *vignette*, et une **copie de travail** pour chaque original. Cette copie de travail ne contient en réalité que la vignette, les ajustements (corrections, retouches, etc.) et les informations (visages, lieux, mots-clés, etc.). Son poids n'est donc pas excessif. Via un simple **clic droit** sur une photo, il est tout à fait possible de **Créer une nouvelle copie de travail à partir de l'original** (1). Vous pouvez en créer autant que nécessaire pour, par exemple, décliner une photo en couleur, noir et blanc, sépia... (2). Chaque copie de travail fait référence au fichier original, stocké sur votre disque dur (interne, externe ou ailleurs si vous utilisez le mode référencé). Il est donc toujours possible de **Revenir à la version originale**, grâce à un simple **clic droit**. Comme vous le voyez sur ce schéma, ce n'est qu'au moment de l'impression ou de l'exportation, qu'un nouveau fichier comprenant l'original, les ajustements et les informations, est créé. Grâce à ce processus, Aperture limite l'espace disque utilisé. ■

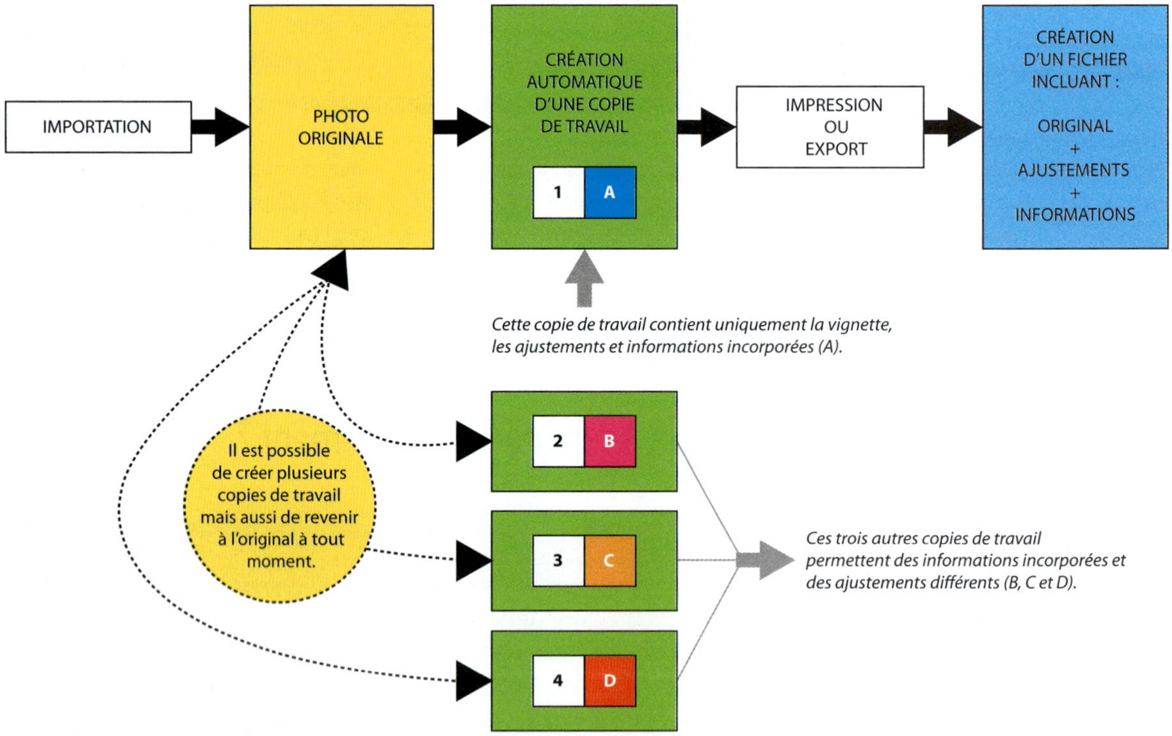

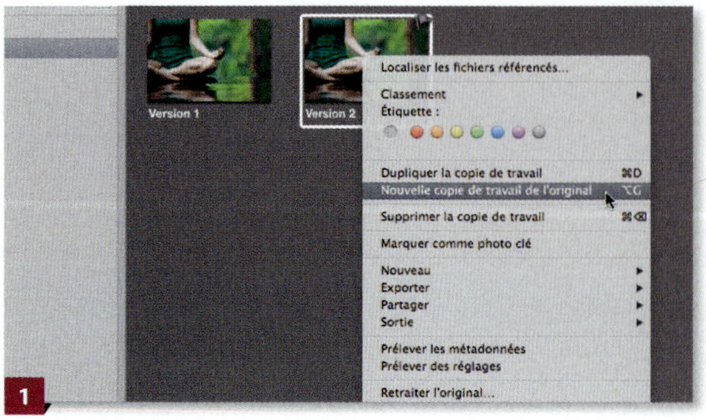

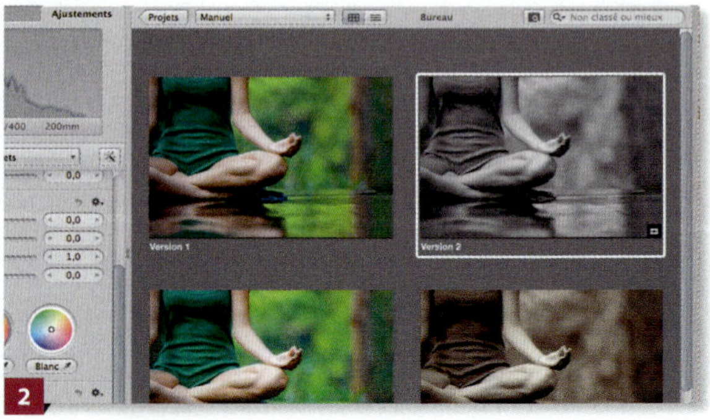

92 Comment afficher les informations d'un projet ?

Contrairement à iPhoto, Aperture ne dispose pas d'un panneau latéral Informations. C'est dommage, mais rassurez-vous, il est tout de même possible d'afficher les informations générales d'un projet. Dans la barre latérale, cliquez sur **Projets**. Sélectionnez un projet puis cliquez sur le petit **bouton i**, disponible en bas à droite de sa vignette (1). Une fenêtre flottante s'ouvre alors et fournit des informations : lieux, description, nombre de photos, date, etc. (2). En passant votre curseur sur la vignette du projet, les photos défilent. Vous pouvez, directement à partir de cette palette flottante, changer l'image représentant ce projet. ■

1

2

93 Comment fonctionnent les piles ?

Apple utilise des mots de la vie quotidienne pour définir des actions au sein de ses logiciels. Aperture dispose d'une fonction nommée « pile ». Remontons quelques années en arrière : vous réalisiez une série de photos avec un appareil photo argentique (oui, oui, à pellicule). Vous faisiez développer vos clichés à la boutique du coin et rentriez chez vous. Là, vous étaliez vos clichés sur la table et les classiez par piles. C'est exactement ce qu'Aperture vous propose : sélectionnez une série de photos quasiment identiques ou des copies de travail, effectuez un clic droit et choisissez **Empiler** (1). Ici, mes quatre photos sont alors regroupées sous une même vignette. Je sais qu'il s'agit d'une pile puisque le **chiffre** 4 est visible en haut à gauche de la vignette (2). Un clic sur ce chiffre fait et défait la pile afin de visualiser les photos qui la composent. Si vous avez suivi mon explication sur les copies de travail, page ci-contre, rendez-vous dans les **préférences** d'Aperture. Dans **Général**, une option permet d'**Empiler automatiquement les nouvelles copies de travail**. Cela vous évitera de nombreuses manipulations. ■

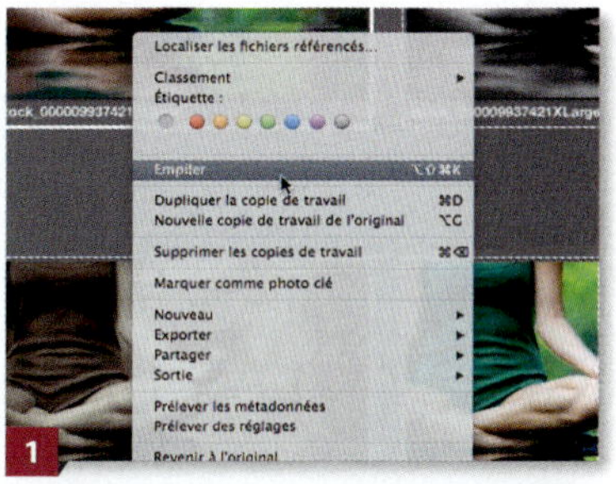

1

2

CHAPITRE 4

AUDIO ET MUSIQUE

Audio Découvrez et maîtrisez

94 Comment numériser des cassettes audio ou des vinyles pour en

Vous possédez encore quelques vinyles et cassettes audio ? Il est temps de les numériser, car le temps les menace ! En raison de leur constitution fragile, les disques vinyles peuvent se déformer, voire se casser. Si la tête de lecture de votre platine est vieillissante, chacune des lectures use votre disque et diminue sa qualité sonore. Sans oublier la poussière, les saletés et l'humidité qui abîment autant les vinyles que les cassettes audio et, *last but not least*, le magnétisme qui peut effacer les bandes de vos cassettes audio. Il existe aujourd'hui des moyens simples et peu coûteux pour numériser ces supports et pouvoir les écouter sur votre Mac, iPhone ou iPad sans limites et pour de nombreuses années à venir. Pour cela, vous avez besoin, comme le schéma vous le montre ci-dessous, de trois éléments : un Mac, un préamplificateur phono et une chaîne hi-fi qui lit les supports que vous souhaitez numériser : vinyles et/ou cassettes audio. Voyons comment cela se passe dans la pratique : vous connectez deux câbles RCA (rouge et noir ou rouge et blanc) sur les sorties audio de votre chaîne hi-fi et reliez les extrémités des câbles au préampli. Le préampli est relié au Mac grâce à un câble USB. Une fois que tout est branché, vous activez l'enregistrement sur votre Mac (voir plus loin), puis mettez en lecture le vinyle ou la cassette audio. Le son analogique est ainsi transformé en son numérique.

Quel préampli phono choisir ?

J'ai sélectionné pour vous deux préamplis garantis compatibles Mac, leur prix est correct et tourne autour de 50 €. Tout d'abord le **SC-1 Gemini** (1), que je vous recommande si ce sont des cassettes audio que vous souhaitez numériser. Il ne dispose pas du correcteur de son RIAA (variations d'amplitude afin d'équilibrer les graves et les aigus), indispensables

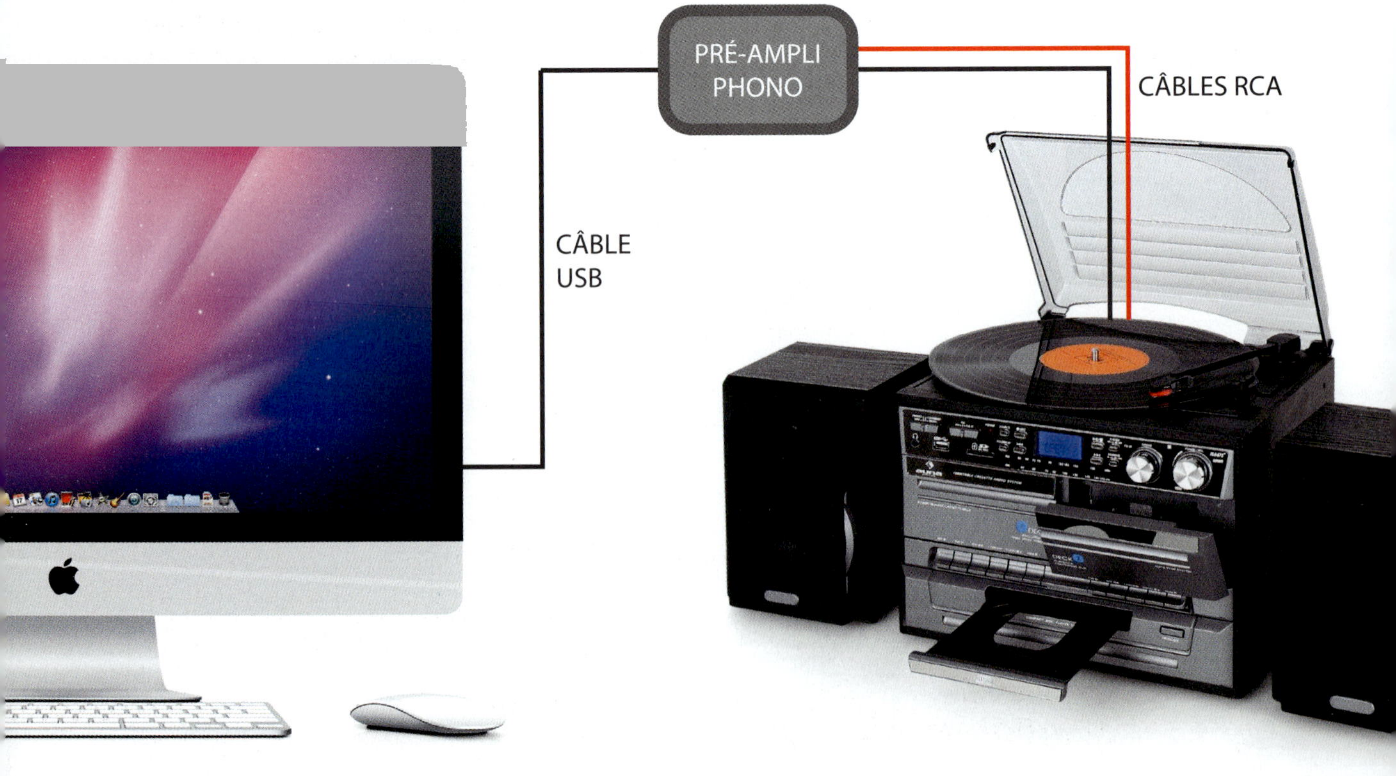

les options sonores

profiter sur mon Mac, iPhone ou iPad ?

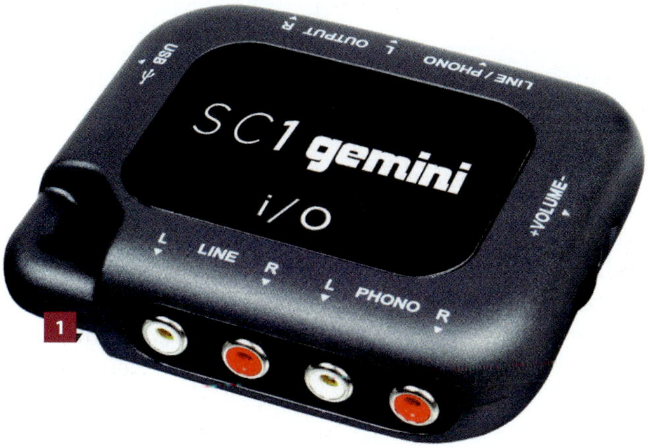

pour les vinyles, contrairement au second produit, le **Citronic AC-1** (2). Ils sont tous deux alimentés par le port USB du Mac et sont *plug and play* : ils ne nécessitent donc aucun pilote pour être reconnus par votre ordinateur. Ils disposent également d'un volume réglable afin d'éviter toute saturation.

Avec quel logiciel récupérer le son ?

Le logiciel gratuit **Audacity** (**audacity.sourceforge.net**) est le plus simple à utiliser, malgré ses airs austères. Installez-le. Dans les préférences de l'application, cliquez sur **Périphériques**. Dans **Enregistrement**, sélectionnez votre **préampli USB**. Refermez les préférences puis cliquez sur le **bouton rouge** pour commencer l'enregistrement (3). Pour diviser les pistes du vinyle ou de la cassette, positionnez le curseur au départ du morceau puis allez dans le menu **Pistes | Placer un marqueur sur la sélection**. Sélectionnez le morceau entier et appuyez sur **[entrée]**, la piste est créée. Faites de même pour les autres. Allez ensuite dans le menu **Fichier | Exporter** et enregistrez les pistes au format **AAC**. Il ne vous reste plus qu'à les glisser dans iTunes. ■

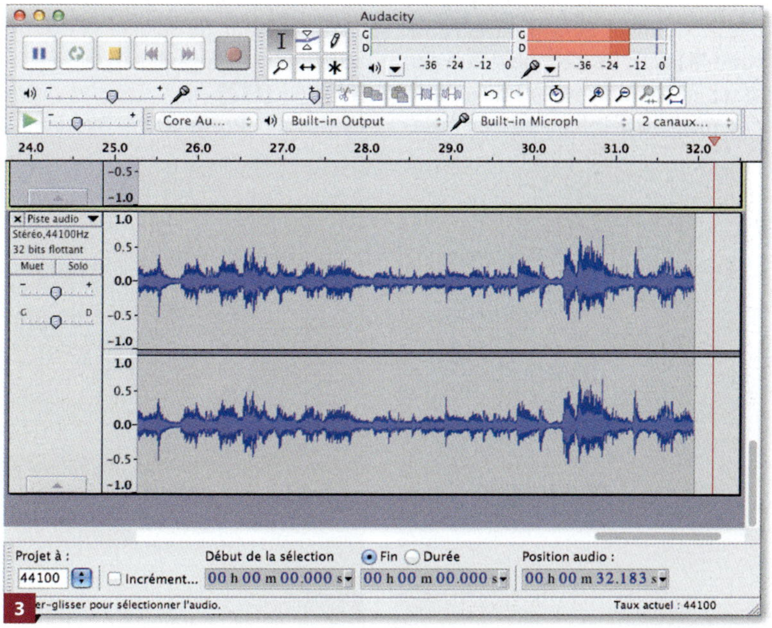

95 Comment personnaliser le volume sonore suivant les applications ?

Sur votre Mac, vous réglez le volume en fonction de vos usages et de la qualité des éléments écoutés. Prenons un exemple : la musique lue sur iTunes est de meilleure qualité que les vidéos sur YouTube ou les conversations Skype. Du coup, vous êtes sans cesse en train d'ajuster le son de votre Mac grâce aux touches **[F11]** et **[F12]** de votre clavier. Il existe une application gratuite et ultradiscrète qui ajuste le volume en fonction des applications que vous utilisez. Rendez-vous sur le Mac App Store pour télécharger **Globvler** : utilisez le champ de recherche, en haut à droite. Même si son nom est imprononçable, elle fait rudement bien ce qu'on lui demande. Ouvrez l'appli, elle se loge dans la barre de menus. En réalité, vous n'avez rien à faire, elle étudie les changements de volume que vous effectuez. Mettez de la musique en lecture sur iTunes, ajustez le son, passez maintenant sur YouTube et jouez à nouveau sur le son si cela est nécessaire. Ça y est, Globvler a compris. Passez d'une application à l'autre et le volume s'ajuste automatiquement. La seule option disponible est plutôt intéressante et accessible dans la barre de menus. Elle permet de régler la durée du fondu entre deux changements de volume : de **zéro** à **cinq secondes**, dans **Fade In/Out**.

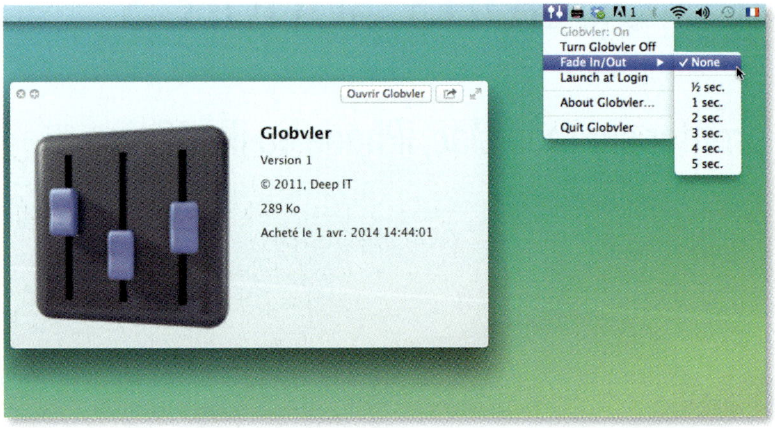

96 Comment régler plus finement le son du Mac ?

Grâce aux touches **[F11]** et **[F12]** de votre clavier, vous disposez de seize crans pour passer du muet au son maximal de votre Mac (1). Ce n'est peut-être pas assez précis pour vous ? Si c'est le cas, modifiez le volume tout en maintenant les touches **[maj]** et **[alt]** enfoncées. Chaque cran se divise alors en quatre, pour vous offrir soixante-quatre niveaux de volume (2). Autre astuce, en appuyant sur la touche **[F11]** ou **[F12]**, vous accédez directement aux **Préférences Système | Son**. À noter que cette astuce fonctionne et offre exactement les mêmes fonctions pour la luminosité de votre écran, accessible grâce aux touches **[F1]** et **[F2]** (3). On se régale toujours autant quand Apple cache des fonctions comme celles-ci.

1

2

3

97 Comment utiliser un égaliseur général pour le Mac ?

Le Mac ne dispose pas d'un égaliseur global pour toutes les applications que vous utilisez. Seul iTunes en possède un (allez dans le menu **Fenêtre | Égaliseur**). Heureusement, il existe l'application Boom (**www.globaldelight.com**) qu'il est possible de tester gratuitement pendant sept jours. Au-delà, achetez une licence sur le Mac App Store pour 6 €. En plus d'un égaliseur, l'application permet de décupler le volume de votre Mac (1), un bon argument pour les Mac portables notamment. L'égaliseur, quant à lui, offre des préréglages plutôt intéressants (2) : *Basse amplifiée, Film, Rock, Jazz, Acoustique*, etc. Mettez un film en lecture et testez-les, vous allez vraiment entendre une différence. Cela ne fait que quelques jours que je l'utilise, mais Boom m'est déjà indispensable. ■

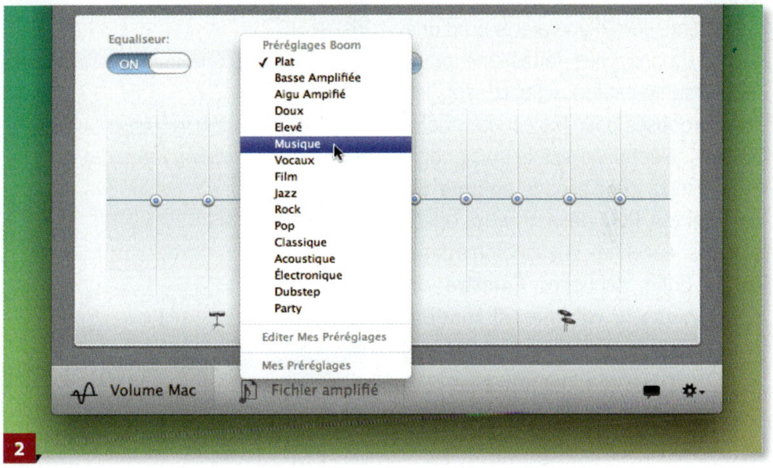

98 Comment enregistrer un mémo vocal ?

Sur l'iPhone, il est possible d'enregistrer des mémos vocaux grâce à l'app dédiée, *Dictaphone*. Sur Mac, il est tout de même possible de s'enregistrer, soit grâce au micro interne, soit grâce à un micro-casque, même si OS X ne dispose pas d'une application dédiée. Grâce à **QuickTime Player**, c'est pourtant possible puisqu'il est doté d'une fonction de capture audio. Allez dans le menu **Fichier | Nouvel enregistrement audio** (1). Grâce à la petite flèche à droite, sélectionnez le micro à utiliser (2). Commencez votre enregistrement en cliquant sur le **bouton rouge** (3). Une fois terminé, il ne vous reste plus qu'à enregistrer ou à exporter vers iTunes. Pour aller plus loin et si vous êtes un grand utilisateur de prises de notes vocales, il existe une application dédiée et très bien pensée sur le Mac App Store, il s'agit de **Tell Note**. En plus de l'enregistrement, elle mémorise vos mémos, les présente en liste, autorise les pauses et la reprise, crée des fichiers compatibles avec iTunes, l'iPhone et l'iPad. Enfin, elle permet également de dicter des messages et de les envoyer par Mail, iMessages, AirDrop, etc. Pour moins de deux euros, elle en fait déjà beaucoup. Adoptée ! ■

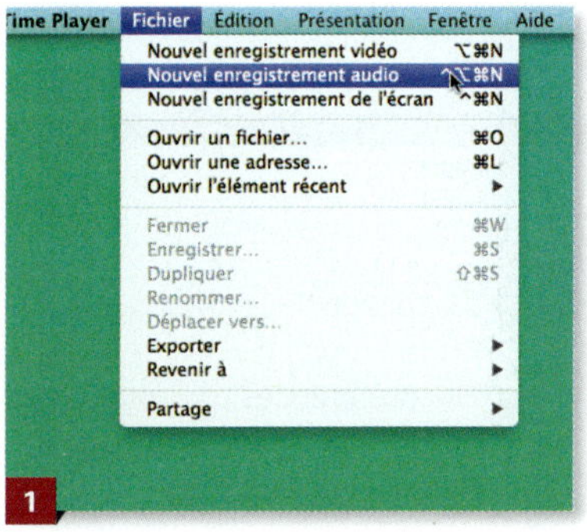

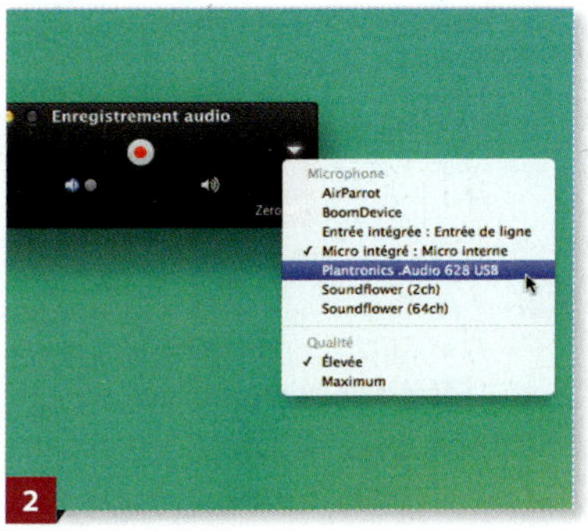

99 Comment personnaliser les effets sonores du Mac ?

Par défaut, il est possible d'intervenir sur quatre éléments pour personnaliser les effets sonores de voter ordinateur. Allez dans les **Préférences Système | Son**. Cliquez sur l'onglet **Effets sonores**. Une liste bien fournie est disponible pour changer le son émis lors d'une alerte ou d'une erreur (quand vous faites une mauvaise manipulation), cliquez sur les sons proposés pour les écouter. Celui qui est sélectionné est le son choisi. En dessous, définissez le **volume de ces alertes**. Pour désactiver les effets sonores, décochez la case correspondante. Enfin, décochez **Émettre un son lorsque le volume est modifié** pour ne plus entendre les fameux « *blup, blup, blup* » quand vous modifiez le volume. Croyez-moi, c'est votre entourage qui va être ravi !

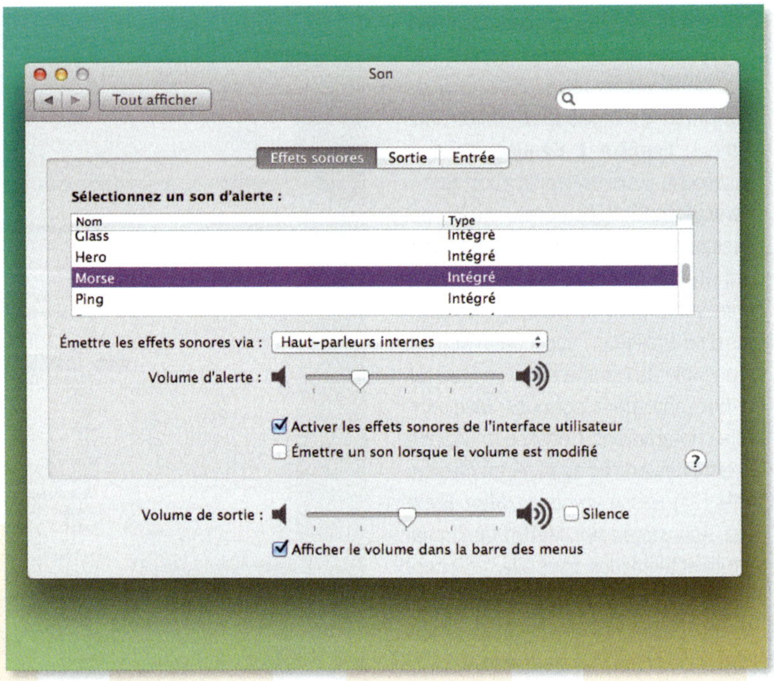

100 Comment ajouter de nouveaux effets sonores ?

Nous l'avons vu à la question précédente, OS X dispose de sons d'alerte, mais il est tout à fait possible d'en ajouter de nouveaux pour personnaliser votre Mac. Vous en trouverez gratuitement à l'adresse suivante : **www.sound-fishing.net**. Le fichier son que vous avez téléchargé est au format MP3. Pour qu'il soit compatible et reconnu comme un son d'alerte par OS X, il faut le convertir au format AIFF. Ouvrez iTunes, puis allez dans les **Préférences | Général**. Dans **Réglages d'importation**, choisissez **encodeur AIFF**. Validez en cliquant sur **OK**. Faites glisser votre fichier téléchargé dans la fenêtre d'iTunes. Réalisez un **clic droit** dessus et choisissez **Créer une version AIFF**. Glissez et déposez ce fichier AIFF dans le dossier **Maison | Bibliothèque | Sounds** (1). Ouvrez les **Préférences Système | Son | Effets sonores** et sélectionnez votre son personnalisé (2). Ça fonctionne ! N'oubliez pas de retourner dans les préférences d'iTunes, puis dans les réglages d'importation pour remettre l'encodeur AAC.

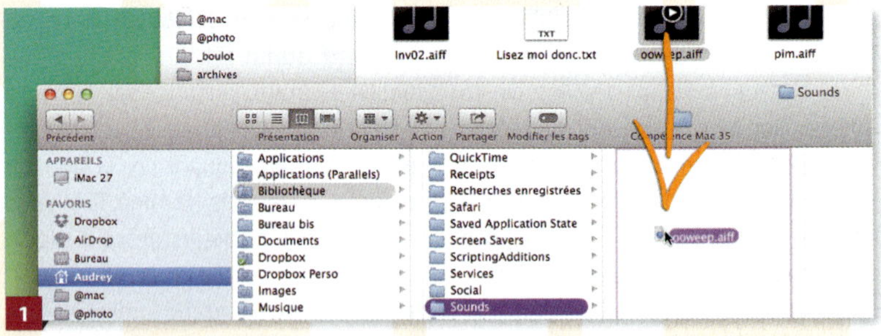

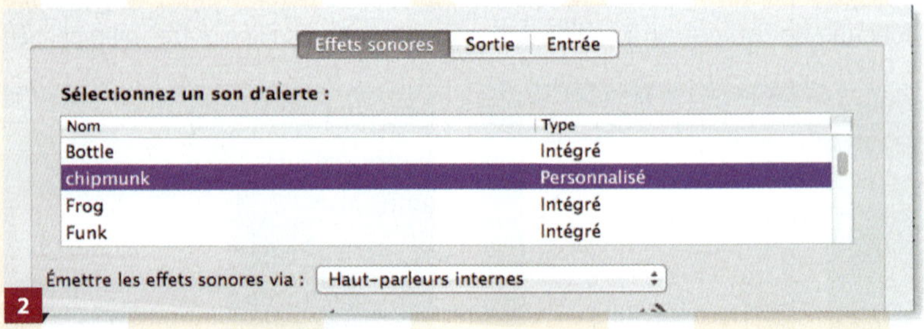

101 Comment modifier le volume d'entrée d'un micro ?

Si le son capturé par votre Mac n'est pas assez fort, il faut intervenir et, comme vous allez le voir, ce n'est pas complexe. Tout d'abord, allez dans les **Préférences Système | Son | Entrée**. Sélectionnez le micro que vous utilisez : le micro interne du Mac, votre micro, micro-casque, etc. (1). Déplacez le curseur **Volume d'entrée**, et, grâce à la fonction **Niveau d'entrée** située en dessous, faites un test : parlez normalement et vérifiez que le son dépasse les 50 %. Par ailleurs, si vous êtes pris d'une quinte de toux pendant une conservation et que vous êtes équipé d'un micro-casque, celui-ci est certainement doté d'une petite télécommande (2) disposant de boutons pour augmenter / diminuer le volume, mais aussi pour couper le micro.

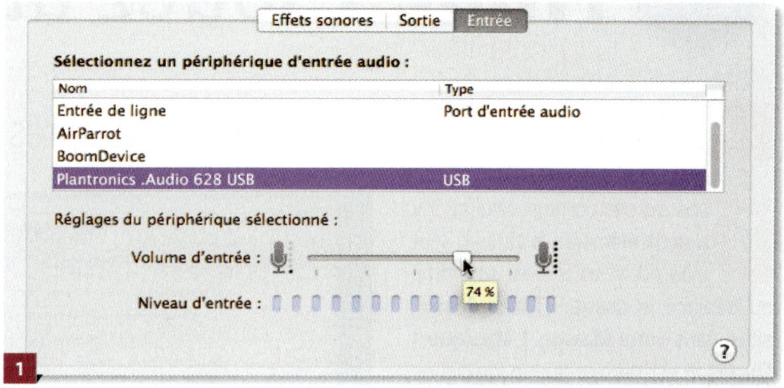

102 Comment changer rapidement d'entrée ou de sortie audio ?

Si vous ne connaissez pas cette astuce, elle risque fortement de changer votre quotidien ! Par défaut, lorsque vous cliquez sur l'icône **Volume**, disponible dans la barre de menus, vous modifiez simplement le volume du Mac, comme vous le faites déjà certainement avec les touches **[F11]** et **[F12]** de votre clavier (1). Autrement dit, elle ne sert pas à grand-chose... En revanche, si vous cliquez sur cette icône tout en appuyant sur la touche **[alt]**, un nouveau menu est alors accessible et permet de changer les périphériques d'entrée et de sortie audio (2). Je dois utiliser cette astuce au moins deux ou trois fois par jour, car je passe souvent des haut-parleurs internes du Mac à mon micro-casque. Je n'imagine plus devoir me rendre dans les **Préférences | Son**, cliquer sur **Entrée** puis sur **Sortie** à chaque fois que je souhaite changer de périphérique.

iTunes Jouez au chef

103 Pourquoi ma musique disparaît-elle après une importation ?

Dans un cas comme celui-ci, il y a deux éléments à vérifier. Tout d'abord, si vous avez supprimé ou déplacé le dossier **iTunes Music**, situé dans votre **Maison | Musique | iTunes**, il est normal que le logiciel ne retrouve pas ses petits. Indiquez-lui le nouveau chemin en allant dans les préférences d'**iTunes | Avancé | Modifier**. Seconde possibilité : retournez dans le menu **iTunes | Préférences**, onglet **Avancé**. Si la case **Copier dans le dossier iTunes Media les fichiers ajoutés à la bibliothèque** est décochée, iTunes ne copiera pas les fichiers importés dans le dossier **iTunes Music**. Il en gardera simplement une trace visuelle et rependra le chemin réalisé lors de l'ajout des fichiers. Si ceux-ci ne sont pas disponibles, une erreur s'affichera lors de la lecture. Ce mode référencé sert notamment aux personnes qui souhaitent gérer elles-mêmes l'organisation de leurs morceaux. ■

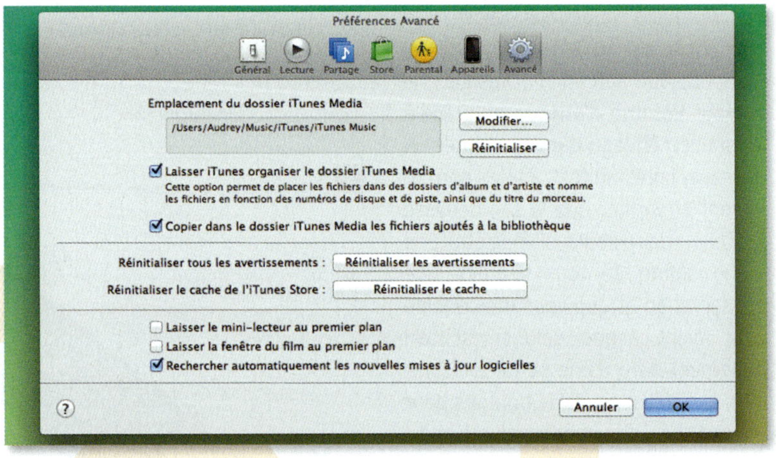

104 Comment ajouter un titre sur un iPhone ou un iPad en un clin d'œil ?

Vous êtes assis devant votre Mac, extatique en écoutant un morceau de qualité et vous vous dites : « *Ah ! Celui-là, il faut que je le mette sur mon iPhone !* » La dernière version d'iTunes permet d'ajouter n'importe quelle musique très rapidement sur l'un de vos appareils mobiles. Cliquez sur la **flèche encerclée** disponible à droite du nom du morceau (1). Cliquez ensuite sur **Ajouter à**, et choisissez l'**appareil** : iPhone, iPad, iPod, etc. (2). Le morceau est instantanément ajouté. Voilà un moyen très simple pour transférer de la musique sans avoir besoin de lancer une nouvelle synchronisation manuelle. ■

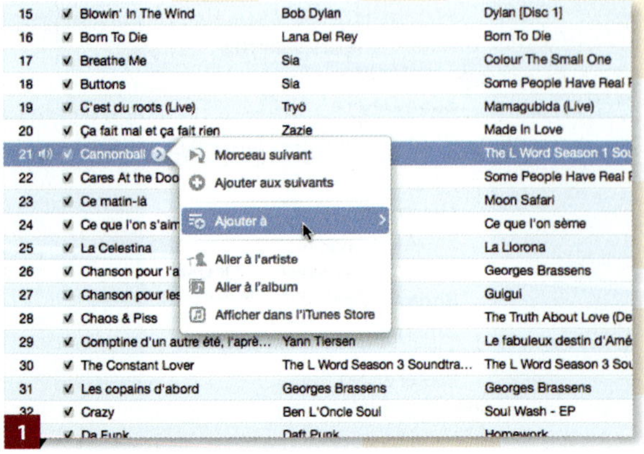

1

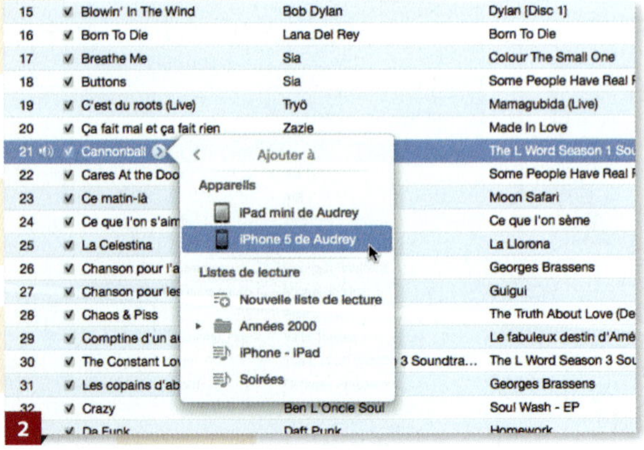

2

d'orchestre

105 Quelle différence entre doublons et éléments en double ?

ITunes offre la possibilité de rechercher, au sein de votre bibliothèque, les éléments qui sont en double. Positionnez-vous sur **Musique**, puis allez dans le menu **Présentation | Afficher les doublons** (1). Les morceaux portant le même **nom de piste** et **nom d'artiste** s'affichent. Supprimez un morceau sur deux. Allons plus loin : si vous disposez de plusieurs versions d'un même morceau (studio, live, etc.), il est également possible de les détecter. Retournez dans le menu **Présentation** en maintenant la touche **[alt]**, la fonction **Afficher les doublons** se transforme alors en **Afficher les éléments en double** (2). Les morceaux associés à un même **nom**, **artiste** et **album** sont affichés. ■

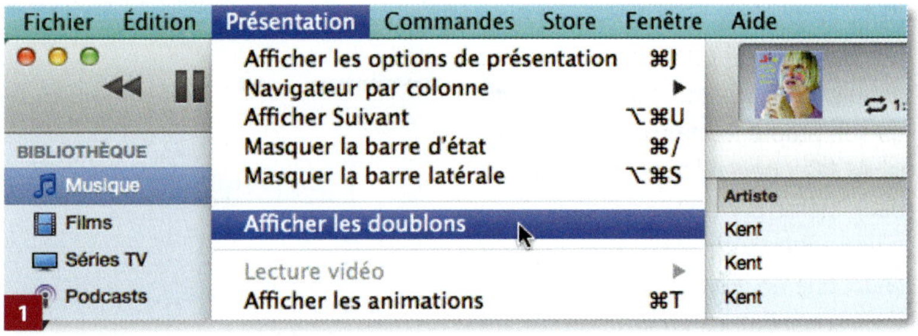

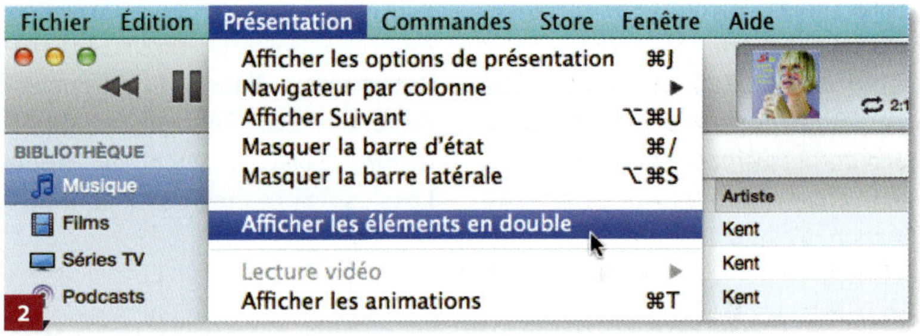

106 Comment ajouter des paroles à un titre ?

Si vous êtes amateur de beaux textes, il est toujours agréable de lire les paroles d'une chanson lors de son écoute. Pour ajouter des paroles à un titre, sélectionnez-le, faites un **clic droit** et choisissez **Lire les informations**. Un onglet **Paroles** est disponible. Par défaut, il est vide. Allez sur internet pour récupérer les paroles de la chanson et faites un copier-coller (1). Cliquez sur **OK**. Sur Mac, iTunes ne permet pas d'afficher les paroles pendant la lecture (mais que fait Apple ?), en revanche, sur l'iPhone ou l'iPad, c'est possible. Tapotez sur la pochette de l'album pour voir s'afficher le texte (2). ■

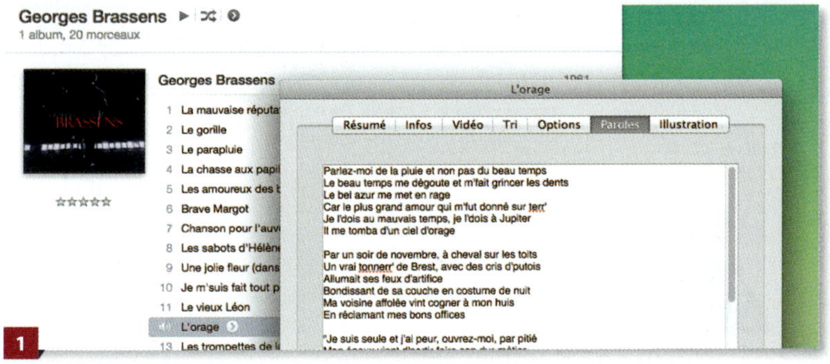

107 Comment convertir des pistes .flac ?

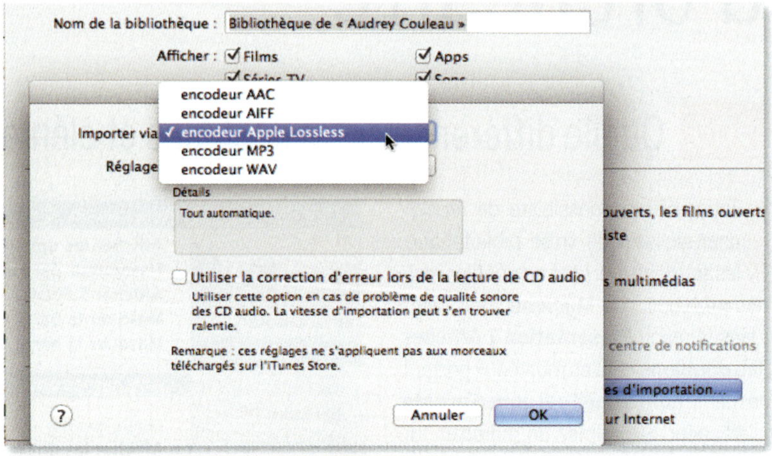

Le **FLAC** (*Free Lossless Audio Codec*) est un format de fichier audio libre de compression et donc sans perte. Autrement dit, d'excellente qualité. Si vous venez de Windows ou que vous avez téléchargé des fichiers dans ce format, vous avez certainement remarqué qu'il n'est pas compatible avec iTunes. Apple disposant de son propre format non compressé, le **ALAC** (*Apple Lossless Audio Codec*). Même si c'est un peu dommage – voire aberrant –, il n'y a pas d'autre choix que de convertir ces fichiers, si vous souhaitez les importer et les lire dans iTunes. Rendez-vous sur **www.macupdate.com** pour télécharger le logiciel gratuit **XLD** (*X Lossless Decoder*). Si ces pistes sont destinées à une écoute uniquement sur iTunes, dans XLD, convertissez-les au format **ALAC** pour conserver le maximum de qualité. Avant de les importer dans iTunes, rendez-vous dans **iTunes | Préférences | Général**. Dans **Réglages d'importation**, choisissez **encodeur Apple Lossless**. Si ces morceaux sont destinés à une écoute sur votre iPhone, iPad ou iPod, optez pour le format **AAC** dans XLD. Dans iTunes, configurez l'importation sur **encodeur AAC** avant de la lancer, validez puis importez. Oubliez le MP3... ■

108 Comment extraire la piste audio d'une vidéo ?

Vous avez récupéré la vidéo d'un concert ou souhaitez tout simplement séparer la piste audio d'un film ? Ouvrez la vidéo avec **QuickTime Player**, disponible dans votre dossier **Applications**. Rendez-vous dans le menu **Fichier | Exporter** et choisissez l'option **Audio seulement** (1). Enregistrez le fichier à l'emplacement de votre choix. Pour l'importer dans iTunes, ouvrez l'application puis allez dans le menu **Fichier | Ajouter à la bibliothèque** (2). Pensez à cette astuce afin de gagner de la place sur votre iPhone ou iPad. En effet, ici la vidéo du concert d'Adèle au iTunes Festival pèse près de 800 Mo. Une fois l'audio détaché, la piste musicale ne pèse plus que 90 Mo. Il est maintenant envisageable de le transférer sur l'iPhone ou l'iPad, sans envahir le peu d'espace disponible. ■

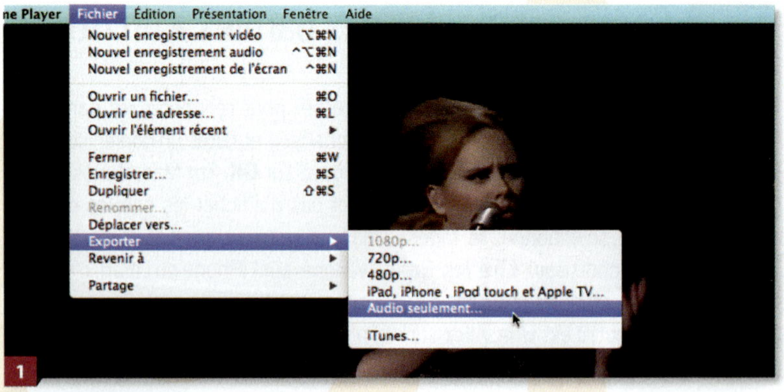

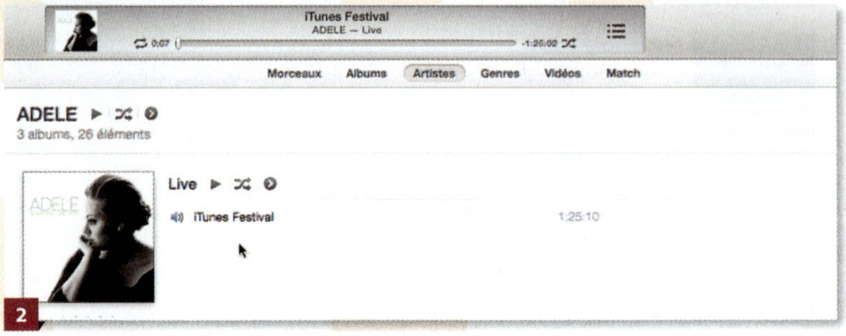

109 Comment faire réapparaître la barre latérale ?

Dans la nouvelle version d'iTunes, la barre latérale a été masquée par défaut. Même s'il est possible d'accéder aux rubriques grâce aux menus déroulants disponibles en haut, à gauche et à droite, il est probable que vous ayez du mal à vous y retrouver. Ne tardez plus, allez dans le menu **Présentation | Afficher la barre latérale** (1). C'est tout de même plus clair, non (2) ?

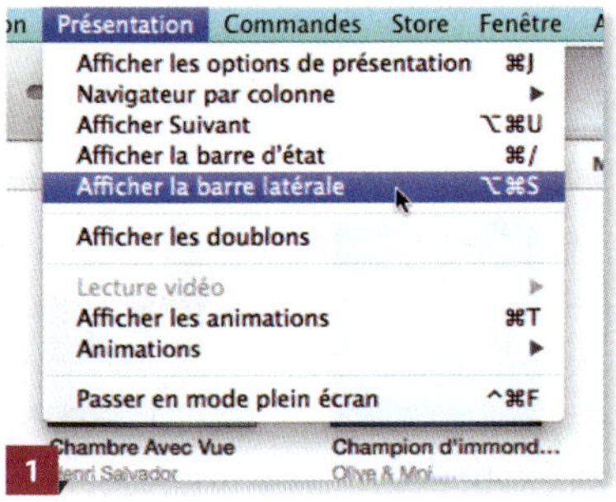

1

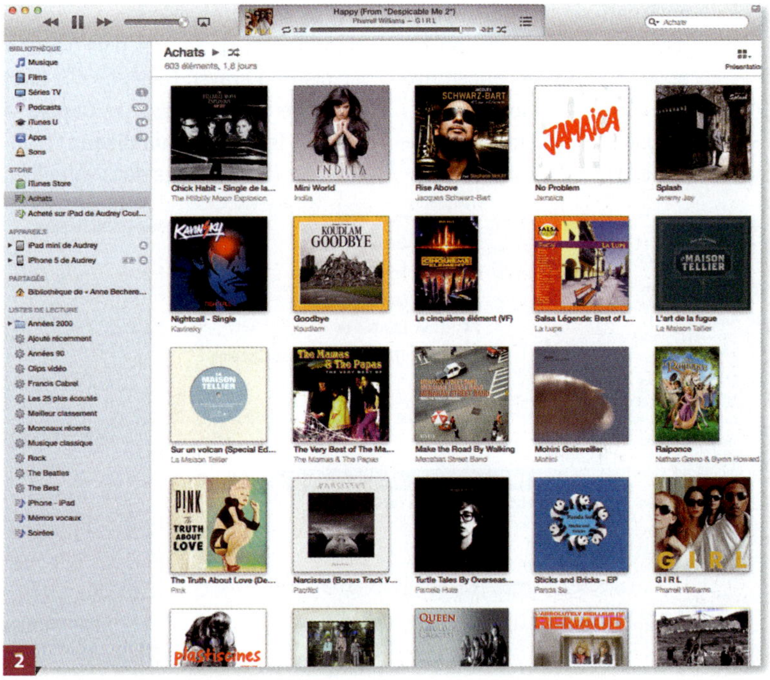

2

110 Comment savoir si un plug-in ralentit iTunes ?

iTunes accepte l'installation de modules complémentaires : effets visuels, scripts, découverte d'artistes, etc. Ces plug-ins offrent des fonctions supplémentaires, mais peuvent parfois entrer en conflit avec l'application, si cette dernière vient d'être mise à jour par exemple. Bilan : ralentissements, déformation de l'affichage, plantages et autres déconvenues sont au rendez-vous. Pour savoir si l'un des plug-ins est responsable de ces dysfonctionnements, quittez iTunes et relancez l'application en appuyant sur les touches **[alt]**+**[cmd]**. L'application se lance alors en mode sans échec (1). Si elle fonctionne normalement, il faut tester les plug-ins un par un. Ils sont stockés dans votre **Maison | Bibliothèque | iTunes | iTunes Plug-ins** (2). Conservez-en un dans ce dossier et déplacez les autres vers le bureau. Lancez iTunes. Si tout fonctionne, ce n'est pas celui-ci le responsable. Ajoutez chaque plug-in, un par un, dans le dossier **iTunes Plug-ins** pour trouver l'élément perturbateur.

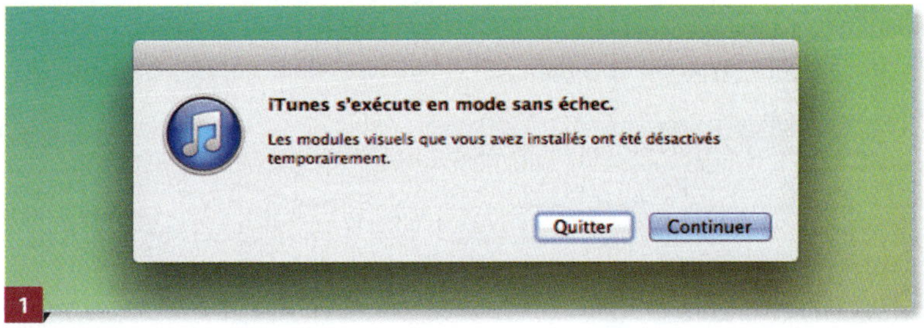

1

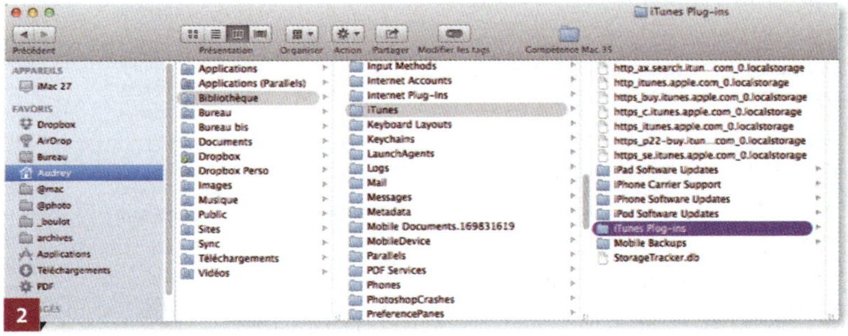

2

111 Où est passée l'option de gravure ?

Apple ne croit plus au support physique et supprime, au fur et à mesure, le Superdrive (graveur de CD/DVD) de tous ses Mac. Pourtant iTunes permet encore de graver des CD audio, même si cette fonction se veut très discrète. Créer une nouvelle liste de lecture, puis placez-y les pistes à graver. Faites un clic droit sur cette liste et choisissez **Copier la liste de lecture sur un disque** (1). Insérez un disque vierge dans votre Mac (ou dans le graveur externe) et faites les réglages idoines dans la fenêtre disponible (2). Il est préférable d'opter pour une vitesse lente et d'utiliser l'égaliseur de volume. Cliquez sur **Graver**. Vous allez avoir un nouveau CD. ■

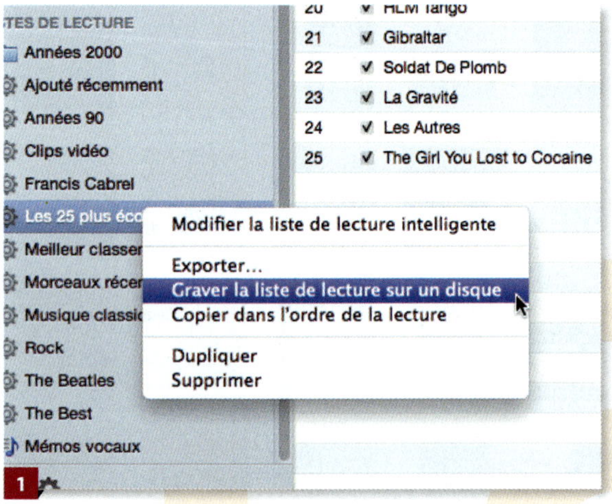

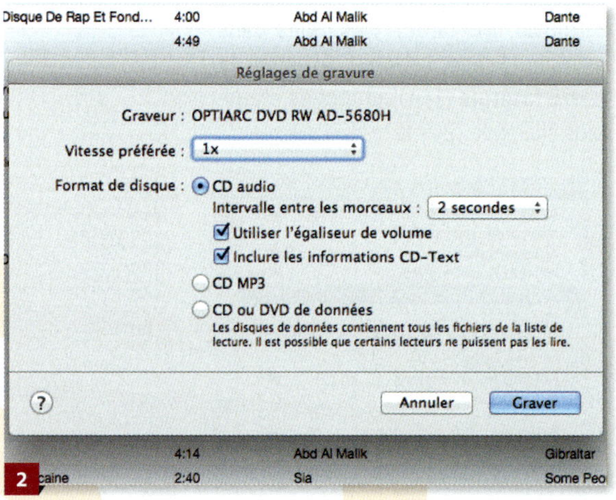

112 Comment modifier l'ordre des titres en lecture ?

Même si beaucoup de gens ont eu du mal à prendre en main certaines des nouvelles fonctionnalités d'iTunes 11, il faut avouer que l'une d'entre elles est plutôt appréciable : décider en un clic de supprimer ou déplacer le morceau suivant. Auparavant, quand vous lanciez la lecture d'une liste ou d'un album, il fallait décocher la case correspondant au morceau que l'on ne désirait pas écouter, une vraie corvée, d'autant plus qu'il fallait le recocher par la suite. Aujourd'hui, il suffit de cliquer sur l'icône **Morceaux suivants** (1), faites glisser les pistes pour en changer l'ordre (2) ou supprimez le titre de la lecture, grâce à la petite croix encerclée. ■

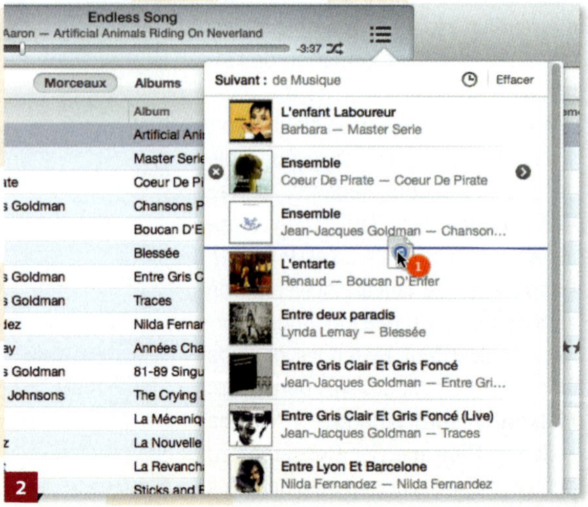

113 Comment regrouper plusieurs titres sur un unique album ?

Votre bibliothèque iTunes contient certainement des pistes audio en désordre, même si elles proviennent du même album… Une véritable plaie au quotidien. Pourtant, une fois la logique d'iTunes comprise et maîtrisée, vous allez regrouper vos morceaux sans mal. Sur l'image 1, cinq pistes faisant partie du *Best of de Cesaria Evora* sont exclues de l'album. iTunes m'indique donc que je dispose de deux albums de la chanteuse, alors que ce n'est pas le cas. Le nom des pistes et de l'artiste sont pourtant corrects, alors pourquoi iTunes ne les regroupe pas sous le même album ? En réalité, pour qu'iTunes puisse faire ce travail de regroupement, il faut que toutes les informations communes soient identiques pour chaque piste. Sélectionnez toutes les pistes en faisant **[cmd]**+**[a]** (2). Faites un **clic droit** sur l'ensemble et choisissez **Obtenir des informations**. Il faut renseigner et cocher les cases correspondantes à tous les éléments communs : **Artiste**, **Album**, **Genre**, **Numéro de disque** (1 sur 1) (3). Cliquez sur **OK** pour valider. En quelques secondes, iTunes regroupe toutes les pistes au sein du même album (4).

Le bon ordre

Retenez donc qu'il faut uniformiser les informations pour associer toutes les pistes sélectionnées et les regrouper sur le même album. Il arrive également que certains morceaux soient mal numérotés et ne respectent pas l'ordre d'origine de l'album. Sélectionnez le morceau en question et faites un **clic droit**, puis choisissez **Obtenir des informations**. Renseignez le bon numéro de piste dans le champ dédié, n'oubliez pas de cocher les cases : **N° de piste** ☑ **12 sur** ☑ **17**. Prenez un peu de temps pour regrouper vos albums sur l'ensemble de votre bibliothèque, vous ne le regretterez pas. ■

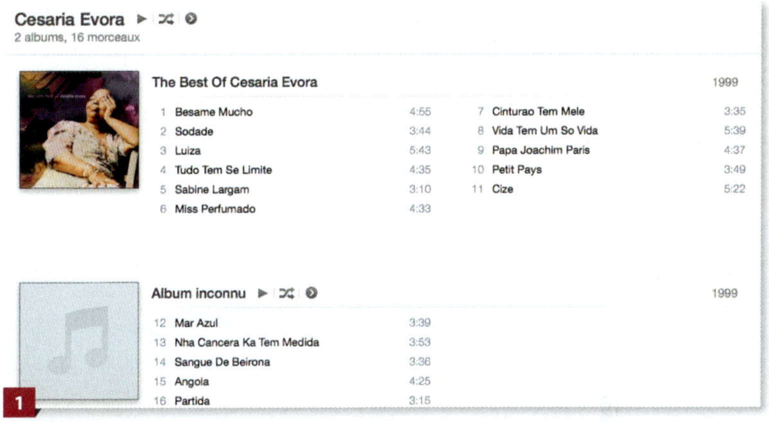

1

2

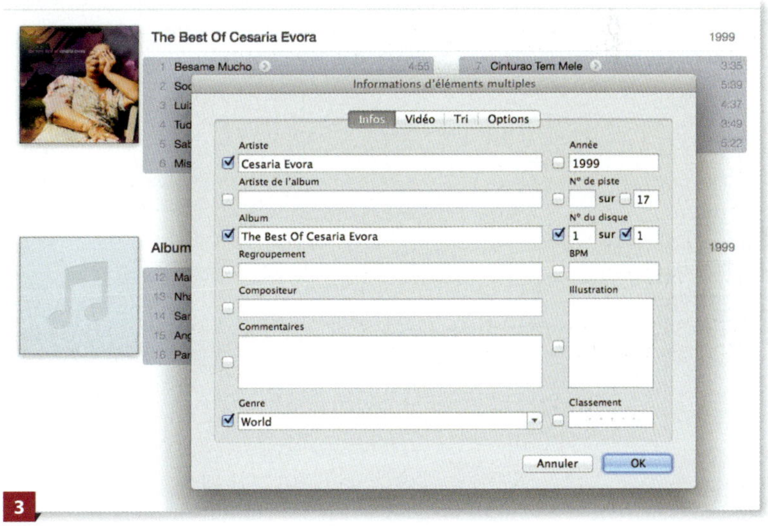

3

4

CHAPITRE 5

VIDÉO

Films Devenez metteur en

114 Comment ajouter des sous-titres à une vidéo ?

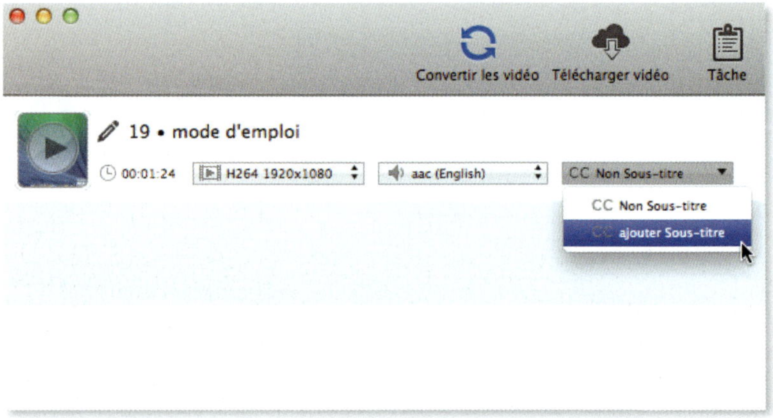

Dans la plupart des cas, lorsque vous regardez un film sous-titré sur votre Mac, vous disposez de deux fichiers : un pour le film et un pour les sous-titres (.sub ou .srt). Sur votre ordinateur, VLC lit sans souci ces types de fichiers, mais dès que l'on souhaite passer sur un appareil mobile, les choses se compliquent. Grâce à **Any Video Converter** (gratuit sur le Mac App Store), il est possible de convertir des vidéos pour votre iPhone ou iPad – et tout un tas d'autres appareils, le choix est énorme ! – tout en fusionnant les sous-titres et le fichier vidéo. Installez et ouvrez l'application. Cliquez sur **Convertir les vidéos** (la traduction du logiciel vers le français laisse à désirer, mais comme il est gratuit...), glissez votre film dans la fenêtre, puis dans l'option **CC**, cliquez puis choisissez **Ajouter Sous-titres**. Dans **Profil**, à droite, déterminez l'appareil de destination puis cliquez sur **Convertir**. Et hop ! L'affaire est dans le sac ! ■

115 Comment récupérer un extrait de film ?

Pour donner du pep et mettre de l'humour lors du montage d'un film de famille, incrustez-y des extraits de films et de répliques cultes. Pour trouver ces scènes, le premier réflexe consiste à se diriger sur YouTube (voyez comment télécharger une vidéo à la question 123). Si vous souhaitez récupérer un extrait depuis l'un de vos films, ouvrez le fichier en question avec QuickTime Player (au besoin, convertissez-le au préalable avec **Any Video Converter**). Allez ensuite dans le menu **Édition | Élaguer** ou faites directement **[cmd]**+**[t]**. Réglez précisément le début et la fin de l'extrait grâce aux poignées jaunes. Cliquez sur **Ajuster** pour conserver uniquement la partie sélectionnée. Allez ensuite dans le menu **Fichier | Exporter** et optez pour la taille maximale autorisée (1080p, 720p, etc.). Il ne vous reste plus qu'à utiliser cet extrait lors de votre montage vidéo dans iMovie. ■

116 Comment lire un Blu-ray sur mon Mac ?

Côté matériel, équipez-vous d'un lecteur/graveur Blu-Ray externe compatible Mac (cf. p. 29). Côté logiciel, il vous faut un logiciel de lecture spécifique. Je vous recommande **Mac Blu-Ray Player** (**fr.macbluray-player.com**). Téléchargez la version de démonstration sur le site de l'éditeur, comptez 30 € pour une licence. Au-delà de la simple lecture, vous vous demandez certainement comment encoder vos Blu-ray. Là encore et suite au dossier consacré aux Blu-ray dans notre numéro 27, optez pour **Aunsoft Blu-ray Ripper** (**www.aunsoft.com**), simple et efficace. Certes, ce logiciel est payant, mais il fait très bien ce qu'on lui demande, comptez 35 €. ■

117 Sur quel site héberger mes films de famille ?

YouTube. Non, non, ne partez pas, revenez ! Cette plateforme offre la possibilité de ne pas répertorier les vidéos de votre choix. Ainsi, seules les personnes avec qui vous partagerez l'adresse de la vidéo pourront la voir. Même si quelqu'un fait une recherche, cette dernière n'aboutira pas. Pour cela, créez un compte Google et hébergez votre vidéo de famille. Dans les réglages de publication, **Paramètres de confidentialité**, choisissez **Non répertoriée**. Envoyez ensuite l'adresse (URL) de la vidéo aux membres de votre famille et/ou à vos amis. Si toutes les personnes de votre entourage disposent d'un compte Google, optez pour le paramètre de confidentialité **Privé** et ajoutez le nom des personnes concernées. ■

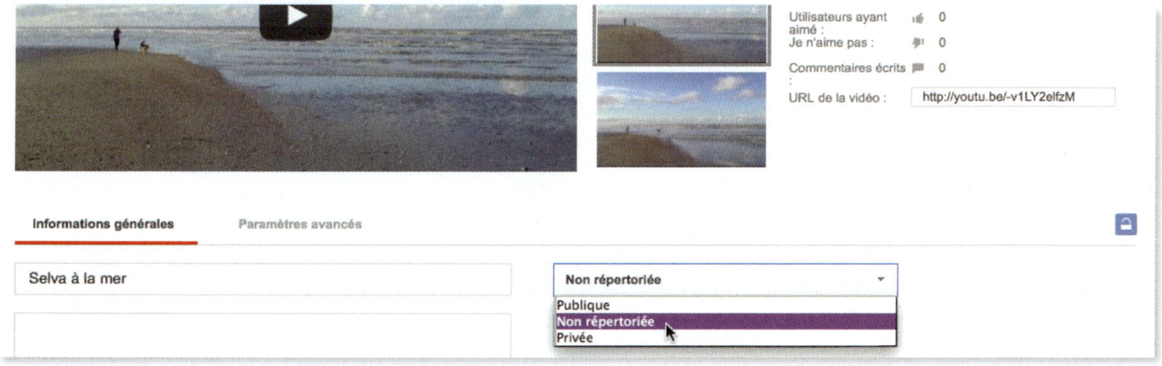

118 Comment diffuser une vidéo via AirPlay sur une télévision ?

Avant tout, vous devez être équipé d'une Apple TV ou d'une Freebox de dernière génération. Le boîtier doit être relié en HDMI à votre télévision. Une fois celui-ci connecté, vous pourrez diffuser des vidéos depuis votre Mac, iPhone ou iPad grâce à la technologie AirPlay. Elle permet de diffuser des images, du son et des vidéos, le tout sans fil, grâce à votre réseau Wi-Fi. Sur votre Mac, ouvrez une vidéo avec **QuickTime Player** ou **iTunes**, puis sélectionnez la fonction **AirPlay** (1). Sur votre iPhone ou iPad, ouvrez une vidéo, tapotez sur **AirPlay** (2) et validez votre choix. Dans les deux cas, la diffusion commence instantanément, adieu les câbles !

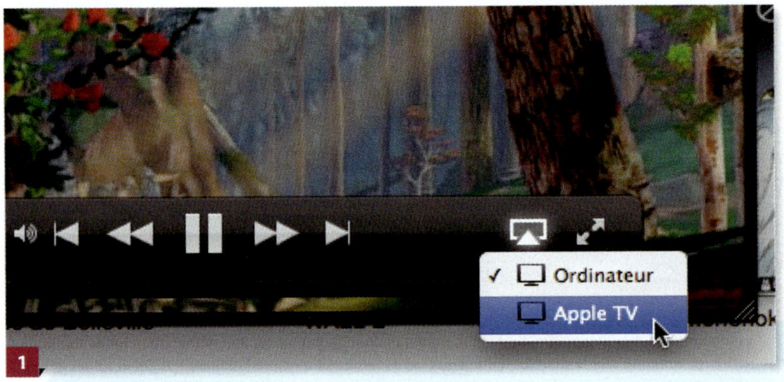

1

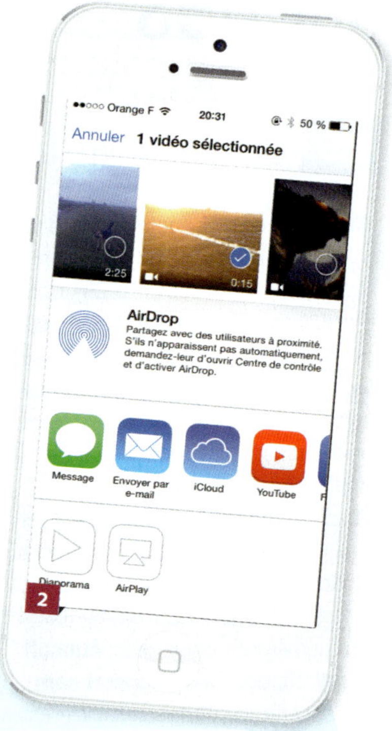

2

119 Comment créer un fichier de sous-titres ?

Il est possible, à tout un chacun, de créer des sous-titres afin de les adjoindre à une vidéo. Vous trouverez sur le Mac App Store une application entièrement dédiée à la création de sous-titres : **Subs Factory** (7 € environ). Grâce à elle, vous allez créer, synchroniser, découper, encoder, bref disposer de tous les outils nécessaires pour gérer au mieux vos sous-titres. Si votre vidéo est déjà sur YouTube, utilisez l'outil **Easy Youtube caption creator**, disponible en ligne sur **www.accessify.com**. Première étape, copiez l'URL de la vidéo YouTube dans le champ dédié. Étape 2, coller le texte. Dernière étape : mettez la vidéo en lecture et appuyez sur la touche **[a]** à chaque fois qu'il faut caler une phrase sur la vidéo. Au final, vous obtenez un fichier .sub, qu'il faudra intégrer à la publication YouTube.

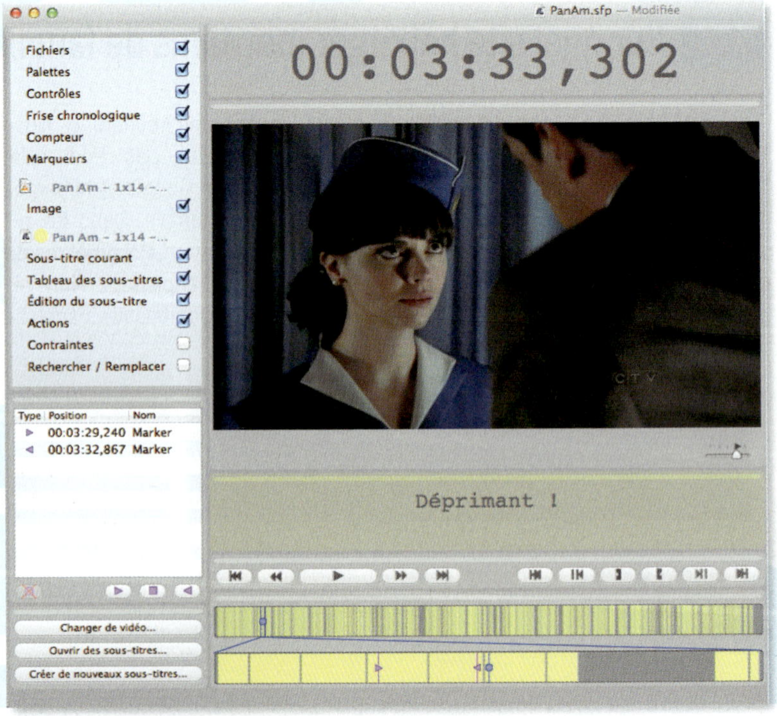

120 Comment utiliser le bureau étendu ou la recopie vidéo sans fil ?

Pour utiliser le bureau étendu (ou la recopie vidéo) sans fil depuis votre Mac, iPhone ou iPad vers votre télévision, vous devez être équipé d'une Apple TV ou d'une Freebox de dernière génération. Dans la barre de menus du Mac, cliquez sur l'icône **AirPlay** et choisissez **Se connecter au moniteur AirPlay: Apple TV** (1). Une fois la connexion établie, cliquez à nouveau sur cette icône et optez pour **Recopie Écran intégré** ou **Étendre le bureau** (2), suivant vos besoins. En plus de l'image, le son est également transmis. Si votre Mac date d'avant 2011, vous n'aurez pas d'icône AirPlay dans la barre de menus, installez alors l'application **AirParrot** (7 €, **www.airsquirrels.com**). Sur l'iPhone ou l'iPad, ouvrez le **Centre de contrôle**, tapotez sur **AirPlay**, puis sur **Apple TV**. Pour activer la recopie vidéo, faites glisser le curseur (3).

1

2

3

121 Qu'est-ce que le HDCP ?

Les films loués ou vendus sur l'iTunes Store sont protégés par des D.R.M. (*Digital Rights Management, Gestion des droits numériques*). La lecture de ces films est autorisée sur 5 appareils maximum, liés à votre identifiant Apple. En plus de cette protection, le procédé H.D.C.P. (*High-Bandwidth Digital Content Protection, Protection des contenus numériques haute définition*) est également de la partie. Il est intégré aux écrans afin d'éviter le piratage. Si l'un d'entre eux n'est pas équipé du H.D.C.P., un message d'erreur apparaît (1). Lorsque vous achetez un écran secondaire pour votre Mac ou une télévision, il faut vérifier qu'il intègre bien ce procédé (2).

1

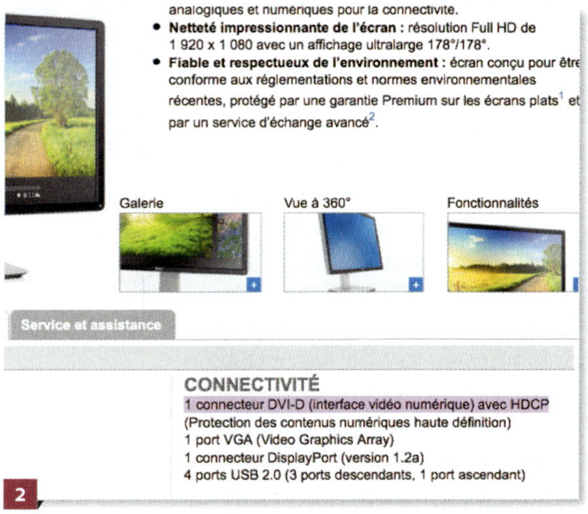

2

122 Comment obtenir toutes les informations relatives à un film ?

Un fichier vidéo est composé d'au moins deux flux, un pour la vidéo et un pour l'audio. Un codec (un mot-valise composé de **co**dage-**déc**odage) est un dispositif capable de compresser et de décompresser un flux. L'utilisation de certains codecs explique pourquoi un film a une très bonne image, mais un son de mauvaise qualité. Ouvrez un film dans **VLC** (**www.videolan.org**), allez dans le menu **Fenêtre | Informations sur le média**, ou faites directement **[cmd]**+**[i]**. Une fenêtre s'ouvre et propose un onglet **Codec Details** afin de savoir quels codecs composent le film. Dans l'exemple ci-dessous, trois flux sont disponibles : un pour l'image (flux 0) et deux pour l'audio (flux 1 et 2). Suivant le matériel utilisé pour la lecture du film, il ne faut pas hésiter à tester les différents flux audio. Ici, en lecture sur le Mac, le flux 1 est de bien meilleure qualité que le flux 2.

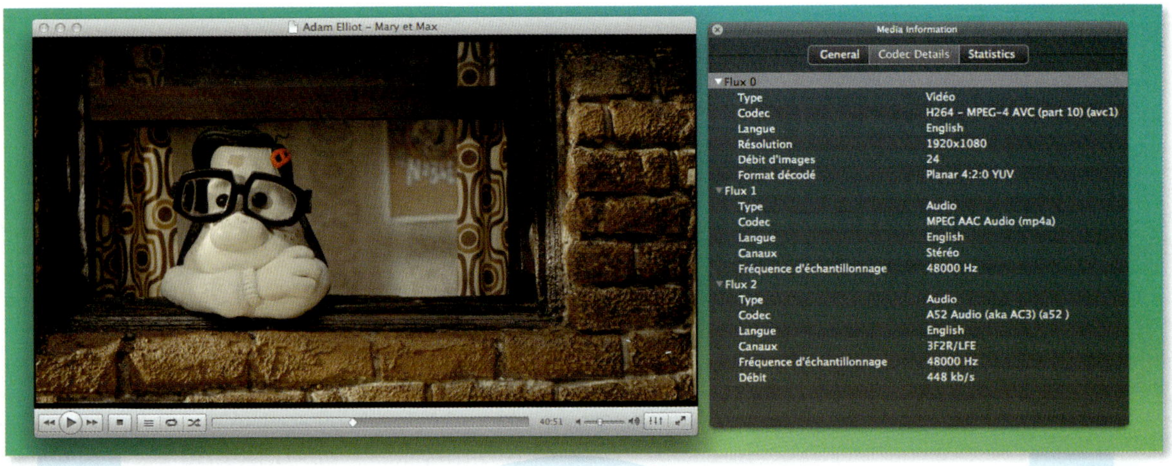

123 Comment enregistrer une vidéo YouTube ?

Il existe de nombreuses extensions pour télécharger des vidéos sur YouTube. Vous utilisez Safari ? Optez alors pour l'extension **Best Youtube Downloader** (gratuit, **www.safariaddons.com**), installez-le, quittez puis relancez Safari. Sous une vidéo YouTube, un nouveau bouton a fait son apparition (il est en russe, mais ce n'est pas grave). Cliquez dessus et choisissez le format désiré. Si vous surfez avec Firefox, rendez-vous dans le menu **Outils | Modules complémentaires**. Dans la recherche, tapez **1– Click Youtube Video Downloader**. Installez-le. Il fonctionne de la même manière que Best Youtube Downloarder. À noter que certaines vidéos protégées par droits d'auteur (la plupart des clips vidéo des chaînes officielles) ne sont pas téléchargeables.

124 Comment accéder directement aux vidéos disponibles sur mon Mac ?

Le Finder dispose d'une fonction sympathique : ouvrez une fenêtre du Finder, puis cliquez dans la barre latérale sur **Tous mes fichiers**. Vos fichiers personnels s'affichent alors par types : *Documents*, *Images*, *Musique*, etc., mais aussi *Vidéos*. Comme vous le verrez, même si cette fonction est pratique pour accéder aux vidéos récentes, côté navigation elle s'avère moins confortable qu'un dossier classique. Voyons si d'autres alternatives existent. Il ne serait pas raisonnable de déplacer toutes les vidéos de votre Mac dans le dossier **Maison | Vidéos**. Pourquoi ? Tout simplement parce que cela mettrait en péril votre organisation.

Quelle est la meilleure solution ?

C'est la fonction **Dossier intelligent** qui vous donnera la plus grande satisfaction. Un dossier intelligent va regrouper virtuellement, et suivant des critères que vous allez définir, un certain nombre de fichiers. Ils ne seront ni dupliqués ni déplacés, ils seront seulement accessibles par un autre biais. Ouvrez une fenêtre du Finder, puis tapez **vidéo** dans le champ dédié à la recherche. Un menu déroulant s'affiche, dans **Types** choisissez **Vidéo** (1). Toutes les vidéos enregistrées sur votre Mac s'affichent. Afin d'éviter de devoir répéter cette recherche ultérieurement, nous allons la mémoriser. Cliquez sur le bouton **Enregistrer** (2). Nommez la recherche avec un nom parlant et simple : **Vidéos** (3). Vérifiez que la case **Ajouter à la barre latérale** est bien cochée, puis validez en cliquant sur **Enregistrer**. Le dossier intelligent est créé. Il est toujours accessible puisqu'il se trouve dans la barre latérale, visible de toutes les fenêtres du Finder (4). À chaque fois que vous enregistrerez une nouvelle vidéo, ce dossier intelligent la prendra en charge automatiquement. ■

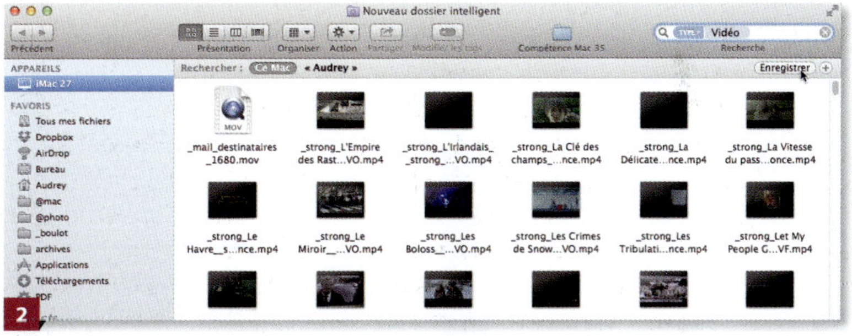

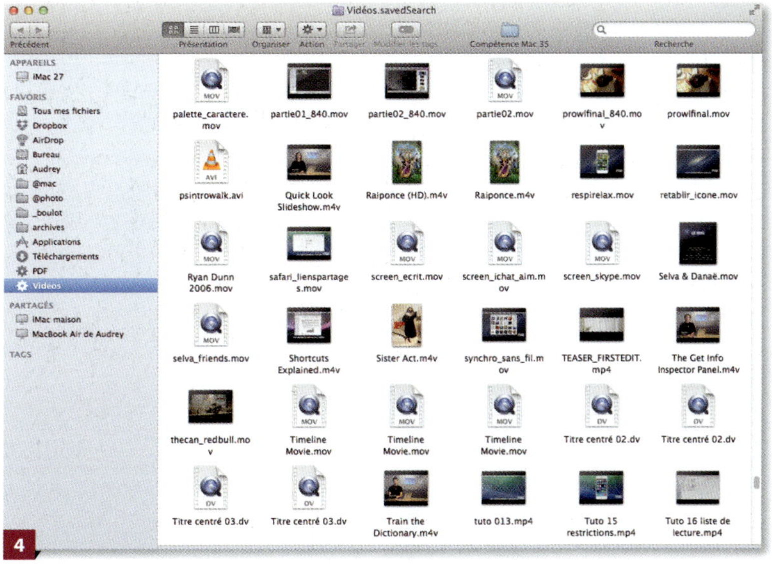

VLC Des astuces pour regarder

125 Comment forcer le Mac à lire mes films avec VLC ?

Le système OS X est programmé pour ouvrir des types de fichiers avec des applications distinctes. Par exemple, les images JPEG s'ouvriront avec Aperçu, les vidéos au format MOV s'ouvriront avec QuickTime, etc. Mais rien n'est figé dans le marbre et vous pouvez simplement changer ce comportement. Sélectionnez un fichier .mov, allez dans le menu **Fichier | Lire les informations** ou faites directement **[cmd]**+**[i]**. Dans la **fenêtre d'informations** qui s'ouvre, cliquez sur le menu déroulant **Ouvrir avec**. Optez pour l'application de votre choix, ici VLC (1). Pour que ce changement s'applique à tous les fichiers .mov, cliquez sur **Tout modifier** (2). Confirmez votre choix en cliquant sur **Continuer** (3). Dorénavant, tous les fichiers .mov s'ouvriront avec VLC, et non plus QuickTime. ■

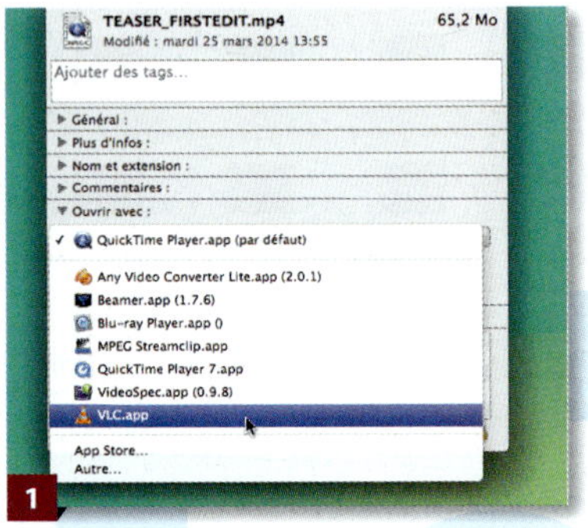

1

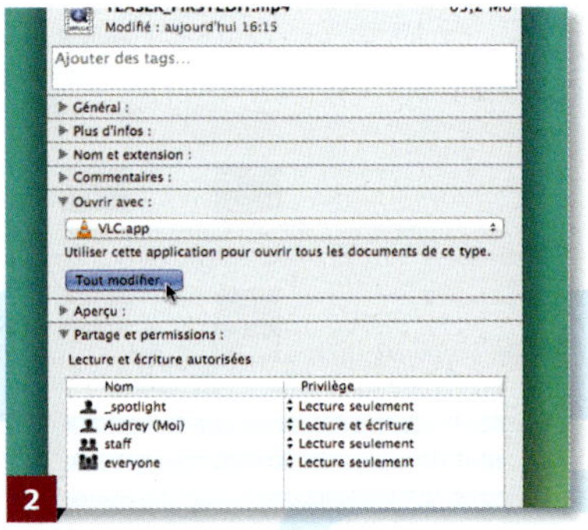

2

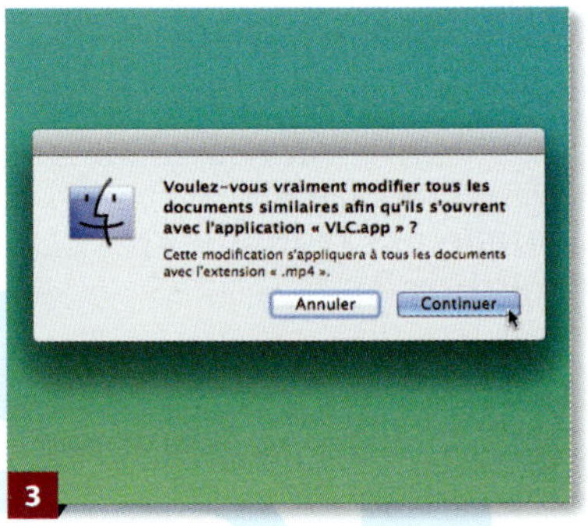

3

126 Comment regarder les chaînes de la TNT ?

Avec VLC, il est possible de regarder la TNT sur votre Mac. Vous devez pour cela être en dégroupage total chez Free, Orange ou SFR et avoir souscrit une offre Triple Play. Rendez-vous sur **www.m3u.fr** pour télécharger la liste m3u qui correspond à votre fournisseur d'accès (1). Ouvrez cette liste avec VLC. Les chaînes de la TNT se chargent, double-cliquez sur celle que vous souhaitez regarder (2). ■

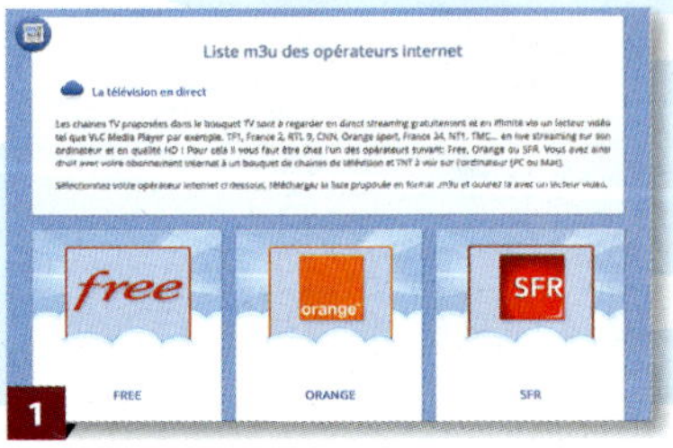

1

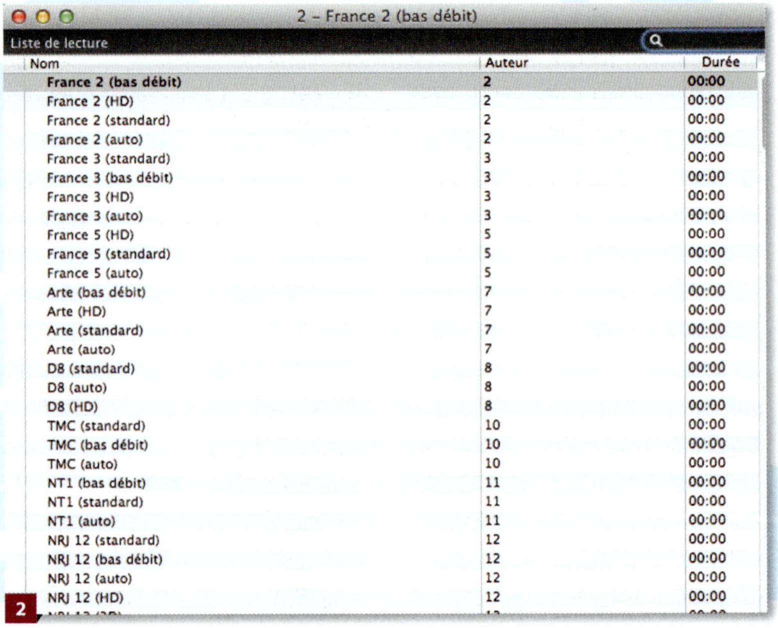

2

films et télé

127 Comment améliorer la qualité de l'image en cours de lecture ?

Certains anciens films ou de qualité inférieure ne sont pas très agréables à visionner. Il existe un moyen d'améliorer la qualité du film en cours de lecture dans VLC. Rendez-vous dans le menu **Vidéo | Post-traitement**. Vous avez le choix entre six niveaux d'amélioration. Commencez par le premier, afin de voir s'il y a une différence ou non : l'image doit être plus lisse. Augmentez progressivement le niveau, jusqu'à trouver celui qui vous convient. L'avantage de cette manipulation est que vous ne modifiez pas le fichier source, c'est le lecteur VLC qui fait tout le travail. Attention, si ce traitement est efficace, il est gourmand en ressources. ■

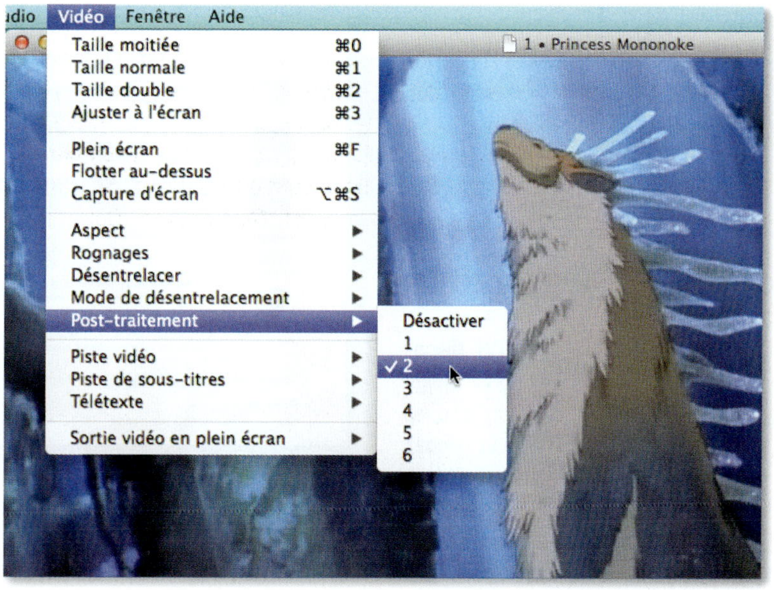

128 Comment zoomer sur une vidéo ?

Lorsqu'on regarde un film, on aimerait parfois zoomer sur certains éléments pour savoir jusqu'où le réalisateur a poussé le détail. VLC permet de le faire ! Ouvrez votre film puis placez la tête de lecture à l'endroit désiré. Allez dans le menu **Fenêtre | Effets vidéo**. Dans la palette flottante qui s'ouvre, cliquez sur **Géométrie** et cochez la case **Agrandissement / Zoom**. La vidéo à 100 % se place alors en haut à gauche, sous la forme d'une vignette. Sous cette vignette, vous disposez d'un **curseur** blanc pour définir le degré de zoom. Cliquez sur la vignette à l'endroit où vous souhaitez zoomer. Bien entendu, pour que le zoom soit de qualité, il faut également que la vidéo d'origine soit en haute définition (ici, un film d'animation en 1080p). ■

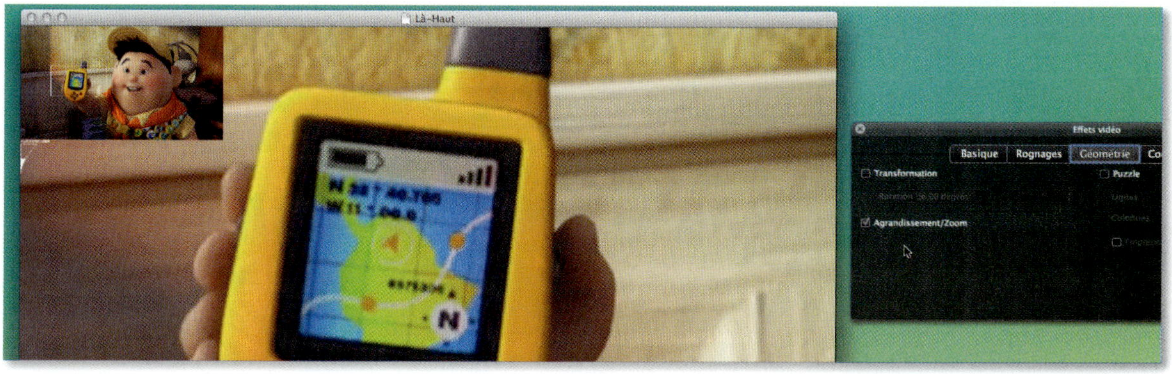

iTunes Rangez, classez et

129 Comment convertir des films pour iTunes ?

Des logiciels pour changer le format d'un film afin de l'importer dans iTunes, il en existe des dizaines. Pourtant, au moment de faire un choix, il est bon d'opter pour une application aux compétences multiples. Oui pour la conversion vers iTunes, mais si elle pouvait également intégrer les iPhone, les iPad et autres appareils mobiles, ce serait parfait. Après de nombreux tests, j'ai choisi **iVI**, disponible sur le Mac App Store pour moins de 4 €. Ouvrez l'application, cliquez sur le bouton **Préférences** et cochez la case désirée : iMovie, iTunes, l'Apple TV ou un appareil mobile. Faites le tour des autres réglages disponibles et notamment dans l'onglet **Générale** où vous penserez à cocher **Rechercher les infos automatiquement**. Ainsi vous disposerez de la jaquette du film ainsi que de toutes les informations complémentaires : acteurs, réalisateur, résumé, et en français, s'il vous plaît !

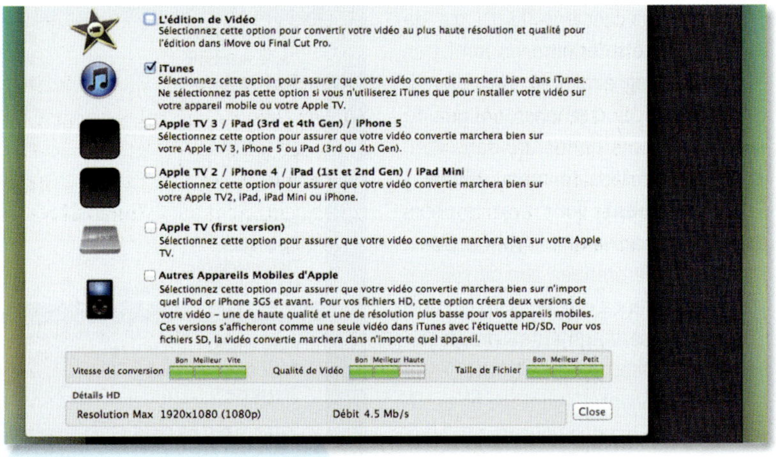

130 Faut-il sauvegarder les films achetés sur le Store ?

Vos achats sont mémorisés sur les serveurs d'Apple. Il est donc possible de les consulter à tout moment. Dans **iTunes**, allez dans **iTunes Store**. Une fois la boutique ouverte, cliquez sur **Achats** dans la colonne de droite. Cliquez sur **Films**, à droite cliquez sur **Tous**. Tous les films que vous avez achetés sont présents et téléchargeables à nouveau : cliquez pour cela sur le petit nuage dans le coin gris. Si vous possédez déjà une sauvegarde complète de votre Mac avec Time Machine, il est inutile de faire d'autres copies, votre film est déjà sauvegardé trois fois : sur le disque dur interne de votre Mac, sur l'externe avec Time Machine et dans le Nuage d'Apple.

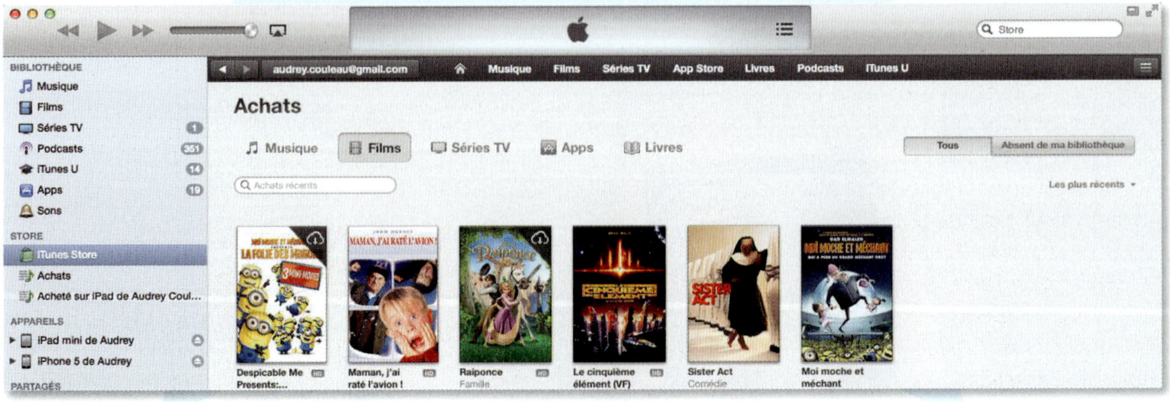

optimisez vos films

131 Comment optimiser l'espace occupé par des films sur mon iPad ?

Lorsque vous achetez un film en HD (haute définition) sur l'iTunes Store, vous avez également droit à la version SD (standard définition), deux fois moins lourde. Mais, par défaut, iTunes télécharge et synchronise les versions HD et il n'est pas possible d'opter pour la version SD. La plaie ! Une fois l'iPad connecté au Mac, il faut cocher la case **Préférer les vidéos en définition standard**, disponible dans l'onglet **Résumé** (1). Si les versions SD n'ont pas été téléchargées au moment de l'achat, il est possible de le faire après coup. Allez sur l'**iTunes Store** et cliquez sur **Achats**, dans la colonne de droite. Cliquez sur **Films** puis sur **Tous**. En bas à droite, une option discrète est à décocher : **Télécharger la version HD lorsqu'elle disponible** (2). Ainsi les versions SD des films s'affichent. Cliquez sur le nuage sur fond gris pour les télécharger. Et hop ! un peu de place sur votre iPad !

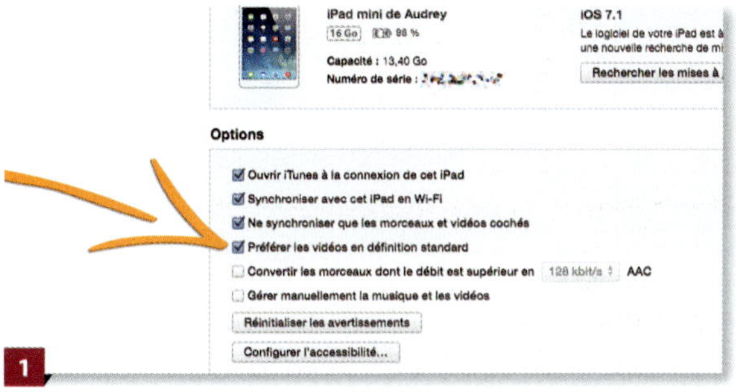

132 Où sont rangées les vidéos en provenance d'iMovie ?

Une fois un montage vidéo finalisé grâce à iMovie, il est possible de l'envoyer vers iTunes. Dans **Cinéma**, cliquez sur le bouton **Partage** et choisissez **iTunes** (1). Suivant la durée et la définition choisies, l'attente peut être assez longue. Une notification vous prévient alors que le partage est réussi. Dans iTunes, cliquez sur **Films**, soit dans la barre latérale (si vous avez décidé de l'utiliser), soit dans le menu déroulant en haut à gauche. Pour accéder à vos vidéos, cliquez sur l'onglet **Vidéos personnelles** (2). Cela paraît logique, mais iTunes n'avait pas l'habitude, auparavant, de séparer les différents types de vidéos. Un bandeau **Nouveau** permet de reconnaître celle récemment ajoutée.

133 Comment lire des films et séries dans une fenêtre séparée ?

Par défaut, lorsque vous mettez en lecture un film, une série TV ou un podcast, iTunes le lit dans sa fenêtre principale. Cela peut s'avérer peu pratique, notamment si vous souhaitez regarder un film tout en réglant les paramètres de synchronisation de votre iPad ou encore si vous souhaitez prendre quelques instants pour faire le tour de votre bibliothèque et y faire du rangement. Pour lire vos films dans une fenêtre séparée, allez dans le menu **Présentation | Lecture vidéo**. Faites votre choix entre **dans la fenêtre iTunes** et **dans une fenêtre séparée**.

134 Comment forcer iTunes à lire les vidéos en haute définition ?

Comme nous l'avons vu à la question 131, l'achat de vidéos sur l'iTunes Store engendre la possibilité de télécharger deux fichiers : le premier en haute définition (720p ou 1080p) et le second en définition standard (480p). Celui-ci est bien entendu adapté à l'iPhone, l'iPad ou l'iPod touch, puisqu'il occupe moins de place. En revanche, pour être sûr de toujours lire les vidéos en haute définition sur votre Mac, il faut l'indiquer à iTunes. Allez dans le menu **iTunes | Préférences**. Cliquez sur l'onglet **Lecture**. Dans **Version préférée de la vidéo**, vérifiez que dans le menu déroulant, le réglage **Haute définition (1080p)** soit défini. Cliquez sur **OK** pour valider. N'hésitez pas à utiliser cette option, votre Mac a largement les capacités pour lire des films en haute définition, et ce sans surchauffe.

135 Comment ajouter informations et jaquette à vos films ?

Tout dépend en réalité du nombre de films que vous possédez. Si vous en avez encodés (depuis un support DVD ou Blu-ray) moins d'une dizaine, il est tout à fait possible d'ajouter manuellement les informations relatives aux films. Sélectionnez-en un dans iTunes, puis faites **[cmd]**+**[i]**. Dans la fenêtre d'informations, onglet **Infos**, ajoutez : le *Titre*, le *Réalisateur* (dans le champ *Artiste*) et le *Genre*. Dans l'onglet **Vidéo**, renseignez le *synopsis* du film dans le champ **Description**. Enfin, faites glisser l'affiche du film dans l'espace blanc disponible dans l'onglet **Illustration** (1). Vous trouverez toutes ces informations sur des sites web dédiés comme AlloCiné. Cette méthode est efficace pour s'y retrouver – la jaquette d'un film suffit à le reconnaître –, mais a ses limites. Il est par exemple impossible d'ajouter le nom des acteurs dans la fenêtre d'informations. Ainsi, contrairement à un film acheté sur l'iTunes Store (2), on se rend vite compte que notre fiche reste sommaire .

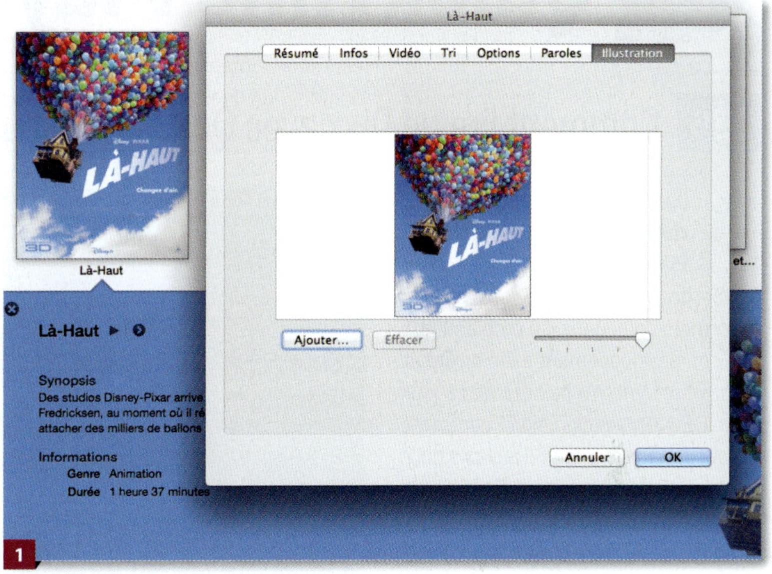

1

Utiliser un logiciel dédié

Pour que les ajouts se fassent automatiquement, un logiciel dédié va aller chercher les informations relatives au film grâce à une base de données. Attention, certaines sont en anglais. Celui qui nous donne de meilleurs résultats reste **iVI** (4 € env.), une application présentée à la question 129 (3). iVI permet non seulement de rechercher des infos, mais également d'encoder. Si vos films sont déjà dans iTunes, il n'est cependant pas nécessaire de les encoder à nouveau pour ajouter les informations. Dans iTunes, faites un clic droit sur un film et cliquez sur **Afficher** dans le Finder. Faites glisser le fichier dans la fenêtre d'iVI et cliquez sur le bouton **Rechercher Infos**. Faites **[cmd]+[s]** pour intégrer ces données au fichier. Elles sont alors reconnues par iTunes (relancez-le, au besoin). Côté concurrence, voyez sur le **Mac App Store** du côté de **Film Tag** (5 € env.) ou encore de **iFlicks** (9 € env.). Avant de passer à l'achat, voyez toutefois si une version de démonstration est disponible sur le site du développeur et s'il utilise bien une base de données française... c'est tout de même plus pratique !

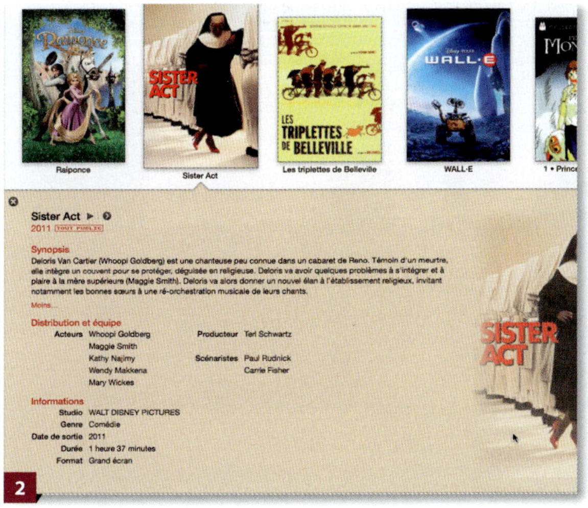

2

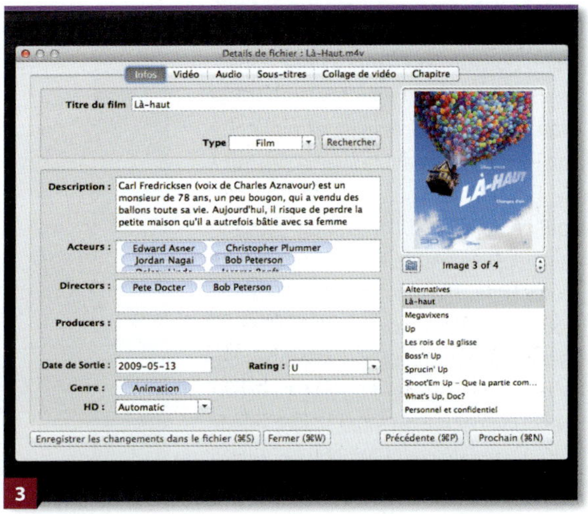

3

QuickTime Player Lisez, cap

136 Comment lire un Divx avec QuickTime sous OS X Mavericks ?

Auparavant, grâce au plug-in **Perian** (**perian.org**), QuickTime Player lisait sans mal toutes sortes de fichiers vidéo, tous codecs et formats confondus. Le problème est que son développement a été arrêté et ce brave plug-in n'a pas été mis à jour pour OS X Mavericks. Alors, comment QuickTime Player réagit-il aujourd'hui ? Lorsque vous ouvrez une vidéo dans un format non pris en charge par QuickTime (divx, avi, mkv, flv, etc.), le logiciel convertit alors le fichier au format MOV. Le hic : la conversion peut être très longue (1) suivant l'équipement et l'âge de votre Mac. Sur les petites configurations, elle est trop lente pour être réellement utilisable.

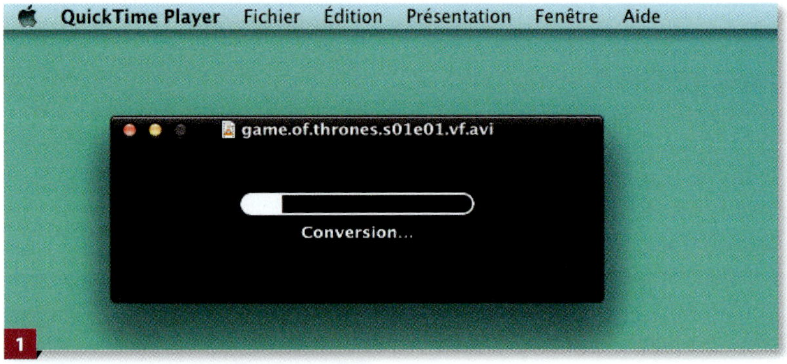

QuickTime, version vintage

Si vous souhaitez absolument utiliser QuickTime, et non pas une alternative gratuite comme **VLC** (2) (**videolan.org**) ou **MPlayerX** (**mplayerx.org**), rendez-vous sur le site d'Apple pour télécharger une ancienne version de QuickTime. Optez pour la version **7.6.6**, à l'adresse suivante : **support.apple.com/downloads/#quicktime**. N'oubliez pas de télécharger également **Perian**, toujours accessible, et qui, cette fois-ci, sera compatible avec la version 7 de QuickTime. Vous pourrez ainsi lire tous les types de fichiers. En passant, vous apprécierez le look vintage (3) de QuickTime 7 ! À noter que Quicklook sous OS X Mavericks ne sait plus lire les formats vidéo non pris en charge par le nouveau QuickTime Player. Là encore, c'est une déception, mais il vaut mieux faire une croix sur Quicklook pour jeter un œil à vos vidéos... ■

turez, montez et partagez !

137 Comment filmer l'écran du Mac ?

Ouvrez QuickTime Player, puis allez dans le menu **Fichier | Nouvel enregistrement de l'écran** (1). Une fenêtre flottante apparaît, cliquez sur la **petite flèche blanche** pour choisir le micro à utiliser (2) si vous souhaitez adjoindre des commentaires audio à la capture vidéo. Pour commencer l'enregistrement, cliquez sur le gros **bouton rouge**. Des indications s'affichent (3). Cliquez une fois sur l'écran pour l'enregistrer dans sa globalité ou tracez un cadre de sélection grâce à votre souris pour en enregistrer uniquement une partie. L'enregistrement débute, réalisez votre démonstration. Une fois que vous avez terminé, cliquez sur le bouton rouge disponible soit dans la barre de menus – si vous avez opté pour l'écran entier –, soit sur la fenêtre flottante. QuickTime est un outil simple pour filmer votre écran, mais si vous souhaitez réaliser des enregistrements plus souvent et pour avoir plus d'options, dirigez-vous vers une application dédiée comme **Snapz Pro X** ou **ScreenFlow**. ■

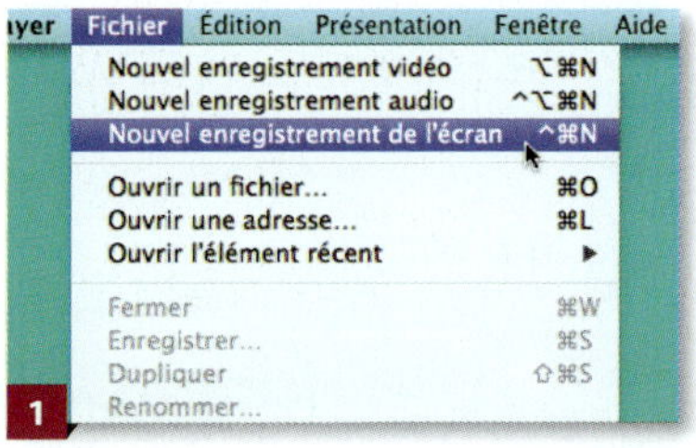

1

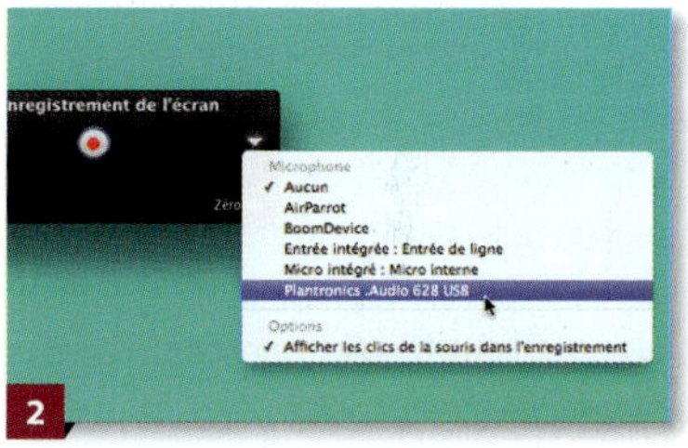

2

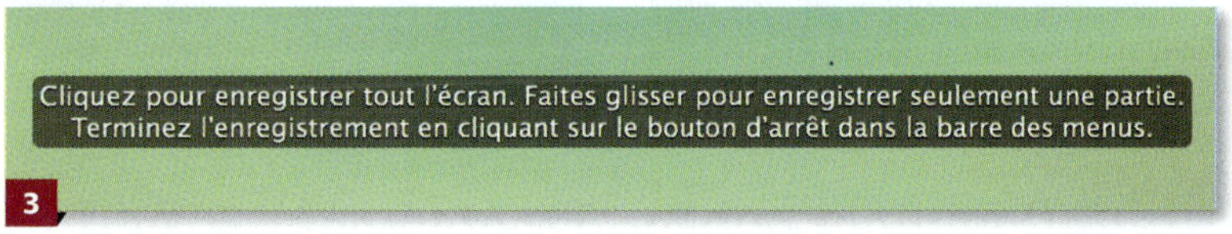

3

138 Comment créer un générique ?

À dire vrai, un générique est la plupart du temps composé d'un fond de couleur uni et d'un texte. Il est parfois inutile d'utiliser iMovie pour créer un élément aussi simple. Lancez plutôt **Keynote** et choisissez un thème qui vous convient. Pour que le format de la diapositive colle parfaitement avec la future vidéo, optez pour le format **Écran large** (16:9) dans la colonne **Présentation | Taille des diapos** (1). Saisissez le texte de votre générique d'ouverture. Au besoin, pour un générique de fin par exemple, créez plusieurs diapositives. Allez ensuite dans le menu **Fichier | Exporter vers | QuickTime** (2). Dans les options d'export, définissez le temps des diapositives et le format (720p, 1080p ou personnalisé). Cliquez sur **Suivant** et définissez le lieu d'enregistrement. Vous venez de créer une diapositive qui, grâce à l'export vidéo, se transforme en générique. Voyez la question suivante pour le montage de votre générique et de votre film. ■

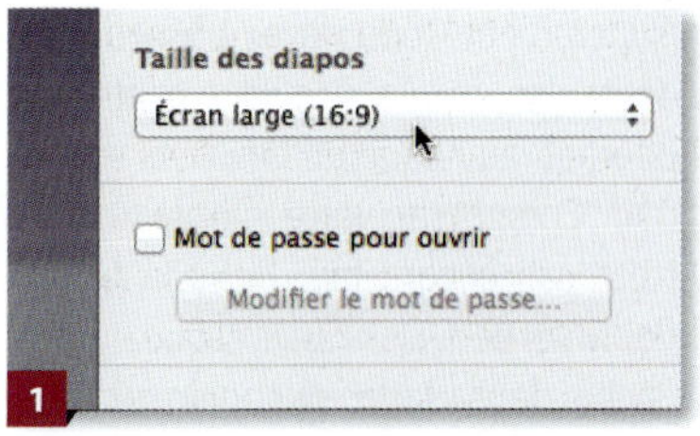

1

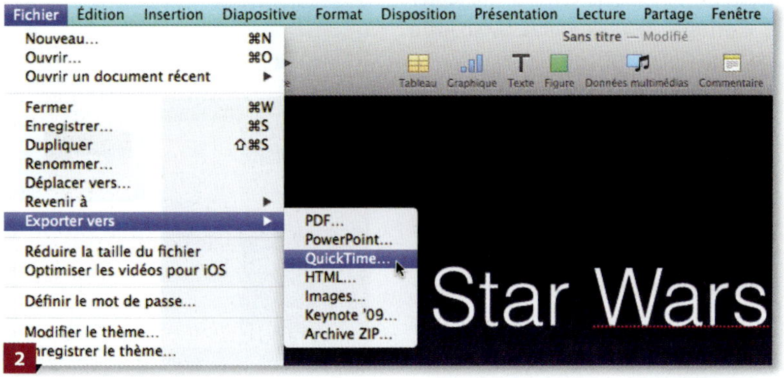

2

139 Comment monter plusieurs vidéos en une seule ?

QuickTime Player a plus d'un tour dans son sac et permet aussi de faire du montage vidéo. Contrairement à iMovie, vous ne disposerez pas d'effets de transitions entre les prises, et celles-ci s'enchaîneront de façon nette ! C'est parfois un bon choix et c'est beaucoup moins fatigant pour le spectateur. Ouvrez le premier élément de votre montage – un générique par exemple – dans QuickTime Player. Faites tout simplement glisser le second – un extrait de film par exemple – sur la fenêtre du premier (1). Grâce à la fonction de plans, vous venez de placer les deux éléments (2), l'un après l'autre. Rapide, confortable et efficace ! Au besoin, ajoutez d'autres plans, vérifiez l'ordre (vous pouvez les déplacer) et cliquez sur **OK** pour valider. QuickTime est idéal pour les montages vidéo simples ! ■

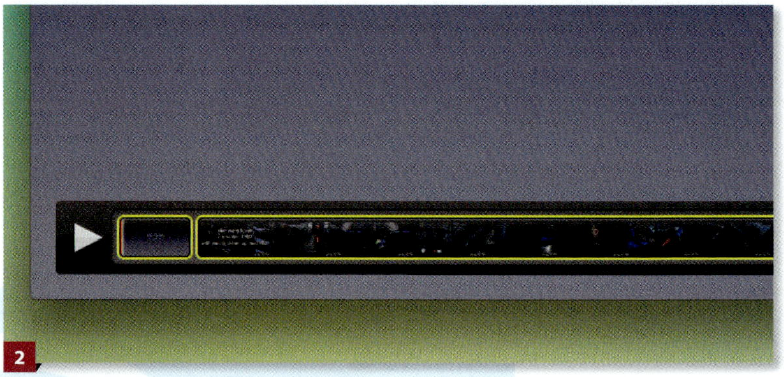

140 Comment publier directement sur YouTube ?

Vous venez de terminer votre travail dans QuickTime Player ? Il est temps de le partager. Bien évidemment, vous devez posséder les droits des images que vous postez sur Internet, au risque de devoir la supprimer. Enregistrez votre montage si ce n'est pas encore fait. Dans la palette flottante de QuickTime, cliquez sur la flèche de partage et choisissez **YouTube** (1) ou allez dans le menu **Fichier | Partage**. Identifiez-vous avec votre compte Google (2), au besoin créez-en un sur **www.google.fr**, puis cliquez sur **Se connecter**. Patientez pendant la publication. Rendez-vous sur votre chaîne YouTube pour modifier les réglages de la publication. Pour que votre vidéo ait du succès, partagez-la également sur les réseaux sociaux : Facebook, Twitter, Pinterest, Google+, sans oublier, bien sûr, votre famille et vos amis. ■

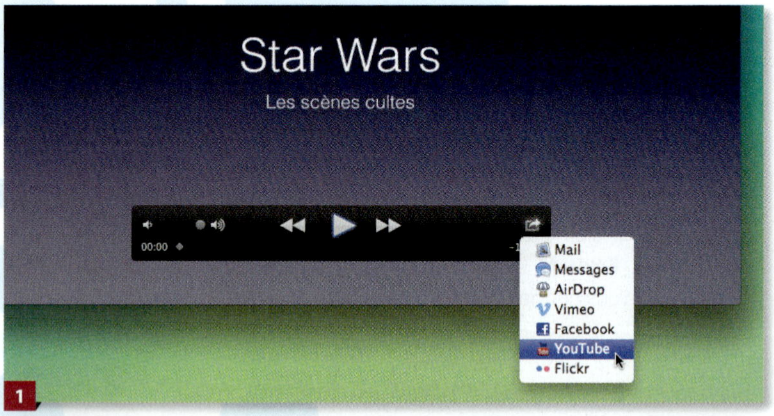

141 Comment créer des versions pour iTunes, l'iPhone ou l'iPad ?

Pour profiter de vos vidéos dans iTunes, sur l'Apple TV ou sur l'un de vos appareils mobiles, iPod touch, iPhone ou iPad, il est plus simple de passer par le menu d'export de QuickTime et ainsi définir sur quels types d'appareils la vidéo sera lue. Premier avantage : optimisation du format et donc gain de place ; second avantage, QuickTime envoie la vidéo directement dans iTunes, vous n'aurez plus qu'à la synchroniser. Ouvrez votre vidéo dans QuickTime Player, puis allez dans le menu **Fichier | Exporter**. Choisissez entre **iPad, iPhone, iPod touch et Apple TV** ou **iTunes**. Grâce aux informations fournies dans la fenêtre qui s'ouvre, faites votre choix, tout y est indiqué : *types d'appareils, dimensions, compatibilité* et *poids*. Cliquez sur **Enregistrer** pour valider. ■

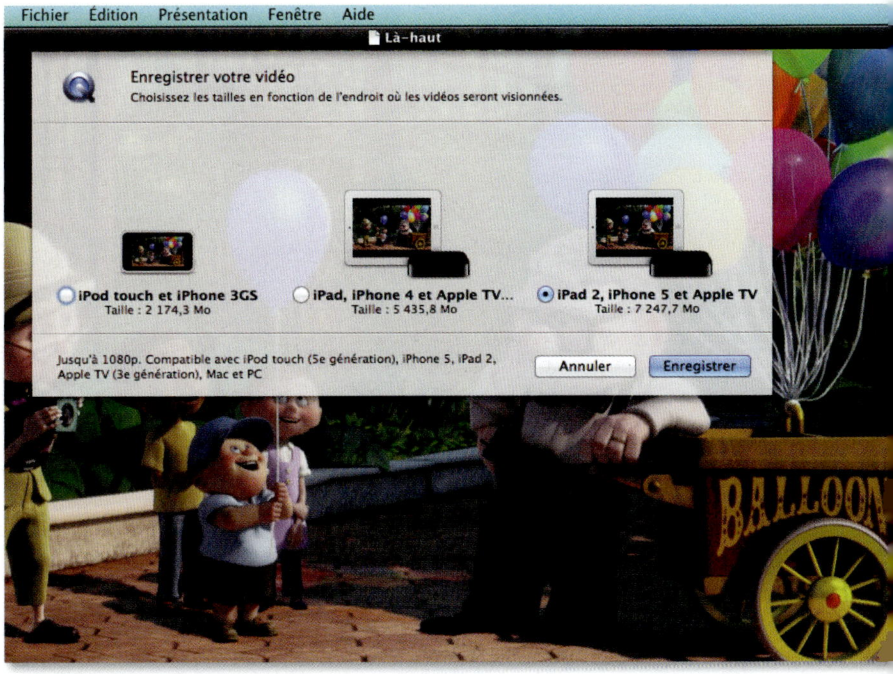

142 Comment afficher la durée totale d'une vidéo en cours de lecture ?

QuickTime n'est pas très bavard et son minimalisme fait parfois rager ! Pour connaître la durée d'une vidéo, passez votre souris sur la fenêtre de QuickTime pour faire réapparaître la petite palette flottante noire. Par défaut, c'est la durée restante qui s'affiche à droite (1). Cliquez sur cette indication et c'est la durée totale du film qui apparaît (2). ■

CHAPITRE 6

ACHATS

Mac App Store Au royaume

143 Comment gérer les mises à jour ?

Le Mac App Store gère dorénavant toutes les mises à jour du système OS X, mais également de toutes les applications que vous avez achetées ou téléchargées depuis cette boutique. Allez dans les **Préférences Système | App Store**. Cochez la case **Recherche des mises à jour automatique**. Pour gagner du temps, cochez également **Télécharger les dernières mises à jour disponibles en tâche de fond**. Vous serez alors averti dès que les mises à jour seront prêtes à être installées (1) grâce à une notification. Accédez au **Mac App Store**, puis cliquez sur l'onglet **Mises à jour** (2). Pour faire d'une pierre deux coups, cliquez sur **Tout mettre à jour**. Vous être également libre de mettre à jour les applications une à une. Concernant celles que vous utilisez quotidiennement, lisez le détail des nouveautés et voyez si cela n'engendrera pas de soucis – si des fonctions sont retirées par exemple – avant de les mettre à jour.

Les mises à jour sont-elles gratuites ?

Les applications gratuites seront toujours mises à jour gracieusement. Concernant les applications payantes, les mises à jour intermédiaires seront également gratuites, par exemple de la version 1.2 à 1.3. Apple impose sa volonté aux développeurs souhaitant utiliser sa boutique. En revanche, lors d'une mise à jour majeure – version 1 à 2 par exemple –, il est possible que ce soit payant. Comme Apple interdit la facturation des mises à jour, le développeur propose alors sa nouvelle version comme une nouvelle application (3). ■

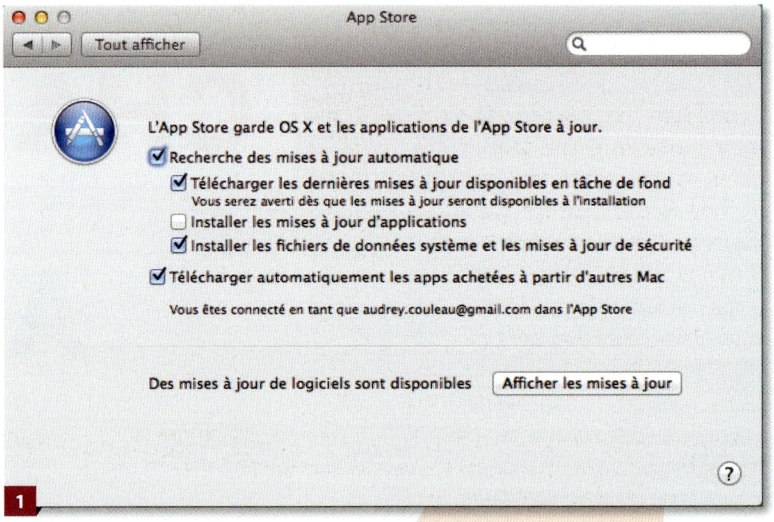

1

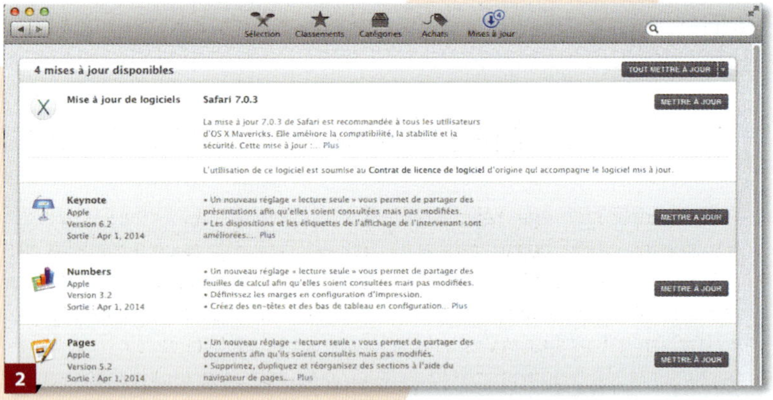

2

3

des applications

144 Comment installer une application achetée sur un autre Mac ?

Grâce à votre identifiant Apple, Apple mémorise tous vos achats. Si vous êtes équipé de plusieurs Mac, il vous suffit d'utiliser le même identifiant pour installer toutes les applications, sans payer une seconde fois. Ici, aucune gestion de licences ! Lancez le **Mac App Store** sur le second Mac et identifiez-vous. Dans l'onglet **Achats**, les applications sont disponibles. Pour récupérer une application achetée par votre conjoint, il faut alors utiliser son identifiant Apple. Dans la pratique, cela fonctionne, mais la gestion est complexe : vous devrez vous déconnecter de votre compte et vous reconnectez avec le sien pour appliquer les changements. ■

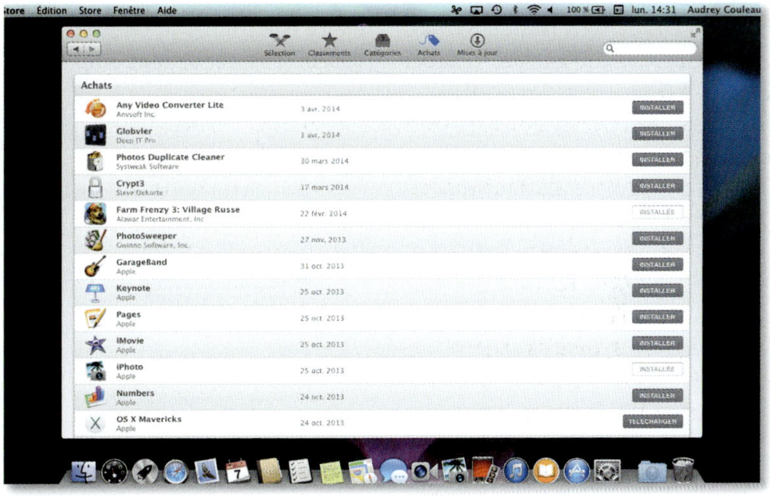

▲ *Ici, sur le MacBook Air, j'accède facilement à toutes les applications achetées ou téléchargées sur mon iMac.*

145 Comment télécharger à nouveau une application ?

Une application qui refuse de s'ouvrir ou qui bugue, cela arrive. Le plus simple, si aucune mise à jour n'est disponible, est de la réinstaller. Par réflexe, vous vous rendez alors sur le Mac App Store pour la télécharger à nouveau. Le gros problème est que ce n'est pas possible. Cliquez sur l'onglet **Achats**, le bouton **Installer** est grisé (1), puisqu'en réalité elle est déjà installée sur votre Mac ! Pour l'installer à nouveau, il faut d'abord la supprimer. Cliquez sur l'icône de **Launchpad** dans le Dock et repérez l'application en question. Cliquez pendant quelques secondes sur l'icône de cette dernière. Cliquez sur la petite croix et supprimez-la (2). Quittez le Mac App Store et relancez-le. Rendez-vous à nouveau sur **Achats**, l'installation est à nouveau possible (3). Concernant les systèmes OS X, ils sont eux téléchargeables à tout moment, voyez plus loin à la question 148. ■

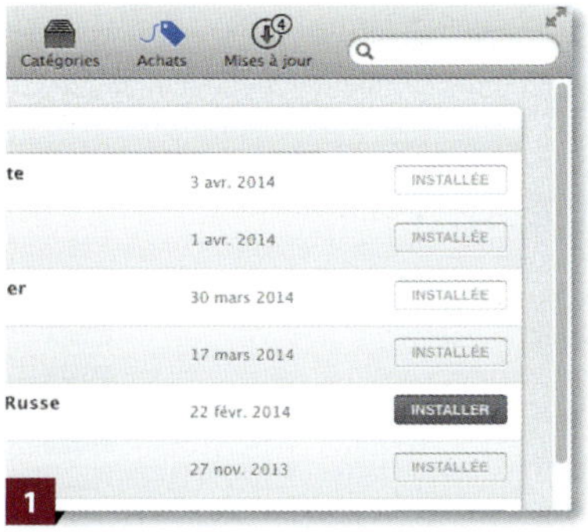

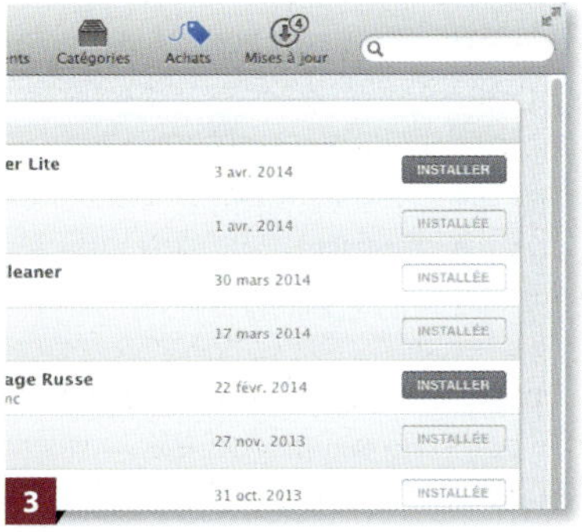

146 Pourquoi et comment ignorer une mise à jour ?

Il existe de nombreuses raisons pour ne pas accepter de procéder à une mise à jour : vous n'utilisez plus l'application en question pour le moment, les nouveautés proposées par cette mise à jour ne vous intéressent pas, ou encore vous ne disposez pas d'une connexion internet d'assez bonne qualité à l'endroit où vous vous trouvez. En revanche, je vous recommande de toujours mettre à jour le système OS X et de réaliser sans attendre les mises à jour de sécurité. Pour ignorer une mise à jour et éviter d'être harcelé par le centre de notifications, lancez le **Mac App Store**. Cliquez sur l'onglet **Mises à jour**. Faites un **clic droit** sur la description de la mise à jour et choisissez **Masquer la mise à jour**. Si vous changez d'avis par la suite pour des raisons qui vous sont propres, allez dans le menu **Store | Afficher toutes les mises à jour de logiciel**. ■

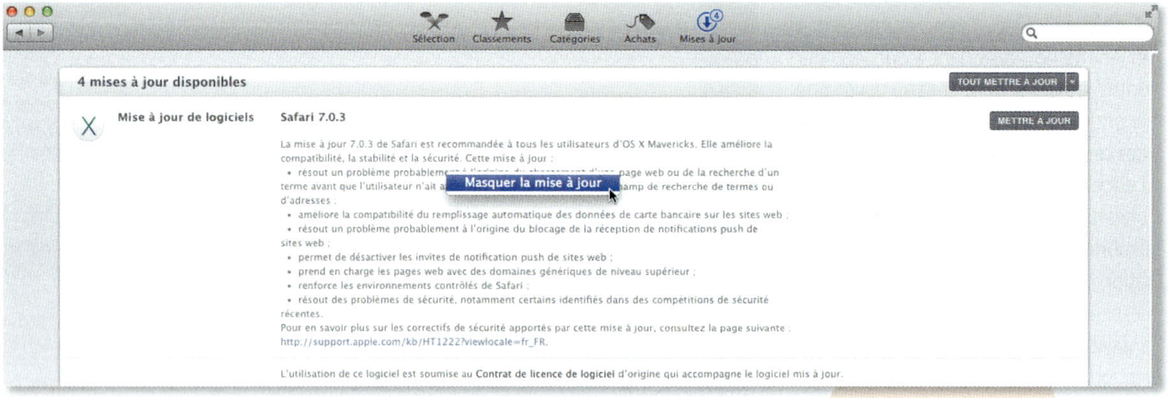

147 Comment supprimer une application de la liste d'achats ?

Peu importe la boutique (App Store, iTunes Store, iBooks Store, etc.), Apple ne permet pas de supprimer des achats. Il est en revanche possible de **masquer** une application de la liste d'achats. Cliquez sur **Achats** et faites un **clic droit | Masquer l'achat** (1). Idéal, par exemple, pour les jeux que vous avez terminés. Pour afficher les achats masqués, allez dans le menu **Store | Voir mon compte**. Dans **iTunes dans le nuage | Articles masqués**, cliquez sur **Gérer** (2). La liste des logiciels masqués précédemment s'affiche (3). Pour remettre une application dans la liste des achats, double-cliquez sur **Afficher** (un clic unique ne suffit pas). ■

1

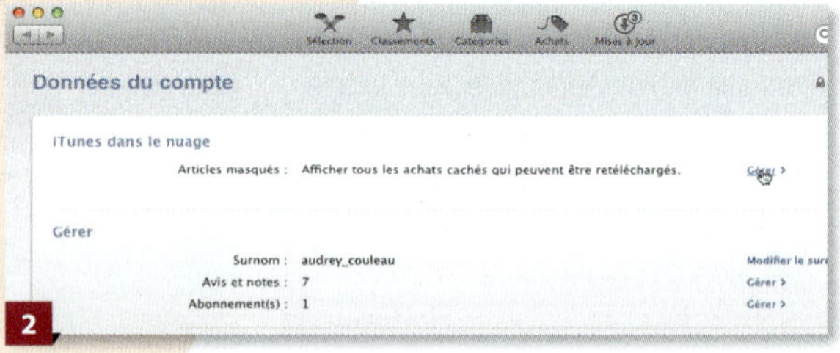

2

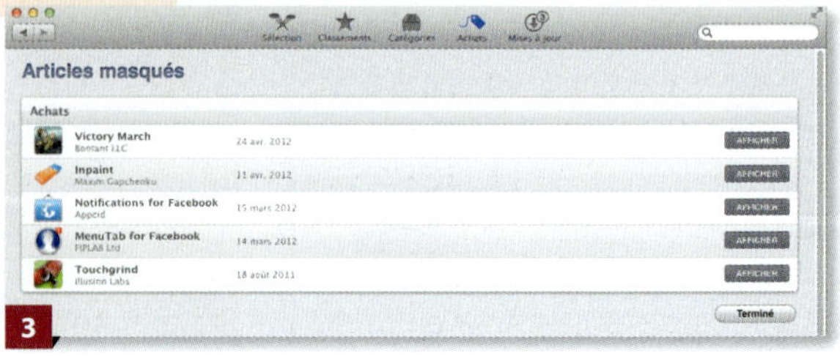

3

148 Comment télécharger à nouveau les anciennes versions de Mac OS X ?

Depuis la sortie d'OS X Mavericks sur le Mac App Store, Apple a retiré les anciennes versions de son système. Si vous aviez acheté les différentes versions d'OS X au fur et à mesure de leur sortie, vous les retrouverez dans la section **Achats** (1) du Mac App Store. Téléchargez-les à nouveau, si besoin. Si vous ne les aviez pas acquises à ce moment-là, il n'est pas trop tard. Elles sont toujours à la vente, mais cette fois directement sur le site d'Apple (**www.apple.com/fr**), dans le **Store**. Utilisez le champ de recherche : les versions sont disponibles pour 18 € environ : *Snow Leopard* (sur DVD) (2), *OS X Lion* (3) et *OS X Mountain Lion* (4). Ces deux dernières seront téléchargeables via le Mac App Store grâce à un code reçu par email. ■

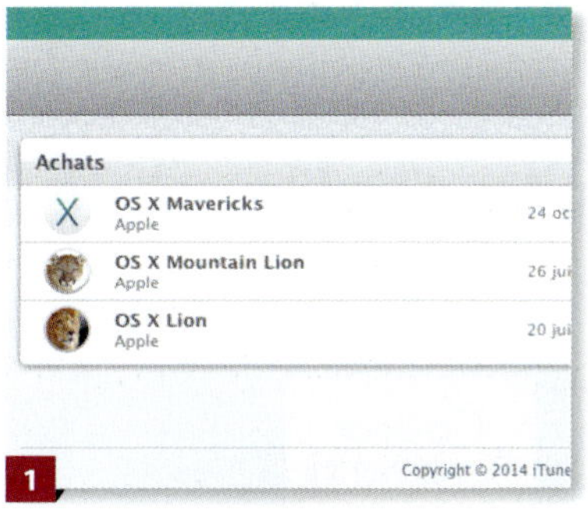

1

2

3

4

149 Comment sauvegarder les précédentes versions de Mac OS X ?

Avec un nouveau système d'exploitation par an pour votre Mac, Apple ne freine pas la cadence ! En attendant, cela fait beaucoup d'éléments à sauvegarder, au cas où vous en auriez à nouveau besoin. Par exemple, si votre disque dur tombe en panne, il sera plus rapide de réinstaller le système depuis une clé USB (que vous allez créer), plutôt que d'utiliser la récupération par internet. Pour être toujours prêt et disposer des versions nécessaires d'OS X, téléchargez-les à nouveau sur le Mac App Store. Copiez les fichiers d'installation sur un disque dur externe, sur lequel ils seront à l'abri (1). En plus, si ce n'est pas déjà fait, créez une clé USB démarrable avec **DiskMaker X** (**www.diskmakerx.com**). Pour vous aider, nous avons réalisé un tutoriel vidéo disponible à l'adresse suivante : **www.competencemac.com/video-diskmakerx**. Pour le réaliser, vous avez besoin du fichier d'installation d'OS X (de 10.7 à 10.9), d'une clé USB de 8 Go et de l'application DiskMaker X. Pour le reste, suivez le guide ! ■

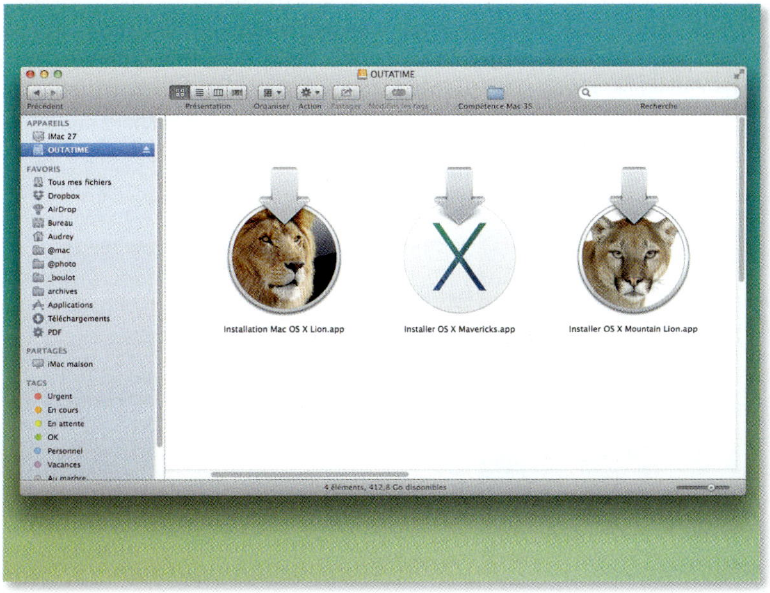

iTunes Store Apprenez à le

150 Quelles sont les limites d'un film acheté sur iTunes ?

Lorsque vous achetez un film sur l'iTunes Store et une fois le téléchargement terminé, vous pouvez le transférer vers cinq ordinateurs maximum et le synchroniser avec tous vos iPod, iPhone ou iPad, tant que tous ces appareils utilisent bien le même identifiant Apple (celui qui a été utilisé pour l'achat). Cet identifiant est la clé, le sésame qui autorise la lecture. Comme tous vos achats sont disponibles dans le Nuage, les films achetés sont téléchargeables depuis n'importe quel appareil. Pour cela, allez sur l'**iTunes Store**, rubrique **Achats**. Il est également possible de graver sur un DVD le film acheté, mais uniquement en vue de l'archiver. Eh oui, la lecture sur une platine DVD de salon n'est pas autorisée... Pour en profiter sur grand écran, il faut soit connecter votre Mac à la télévision, soit vous équiper de l'Apple TV. Vous pouvez réaliser une synchronisation vers cinq Apple TV, qui ne sont pas comptées dans les cinq ordinateurs autorisés. ■

151 Peut-on lire hors connexion un film acheté sur l'iTunes Store ?

Oui, une fois un film téléchargé ou transféré sur votre Mac, iPad ou iPhone, il est lisible sans connexion à internet (Wi-Fi ou 3G/4G) (1). Avant de partir en voyage par exemple, vérifiez dans la bibliothèque **iTunes** sur votre Mac ou dans l'app **Vidéos** sur iPhone / iPad que vous disposez bien de vos films. Attention, c'est discret, mais les films dont la pochette comporte un petit nuage (2) ne sont pas copiés sur votre iPad. Ils sont uniquement disponibles au téléchargement. Je me devais de vous le préciser, car ils disparaissent une fois la connexion internet coupée. La déception peut alors être très grande, notamment pour les enfants. ■

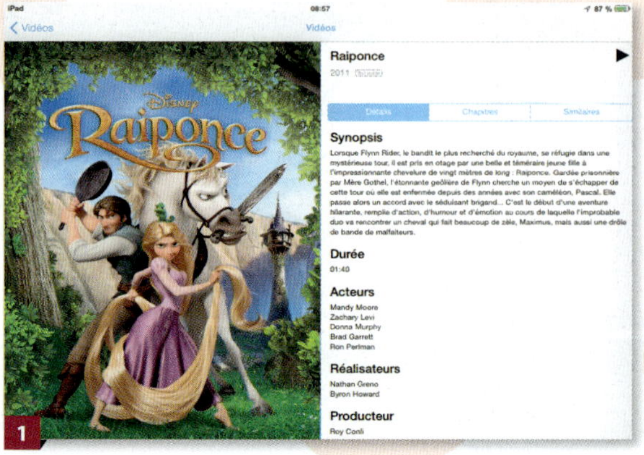

1

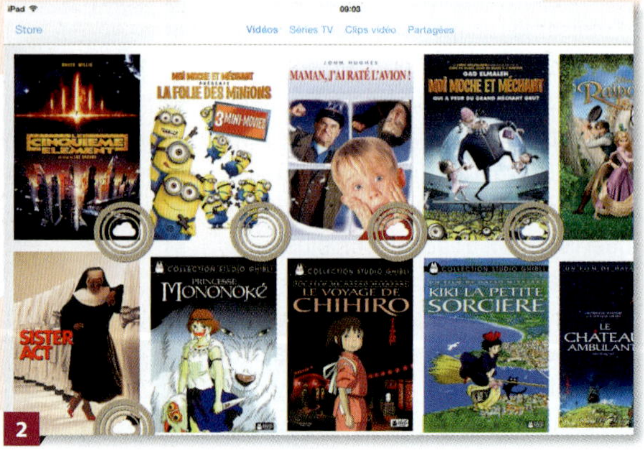

2

connaître !

152 À quoi sert la liste des souhaits ?

Comme son nom l'indique si bien, la liste des souhaits permet de mettre de côté des articles de l'iTunes Store que vous souhaitez acquérir plus tard ou espérez vous faire offrir. Lorsque vous êtes face à un produit convoité, cliquez sur la flèche à droite de son prix, puis cliquez sur **Ajouter à ma liste de souhaits**. Pour consulter votre liste, ouvrez **iTunes** puis **l'iTunes Store**. Cliquez sur le bouton disponible en haut à droite de la fenêtre (1). Libre à vous de supprimer des éléments en cliquant sur le bouton **Modifier** (2). Point important : la liste de souhaits se synchronise entre tous vos appareils : Mac, iPhone, iPad, etc. Elle est ainsi toujours à jour ! ■

153 De combien de temps disposez-vous pour visionner un film loué ?

La location de film est disponible sur l'iTunes Store. Côté tarif, Apple s'aligne sur la concurrence, comptez en moyenne 5 € pour un film en HD (haute définition : 720p et 1080p). Pour faire des économies, optez pour la version SD, un euro moins cher, surtout si vous ne disposez pas d'équipement haute définition vous permettant une restitution optimale. Une fois le film loué, vous disposez de trente jours pour le lire. Attention, une fois la lecture entamée, vous ne disposez plus que de quarante-huit heures pour regarder votre film, évitez donc le visionnage par petits bouts ! Au-delà de ces deux délais, le film est supprimé de votre bibliothèque iTunes. ■

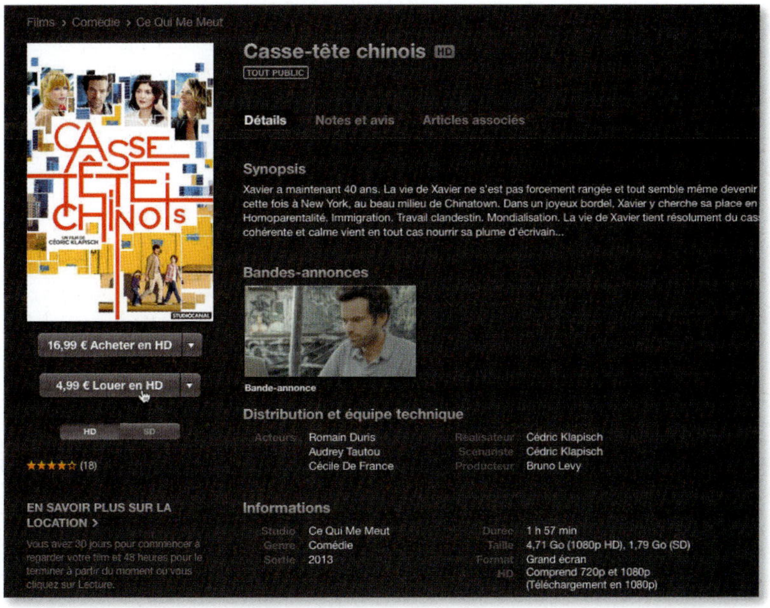

154 Où pouvez-vous visionner un film loué ?

Tout dépend si vous avez opté pour un film en haute définition (HD) ou en définition standard (SD). Les films en SD peuvent être lus sur votre Mac, sur tous les iPhone, iPad ou iPod touch (iOS 3.1.3 ou version ultérieure), mais aussi sur l'iPod classic, l'iPod nano (3e, 4e ou 5e génération) ainsi que sur votre téléviseur grâce à l'Apple TV. Les films en HD sont lisibles sur votre Mac, sur votre iPhone 4 (et modèles plus récents), sur tous les modèles d'iPad, sur les iPod touch (4e génération et modèles plus récents), et enfin sur votre téléviseur grâce à l'Apple TV. Ces limitations ne sont pas dues à un caprice d'Apple, mais simplement aux limitations matérielles de certains produits. Pour que l'expérience soit totalement réussie, suivez ces consignes. ■

155 Est-il possible de transférer un film loué vers un autre appareil ?

Si vous avez loué un film sur l'iTunes Store directement depuis votre Mac, vous pouvez alors le transférer et le lire sur tous vos appareils mobiles. Attention, si vous l'avez loué à partir de votre iPhone, iPad, iPod touch ou depuis votre Apple TV, il n'est en revanche pas possible de le transférer sur un autre appareil. Un détail qui a son importance. Privilégiez donc toujours la location à partir de votre Mac. Vous profiterez en sus d'une vitesse de téléchargement accrue. Une fois le film téléchargé, transférez-le vers l'appareil de votre choix. Là encore, une connexion internet est indispensable. Une fois le transfert effectué, l'œuvre louée disparaît alors de votre bibliothèque iTunes, c'est normal. Vous êtes libre de la déplacer sur plusieurs appareils, autant de fois que vous le souhaitez durant la période de location. Attention, le film ne peut se trouver que sur un seul appareil à la fois. Il sera bon de noter que l'avancée de la lecture est synchronisée entre vos différentes machines. ■

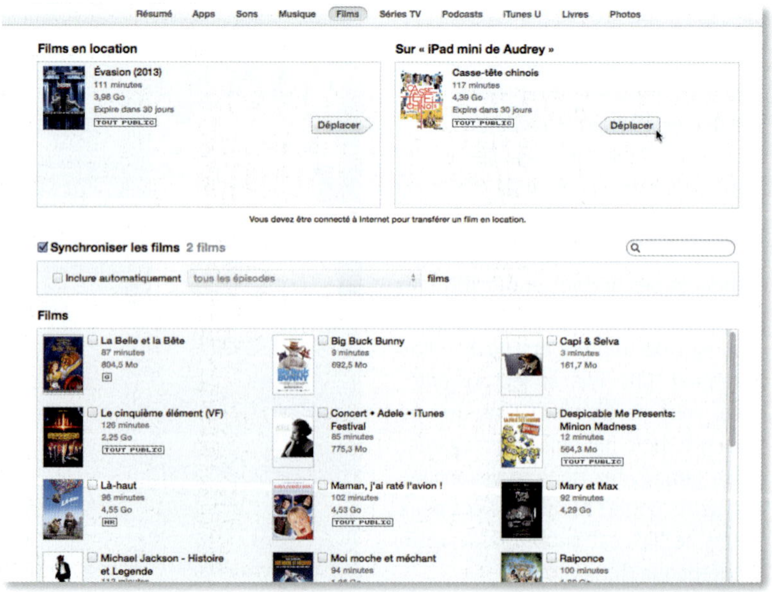

156 Sur quel appareil pouvez-vous regarder un film en haute définition ?

La résolution d'un écran ou d'une télévision ne dépend pas de ses dimensions. Grâce à l'illustration ci-contre, vous voyez que l'écran d'un iMac 21,5 pouces contient autant de pixels qu'une télévision Full HD, pourtant plus grande. Tous deux possèdent la même résolution : 1920 x 1080 pixels. Sur la télévision, les pixels sont juste plus gros. Tous les écrans situés en dessous de cette résolution n'afficheront pas l'intégralité des pixels d'un film en haute définition (1920 x 1080 pixels). Lorsque vous achetez un film en HD sur l'iTunes Store, vous disposez d'une version en 1080p ou 720p, et 576p si vous optez pour la version SD. En conclusion : si vous êtes équipé d'écrans dont la résolution est inférieure à 1920 x 1080 pixels, louez les films en version SD. ■

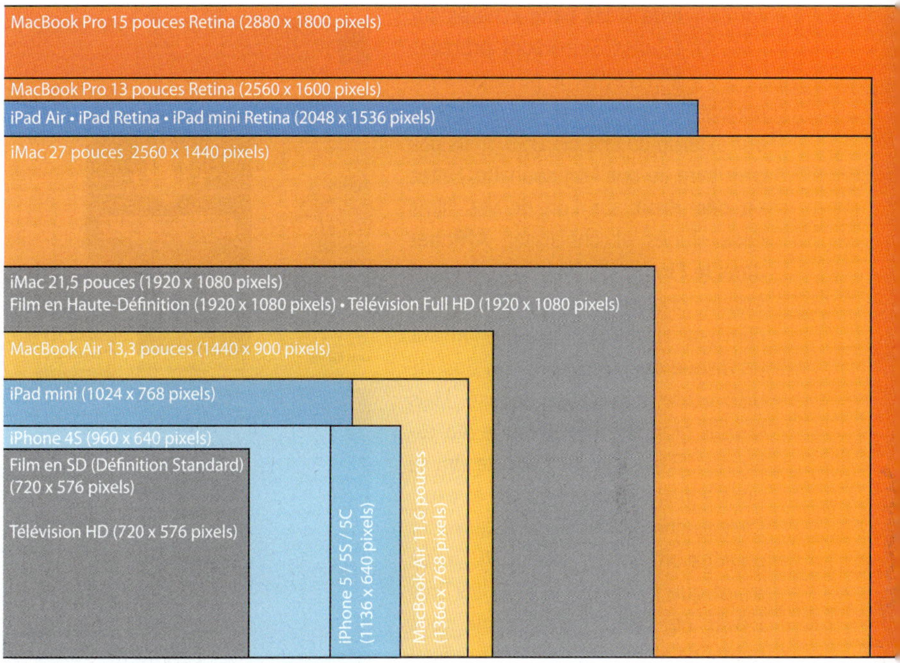

157 Faut-il attendre la fin du téléchargement pour regarder le film ?

Il n'est pas nécessaire d'attendre la fin du téléchargement pour commencer à regarder un film que vous venez de louer ou d'acheter. Lorsque vous passez à l'achat ou la location (1), et une fois votre mot de passe lié à votre identifiant Apple saisi, le téléchargement débute immédiatement. Suivant la vitesse de votre connexion internet, iTunes vous indique quelque temps après qu'il est possible de débuter la lecture du film (2). Ainsi, pendant que vous regardez le début du film, le reste est en train d'être téléchargé. Pour rappel, s'il s'agit d'une location, une fois la lecture entamée, vous disposez de 48 heures pour visionner votre film. ■

1

2

158 Est-il possible de copier un film acheté sur un disque dur ?

Même si les films achetés sur l'iTunes Store sont protégés afin d'éviter le piratage, il est possible de les copier sur un disque dur externe ou une clé USB, mais pas d'en faire ce que l'on souhaite. Faites un **clic droit** sur l'un de vos films dans iTunes et choisissez **Afficher dans le Finder** (1). Dans la fenêtre qui s'ouvre, choisissez la version qui vous convient : HD ou SD. Copiez le film sur un disque dur externe (2) ou une clé USB grâce à un glissé déposé. Mais si vous branchez votre disque dur externe USB sur une télévision, le film ne pourra malheureusement pas être lu... En revanche, il est possible de le lire sur un autre ordinateur (Mac ou PC), mais avant que la lecture avec QuickTime Player ne débute, le système vous demande alors d'autoriser cet ordinateur grâce à votre identifiant Apple (3). Vous pouvez autoriser jusqu'à cinq ordinateurs à lire du contenu acheté sur l'iTunes Store. Pour gérer les ordinateurs autorisés, allez dans l'**iTunes Store | Votre compte | Ordinateurs autorisés**. Lorsque vous donnez l'autorisation à un nouvel ordinateur, celui-ci est lié à votre identifiant Apple pendant 90 jours minimum. Attention, ne saisissez pas votre identifiant Apple et votre mot de passe sur l'ordinateur de n'importe qui ! ■

1

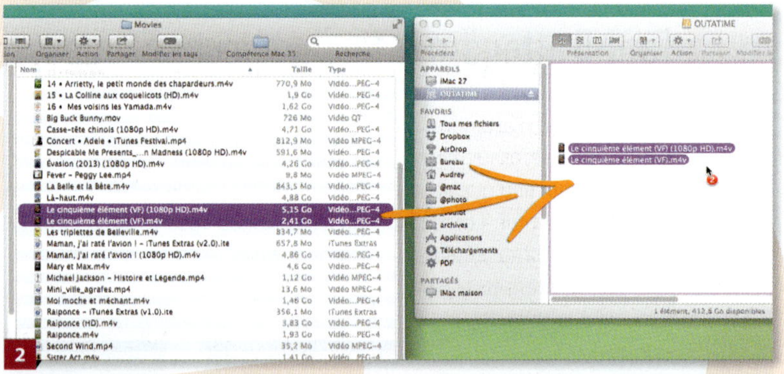

2

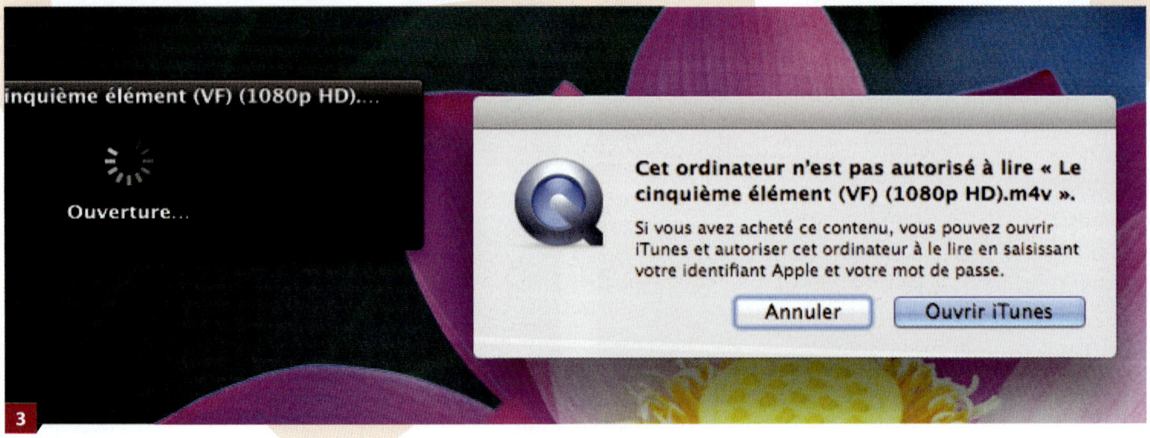

3

159 Quelles sont les limites d'un album acheté sur iTunes ?

Contrairement aux films, la musique achetée sur l'iTunes Store n'est plus protégée depuis 2009. Il est donc possible d'échanger votre musique avec vos amis, vous êtes libre de la copier sur une clé USB ou un disque dur externe et de la déposer où bon vous semble, comme nous le faisions autrefois avec les CD. L'échange de musique est même prévu dans iTunes lorsque plusieurs Mac sont connectés au même réseau. Pour cela, deux fonctions sont à activer : allez dans le menu **iTunes | Préférences | Partage** et activez le **partage de bibliothèque**, rendez-vous également dans le **menu Fichier | Partage à domicile | Activer**. Saisissez alors votre identifiant Apple (1). Réalisez la même manipulation sur tous les Mac. La bibliothèque de l'autre Mac s'affiche. Sélectionnez une piste ou un album et cliquez sur le bouton **Importer** (2). ■

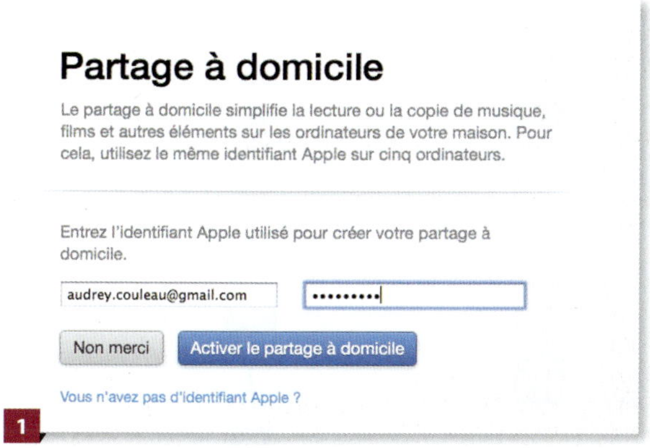

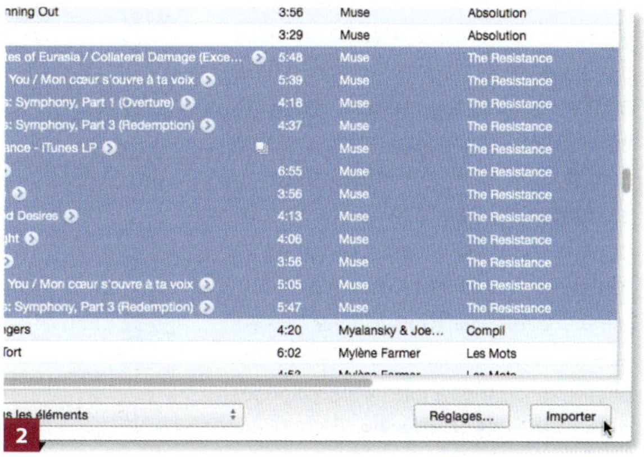

160 Famille nombreuse : comment gérer les achats ?

Si votre conjoint(e), vos enfants et vous-même êtes équipés de plusieurs produits Apple, il peut être bon de remettre les choses à plat. Tout d'abord, sachez qu'il est possible de créer un compte iTunes Store sans carte bleue pour vos enfants (1). Ils pourront ainsi télécharger des jeux gratuits sur leur iPad, sans pour autant mettre en péril votre porte-monnaie. S'ils veulent un jeu payant, un album musical ou un film, le plus simple est de leur offrir. Rendez-vous sur l'**iTunes Store** depuis votre Mac, puis cliquez sur la **flèche** à côté du tarif : choisissez **Offrir cet article** (2). Autre solution, créer un identifiant Apple unique pour toute la famille. Le même compte sera alors utilisé par tous. L'inconvénient résidant dans la limite des 10 appareils, faites le compte au préalable. ■

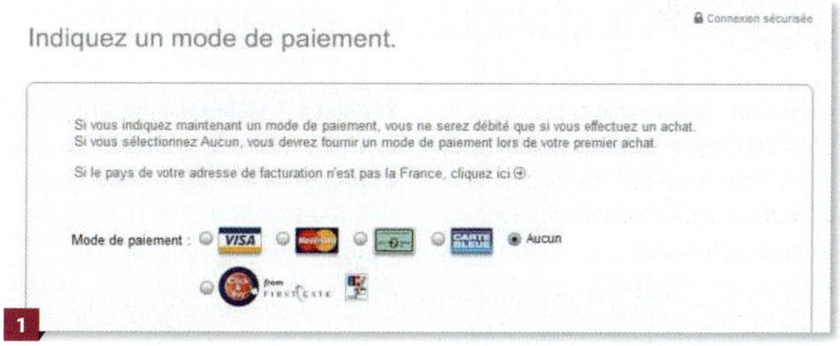

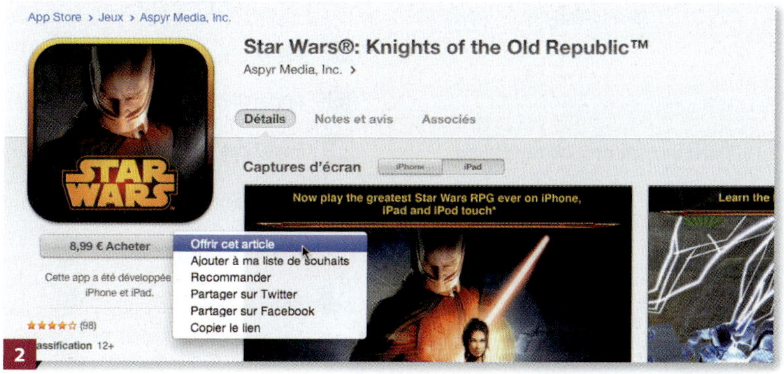

App Store Nourrissez avec

161 Où trouver la liste des apps que j'ai achetées ?

Sur l'écran d'accueil de votre iPhone ou iPad, tapotez sur l'app **App Store**. Au besoin, saisissez votre identifiant et votre mot de passe Apple. Tapotez ensuite sur le bouton **Achats** (A), en bas. Plusieurs outils sont disponibles : tout d'abord, décidez d'afficher les **Apps iPad** ou les **Apps iPhone** grâce au bouton disponible en haut à gauche (B). Pour voir toutes les apps que vous avez achetées, tapotez sur **Tous** (C). Au besoin, patientez pendant que la liste des applications se met à jour. Vous disposez d'un champ de **recherche** (D) pour remettre rapidement la main sur une app. Il est également possible de les trier par **Nom** ou **Les plus récentes** (E). ■

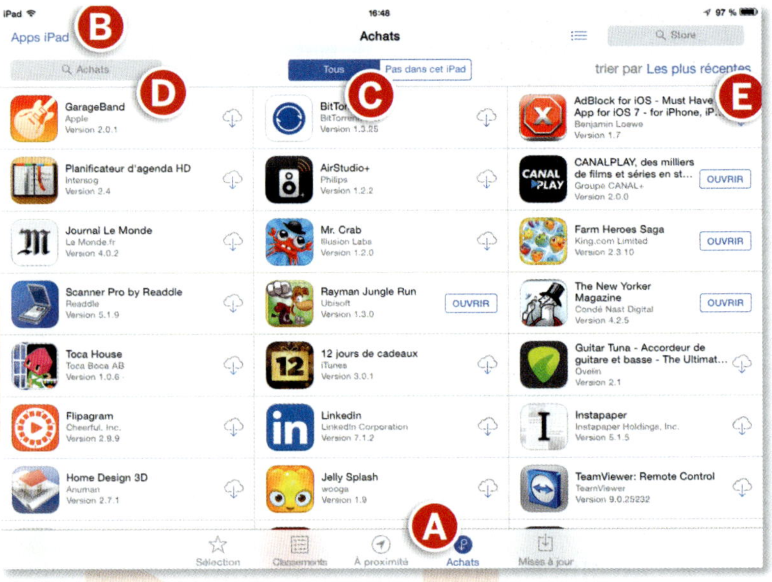

162 Comment bloquer les achats intégrés ?

Pour éviter que l'un de vos enfants – ou vous-même – ne soit tenté par les achats intégrés à certaines applications (achats in-app), il est possible d'activer des restrictions. Pour cela, allez dans **Réglages | Général | Restrictions**. Tapotez ensuite sur **Activer les restrictions**. Définissez un **code** à quatre chiffres et confirmez-le (1). Par défaut, toutes les actions sont autorisées (2), activez alors celle pour les **Achats intégrés** (3). Le système empêchera ainsi tous les jeux, applications et autres de proposer des achats intégrés. Mieux vaut en effet être prudent avec les achats in-app, la facture peut vite grimper ! ■

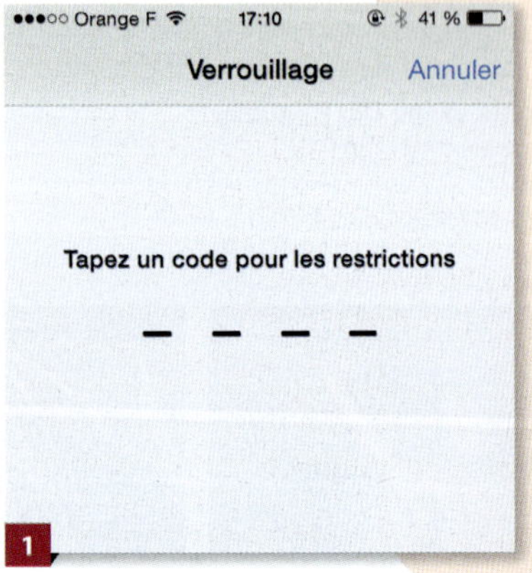

1

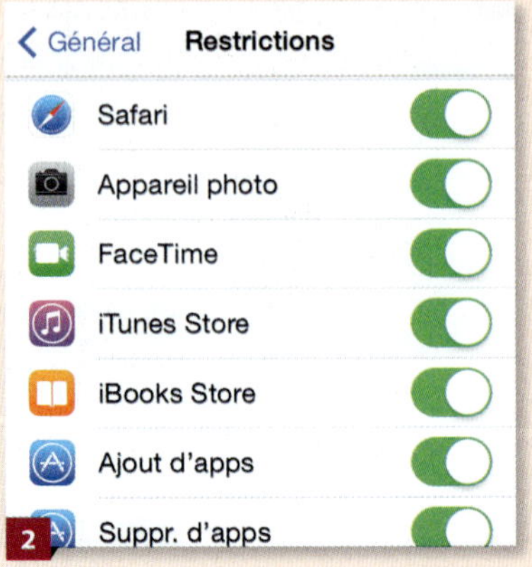

2

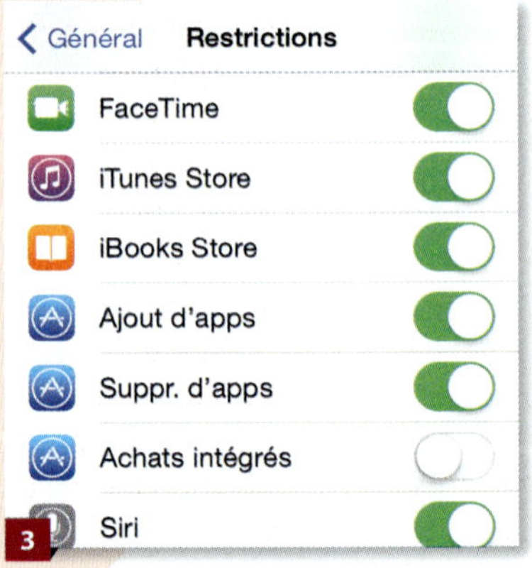

3

soin vos iPad et iPhone

163 Pourquoi des apps disposent du bouton Ouvrir et d'autres d'un nuage ?

Vous le savez, grâce à votre identifiant Apple, tous vos achats réalisés sur les boutiques d'Apple sont mémorisés. Ainsi, en vous baladant sur l'App Store, certaines apps affichent, au lieu du tarif, un bouton **Ouvrir** (1). Cela signifie que l'app est déjà installée sur l'appareil que vous utilisez, et que vous pouvez l'ouvrir directement. Quand c'est un **nuage** qui est visible (2), cela indique que vous avez déjà téléchargé (et donc acheté si cette dernière est payante) cette app sur l'un de vos appareils, mais qu'elle n'y est pas installée. Tapotez sur le nuage pour l'installer à nouveau, sans avoir besoin de saisir le mot de passe lié à votre identifiant Apple. ■

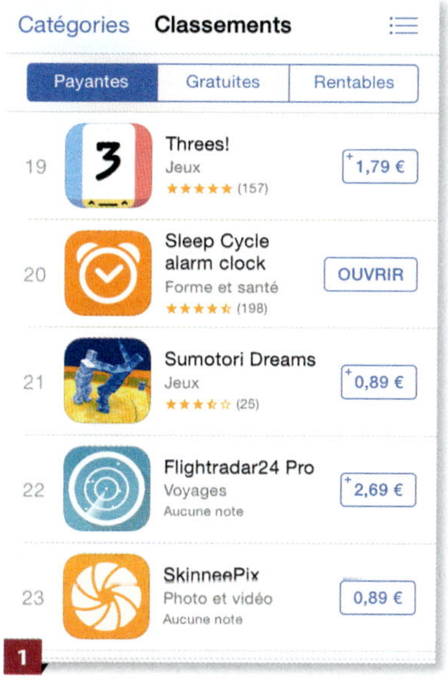

1

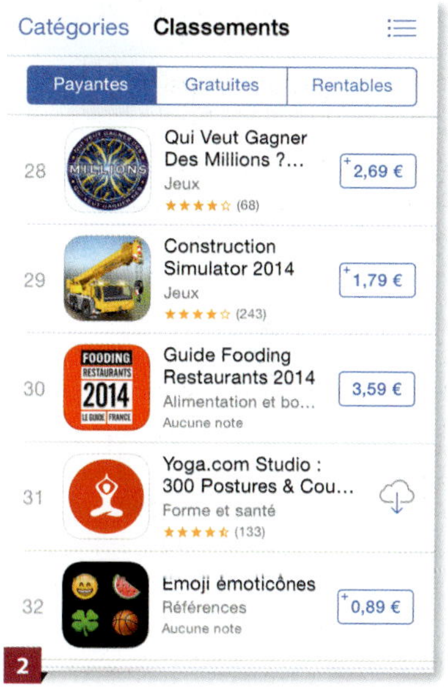

2

164 Je possède un iPhone et un iPad, dois-je acheter deux fois les apps ?

Non, App Store sur l'iPhone et l'iPad fonctionne comme le Mac App Store sur votre Mac : une fois que vous avez acheté une application, vous n'avez pas besoin de l'acheter une seconde fois pour l'utiliser sur un autre appareil. Sur celui-ci, faites une recherche et l'app sera dotée d'un petit nuage, tapotez dessus pour la télécharger. Vous pouvez allez encore plus loin en activant le téléchargement automatique des apps entre vos appareils : vous installez une app sur l'un, elle s'installe automatiquement sur tous les autres. Pour ce faire, allez dans **Réglages | iTunes Store et App Store**. Dans la section **Téléchargements automatiques**, activez le curseur devant **Apps**. ■

165 Comment changer l'identifiant de mon compte Apple ?

Lorsque vous avez créé votre compte Apple, il y a peut-être plusieurs années maintenant, vous possédiez alors une adresse email que vous n'utilisez plus aujourd'hui (Wanadoo, AOL, etc.) et vous aimeriez mettre cet élément à jour. C'est possible, mais assurez-vous que la nouvelle adresse email ne soit pas associée à un autre identifiant Apple et qu'il ne s'agisse pas d'une adresse iCloud (@icloud.com, @me.com ou @mac.com). Rendez-vous ensuite sur **appleid.apple.com/fr/**, puis cliquez sur **Gérer votre identifiant Apple** (1). Cliquez sur **Modifier** dans la section **Identifiant Apple et adresse email principale** (2). Saisissez l'adresse, puis cliquez sur **Enregistrer les modifications**. Confirmez ce changement grâce à l'email que vous allez recevoir. C'est fait !

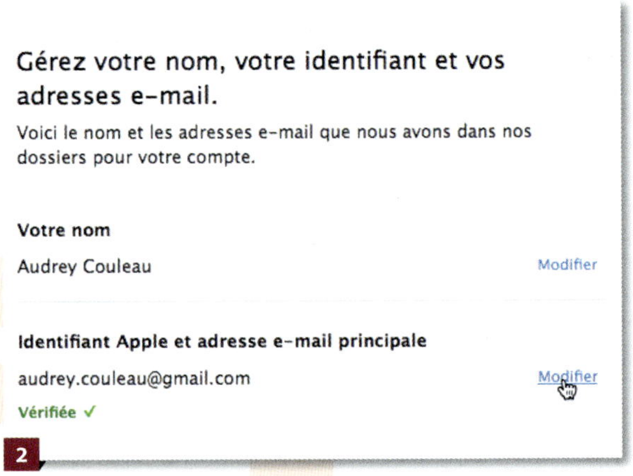

166 Comment récupérer les achats réalisés depuis l'Apple TV ?

Les films loués depuis l'Apple TV ne sont pas récupérables sur vos autres appareils. En revanche, toutes les autres emplettes le sont : musique, livres audio. Sur votre Mac, lancez l'application iTunes, puis allez dans le menu **Store | Rechercher les téléchargements disponibles** (1). S'il y en a, acceptez-les. Vérifiez une nouvelle fois jusqu'à ce que le message **Tous les achats ont été téléchargés pour cet identifiant Apple** apparaisse (2). Cliquez sur **OK** pour valider. Pour automatiser cette recherche, allez dans les **Préférences** d'iTunes, onglet **Store**. Cochez la case **Toujours rechercher les téléchargements disponibles**. Cliquez sur **OK** pour valider.

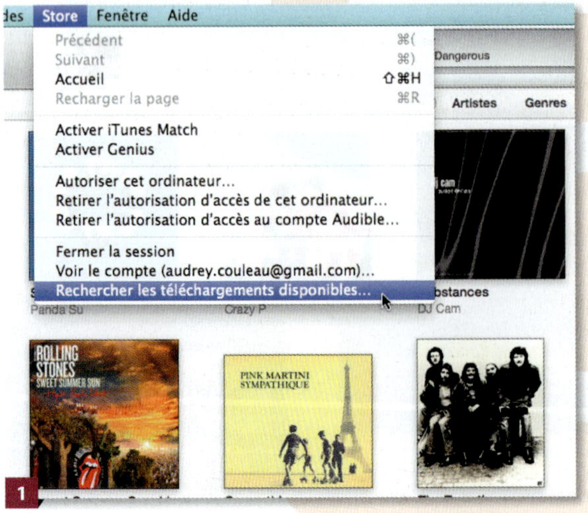

167 Comment activer le téléchargement et la mise à jour des apps ?

Si l'App Store et sa pastille rouge vous agacent quotidiennement, car les diverses mises à jour des apps sont en réalité sans fin, il est possible d'activer la mise à jour automatique des applications. Vous n'aurez ainsi plus rien à gérer, tout se fera instinctivement. Pour cela, allez dans **Réglages | iTunes Store et App Store** et, dans **Téléchargements automatiques**, poussez le curseur **Mises à jour**. Si votre appareil dispose d'une connexion 3G ou 4G et que vous souhaitez que ces mises à jour ne s'effectuent qu'en Wi-Fi, désactivez alors **Données cellulaires**, juste en dessous. Cette action évitera la consommation de votre forfait data pour des éléments qui, il faut l'avouer, ne présentent aucun caractère d'urgence... ■

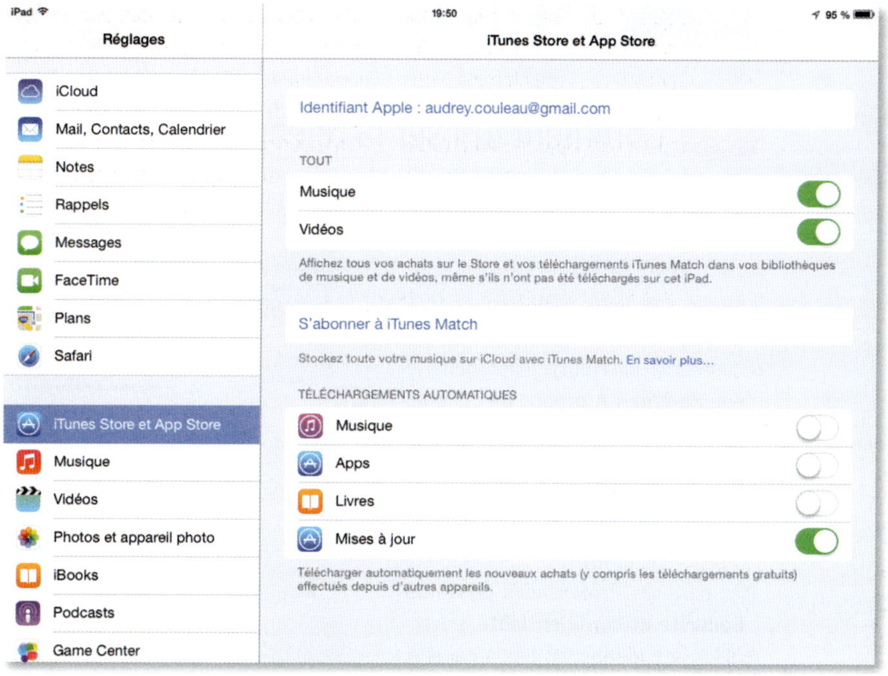

168 Comment supprimer définitivement une app ?

Pour éviter qu'une synchronisation ne transfère une énième fois une app non désirée sur votre iPhone ou votre iPad, procédez comme suit. Sur votre appareil mobile, maintenez le doigt appuyé quelques secondes sur l'icône de l'app à supprimer. Toutes les icônes se mettent à trembler : tapotez sur la petite croix, en haut à gauche de l'icône, pour désinstaller l'application (1). Sur votre Mac, ouvrez iTunes, puis cliquez sur **Apps** dans la barre latérale ou via le menu déroulant disponible en haut à gauche. Recherchez l'app que vous venez de supprimer de votre appareil mobile. Sélectionnez-la, puis faites un clic droit et choisissez **Supprimer** (2). L'app étant désormais effacée sur votre Mac et sur votre iPhone/iPad, il n'y a plus de risque qu'elle s'y retrouve, sauf, bien entendu, si vous la réinstallez depuis l'App Store. ■

Apple TV Intégrez-la à votre

169 Comment utiliser la télécommande de l'Apple TV avec mon Mac ?

L'Apple TV est livrée avec une télécommande, celle-ci fonctionne grâce à l'infrarouge. Pour l'utiliser avec votre Mac, vérifiez tout d'abord si ce dernier est équipé d'un récepteur à infrarouge. Allez dans le menu **Pomme | À propos de ce Mac.** Cliquez sur **Plus d'infos**, puis sur **Rapport Système**. Dans **Bus USB à grande vitesse**, recherchez **Récepteur à infrarouge** (1). Si votre Mac n'en est pas équipé, voyez plus loin. Sinon, allez dans les **Préférences Système | Sécurité et confidentialité**. Déverrouillez le **cadenas**, en bas à gauche, grâce à votre mot de passe administrateur, puis cliquez sur **Avancé**. Veillez à ce que la case **Désactiver le récepteur infrarouge pour télécommande** soit décochée. Cliquez maintenant sur **Jumeler** (2). Tenez la télécommande à une dizaine de centimètres du Mac et appuyez sur les boutons **Menu** et **Suivant** (3) pendant quelques secondes. Une fois que le symbole (4) apparaît, la télécommande est jumelée avec votre Mac. Vous pouvez piloter l'application **iTunes** ainsi que **Lecteur DVD** et **Front Row** si votre Mac en est encore équipé. Si votre Mac n'a pas de récepteur infrarouge, tout n'est pas perdu, mais il va falloir piloter iTunes grâce à votre iPhone ou votre iPad ainsi qu'avec l'app **Remote**, proposée gratuitement par Apple sur l'App Store.

Solution alternative

Installez Remote sur votre téléphone ou votre tablette et activez le **partage à domicile** (au besoin, voir la question suivante). Une fois l'app connectée, optez pour la bibliothèque de votre choix (5) et naviguez ensuite sur votre Mac au sein de tous les éléments : *clips, films, musique, podcasts* (6), etc. Au final, essayez et vous verrez que cette solution est quasiment plus confortable que celle qui a recours à la télécommande de l'Apple TV, à l'exception près qu'il faut posséder un iPhone, un iPad ou un iPod touch. ■

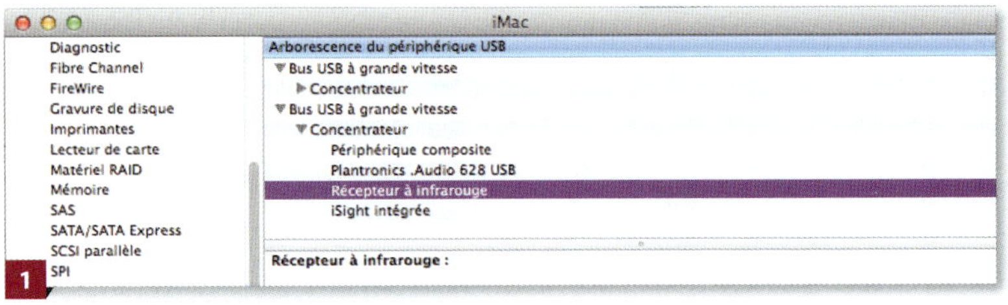

1

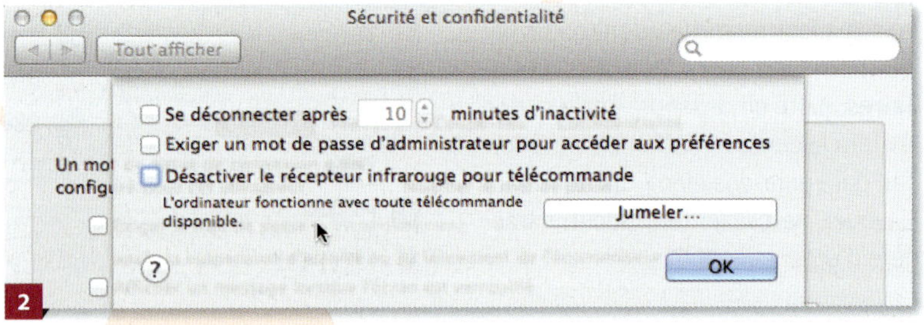

2

3

4

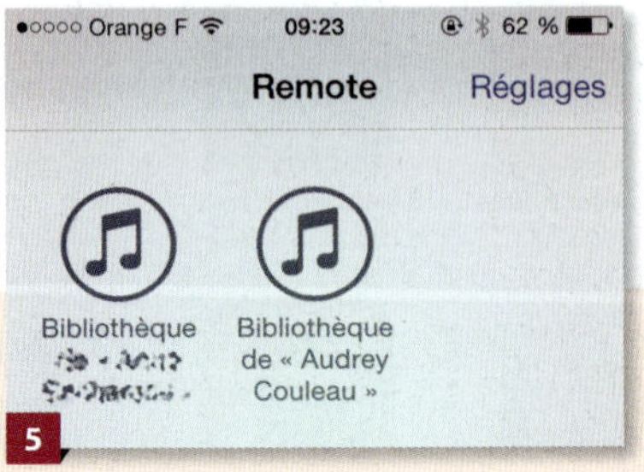

5

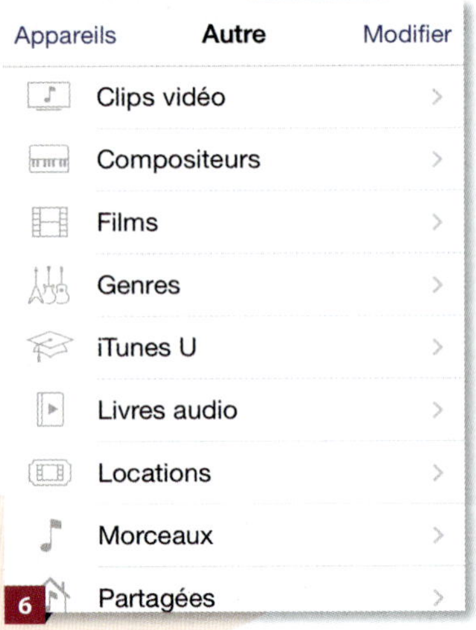

6

170 Comment accéder aux bibliothèques iTunes de plusieurs Mac ?

L'Apple TV peut accéder au contenu de votre bibliothèque iTunes située sur votre Mac. Vous diffuserez ainsi sans fil et sans limites tous vos fichiers multimédias. Mais grâce à la fonction **Partage à domicile**, votre Apple TV prend une autre dimension en pouvant se connecter à cinq bibliothèques, soit cinq Mac maximum. Ainsi, chaque membre de la famille a la possibilité de diffuser son propre contenu et de le partager avec les autres. Pour activer cette fonction, lancez iTunes sur votre Mac, puis allez dans le menu **Fichier | Partage à domicile | Activer le partage à domicile**. Saisissez le même **identifiant Apple** que celui utilisé sur l'Apple TV (1). En toute logique, c'est le vôtre.

Ensemble, c'est tout !

Pour que les autres bibliothèques de la famille soient également détectées par l'Apple TV, réalisez la même manipulation dans iTunes, sur chaque Mac. Là encore, utilisez le même identifiant Apple. Rendez-vous ensuite dans votre salon pour allumer la télévision et l'Apple TV. Sur l'écran d'accueil, sélectionnez l'encadré vert : **Ordinateurs** (2). Sélectionnez ensuite la bibliothèque désirée. L'Apple TV communique alors avec le Mac (ou le PC) en question. Attention, il doit rester allumé et iTunes doit être lancé. Nul doute que l'une de ces bibliothèques iTunes deviendra la meilleure chaîne de votre télévision. Et n'oubliez pas, comme expliqué à la question 118, vous diffuserez également votre contenu depuis votre iPhone ou votre iPad grâce à la technologie AirPlay (3). ■

1

2

3

171 Quels sont les services complémentaires de l'Apple TV ?

Avec l'Apple TV, vous pouvez accéder directement à l'iTunes Store pour y louer et acheter des films, des séries et de la musique. Vous naviguerez également sur YouTube, Vimeo, Flickr, votre bibliothèque iPhoto et vos photos iCloud, ainsi qu'aux films finalisés dans iMovie. Mais aujourd'hui, un changement est en marche et Apple s'ouvre un peu plus aux services extérieurs. Ces services sont complémentaires et nécessitent donc un abonnement mensuel payant. C'est ainsi que nous avons vu apparaître Canal+ avec son service vidéo illimité CanalPlay, qui, pour moins de 10 € par mois, offre un catalogue assez fourni de films et de séries. Le service étant récent, il n'est toutefois pas à l'abri de quelques bugs, parfois rageants, quand on avait vraiment, mais vraiment envie de voir ce film ce soir. Des progrès restent à faire, mais la route s'annonce dégagée ! ■

172 Quelles sont les différences entre les trois modèles d'Apple TV ?

La première Apple TV, sortie en 2007 – dont le tarif frôlait les 400 € pour le modèle haut de gamme –, toute de grise vêtue, disposait d'un élément aujourd'hui disparu : un disque dur. Idéal pour stocker musique, films, photos et séries TV. En 2011, Apple propose l'Apple TV 2, sans disque dur, à 99 € et opte alors pour la diffusion sans fil des données, grâce au Wi-Fi. Comme vous le voyez sur l'image, les Apple TV 2 et 3 – toutes deux identiques visuellement – sont beaucoup plus petites que leur aînée. La télécommande a été revue et le plastique blanc a été abandonné au profit de l'aluminium, plus robuste. Côté connectique, Apple a adopté l'HDMI. L'Apple TV 2 est équipée d'un processeur A4 et diffuse en 720p, contre un processeur A5 et du 1080p pour la troisième génération, sortie au printemps 2012 et revue en janvier 2013. Si vous voyez ce produit comme un hobby et non pas comme un besoin, n'hésitez pas à fouiller le marché de l'occasion, l'Apple TV 2 se défend encore très bien. Pour un achat neuf, patientez un peu, l'Apple TV 4 devrait pointer le bout de son nez dans peu de temps. ■

173 L'Apple TV peut-elle accéder à mes contenus iCloud ?

Oui, s'il s'agit d'une Apple TV de seconde ou troisième génération. Grâce au tableau ci-dessous, consultez la configuration minimale du système requise afin de profiter des services suivants : iTunes dans le nuage (musique, applications, livres et films), iTunes Match, Flux de photos, Flux de photos partagés et partage de photos iCloud. Comme vous le voyez, la mise à jour de l'Apple TV seule ne suffit pas. Pour profiter de tous ces services, vos Mac, iPhone, iPad ou iPod touch doivent eux aussi disposer d'une version minimale du système (OS X et iOS) et des applications installées qui communiquent avec l'Apple TV. ■

Fonctionnalités iCloud

		iTunes dans le nuage		iTunes Match	Mon flux de photos		Flux de photos partagés		Partage de photos iCloud	
Configuration minimale requise	Apple TV	Version 4.4		Version 4.4	Version 5.0		Version 5.1		Version 5.3	
	Mac OS X	iTunes 10.3.1 (musique, applications et livres)	iTunes 10.6 (films)	iTunes 10.5.1	OS X Lion 10.7.5	iPhoto 9.2.2 ou Aperture 3.2.3	OS X Mountain Lion 10.8.2	iPhoto 9.4 ou Aperture 3.4	OS X Mavericks 10.9	iPhoto 9.5 ou Aperture 3.5
	iPhone iPad iPod touch	iOS 5		iOS 5.0.1	iOS 5.1		iOS 6		iOS 7	

174 Comment connecter l'Apple TV à une chaîne hi-fi ?

L'Apple TV dispose d'une **sortie audio optique numérique** (1) : si votre ampli ou votre chaîne hi-fi dispose d'une entrée audio optique, un câble suffira à les relier. Notez que l'Apple TV diffuse le son par deux sorties en simultané : la sortie audio optique numérique et l'HDMI. Un câble HDMI suffit donc à diffuser l'image et le son vers votre télévision. Si vous ne disposez pas d'un ampli ou d'une chaîne hi-fi numérique, Belkin propose sur l'Apple Store un câble audio optique numérique (20 € environ) avec un adaptateur 3,5 mm (prise jack) (2). Ainsi, vous diffuserez de la musique sur les enceintes de votre chaîne analogique, via l'Apple TV, sans avoir besoin de laisser la télévision allumée. Pour piloter votre musique, pensez à l'app **Remote**, disponible pour l'iPhone ou l'iPad. ■

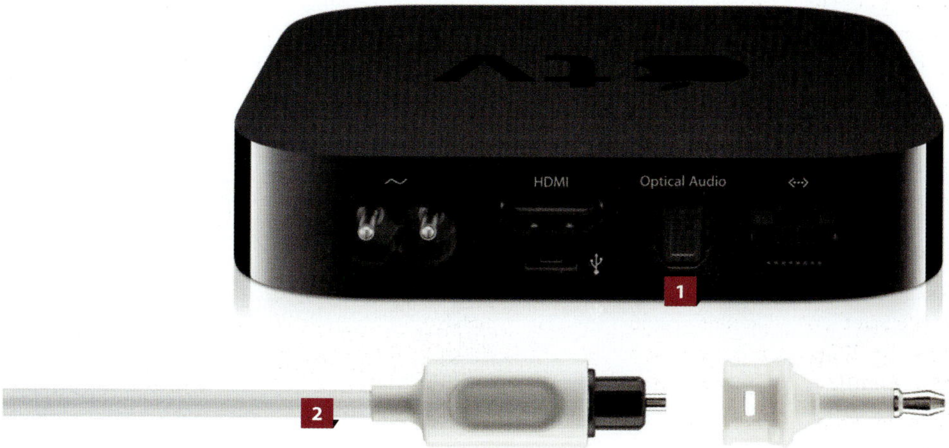

CHAPITRE 7

SAUVEGARDES

Prévention Mettez vos données

175 Comment mettre en place une sauvegarde en trois clics ?

Mettre en place une sauvegarde est vital pour la survie de vos données : photos, films, etc. Connectez un disque dur à votre Mac. Quelques secondes plus tard, Time Machine saute sur l'occasion pour vous proposer de sauvegarder vos données. Cliquez sur **Utiliser comme disque de sauvegarde** (1). Les **Préférences Système | Time Machine** s'ouvrent : saisissez votre **mot de passe administrateur** pour valider votre décision. Faites glisser le curseur disponible à gauche sur **Oui** (2). La première sauvegarde débute. Laissez Time Machine travailler et continuez à utiliser votre Mac normalement. On ne peut faire plus simple ! ■

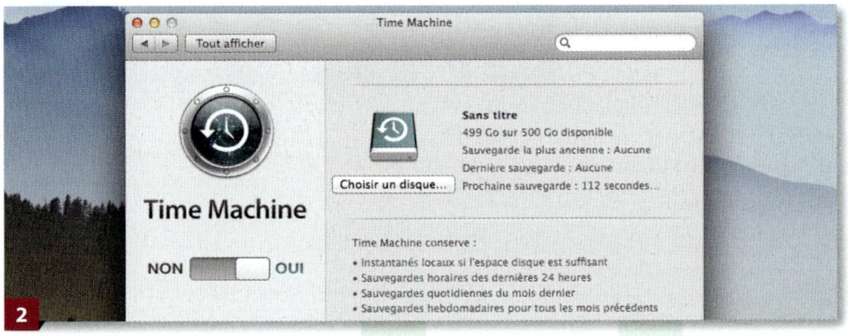

176 Peut-on sauvegarder plusieurs Mac sur un seul disque dur externe ?

Si vous disposez de plusieurs Mac à la maison, il est possible de sauvegarder leurs contenus respectifs sur un seul disque dur externe. Mais pas n'importe lequel, vous connaissez le dicton : « *Il ne faut pas mettre tous ses œufs dans le même panier* ». Optez alors pour un disque dur externe réseau (NAS), doté d'un système RAID avec plusieurs disques durs. Si l'un d'entre eux est défaillant, le ou les autres prendront la relève et vos données resteront à l'abri. Vous raccorderez ce NAS à votre box grâce à un simple câble Ethernet. C'est un investissement, mais vos données le valent bien. En complément, vous êtes libre de sauvegarder le Mac le plus important sur un second support de stockage. ■

▲ *Un disque réseau LaCie contenant deux disques durs dédiés à la sauvegarde, totalement compatible avec Time Machine • www.lacie.com/fr • 4 To : 350 € env. • 6 To : 429 € env. • 8 To : 569 € env. • RAID 0 et RAID 1.*

à l'abri et récupérez-les

177 Comment restaurer un fichier supprimé par erreur ?

Time Machine dispose d'un énorme avantage comparé aux autres systèmes de sauvegarde, c'est bien sûr son intégration complète au cœur de Mac OS X. Étant conçue par Apple, cette architecture représente un réel confort pour les utilisateurs que nous sommes. Alors que dans une solution de sauvegarde classique, il faudrait parcourir toute l'arborescence du disque dur externe pour mettre la main sur un fichier effacé par erreur, il suffit ici de se positionner à l'endroit où l'erreur a été réalisée pour restaurer le fichier.

En route pour les étoiles !

Avant tout, raccordez à votre Mac votre disque dur externe dédié à Time Machine. Ouvrez le dossier où était enregistré le fichier que vous aimeriez retrouver (1). Dans la barre de menus du Finder, repérez l'icône de Time Machine, elle représente un cadran d'horloge. Cliquez dessus puis choisissez **Entrer dans Time Machine** (2). Vous obtenez alors votre ticket pour l'espace et entrez dans la machine à voyager dans le temps, made in Apple, sur fond étoilé. Vous arrivez directement à l'emplacement du dossier que vous avez ouvert : vous n'avez donc aucune arborescence à parcourir, ce qui s'avère très confortable. Grâce à la frise chronologique disponible à droite, remontez le temps jusqu'à voir apparaître le fichier qui a été supprimé par erreur (3). Sélectionnez-le, puis cliquez sur **Restaurer**, en bas à droite. Le fichier est de retour et retrouve sa place d'origine. Difficile de faire plus efficace. ■

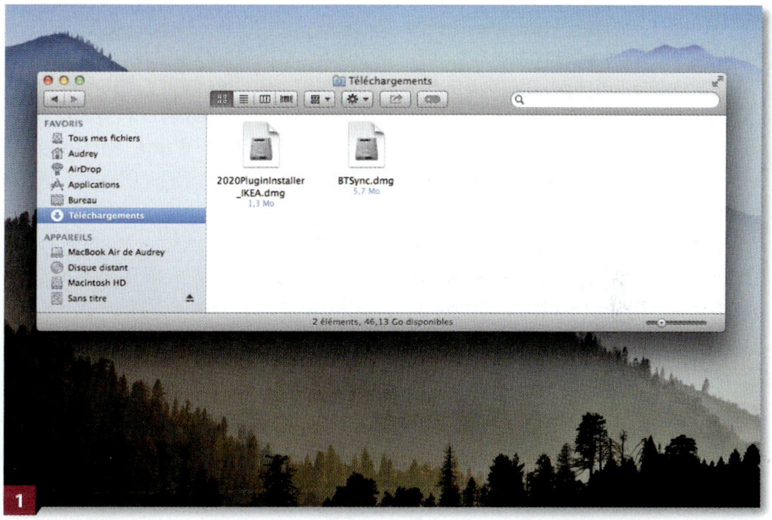

1

2

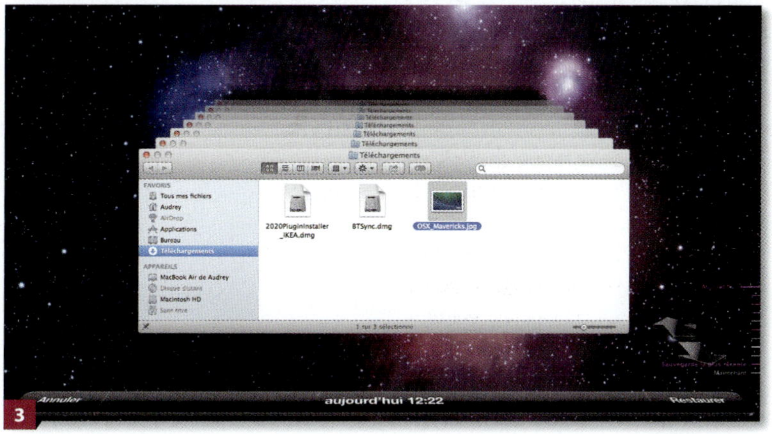

3

178 Comment restaurer une sauvegarde complète ?

Si vous avez choisi Time Machine pour sauvegarder vos données au quotidien, il est simple de restaurer vos fichiers. Après tout, c'est la moindre des choses étant donné qu'il s'agit ici du système de sauvegarde d'Apple. Dans le cas où votre disque dur ou SSD interne a rencontré un problème et a dû être changé, tout a été prévu. Au lieu de réinstaller OS X et de devoir ensuite restaurer vos données, vous pouvez faire d'une pierre deux coups. Pour récupérer un maximum de données, il faut espérer que votre sauvegarde a été mise à jour il y a peu de temps. D'où l'importance de connecter régulièrement votre disque dur externe à votre Mac. Redémarrez votre ordinateur équipé du nouveau disque en maintenant la touche **[alt]**. Cliquez sur **Recovery HD** (1). Dans la fenêtre principale, choisissez **Restaurer à partir d'une sauvegarde Time Machine** (2). Cliquez deux fois sur **Continuer**. Sélectionnez la source de sauvegarde : votre **disque dur externe** (3), puis cliquez sur **Continuer**. Parmi les sauvegardes disponibles, sélectionnez, en toute logique, la plus récente (4). Enfin, sélectionnez le disque de destination : **Macintosh HD**. Votre sauvegarde Time Machine va donc être restaurée sur le disque dur interne. Pour valider, cliquez sur **Restaurer**. Au prochain démarrage, vous retrouverez votre Mac et vos données comme avant la panne. ■

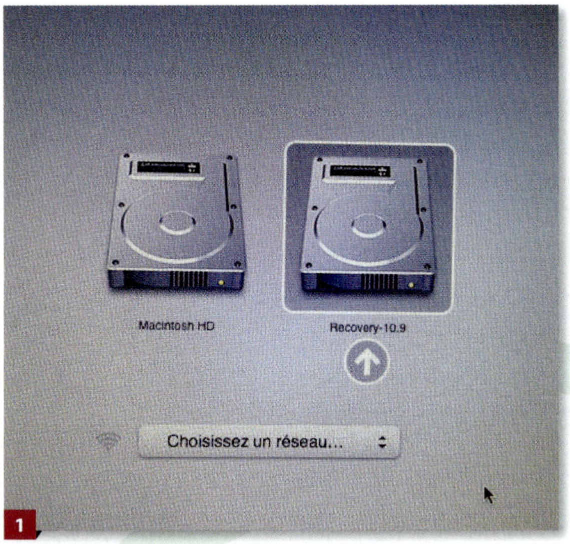

1

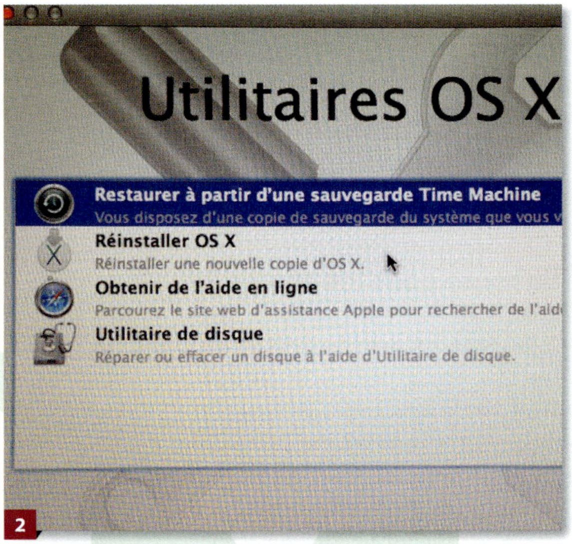

2

3

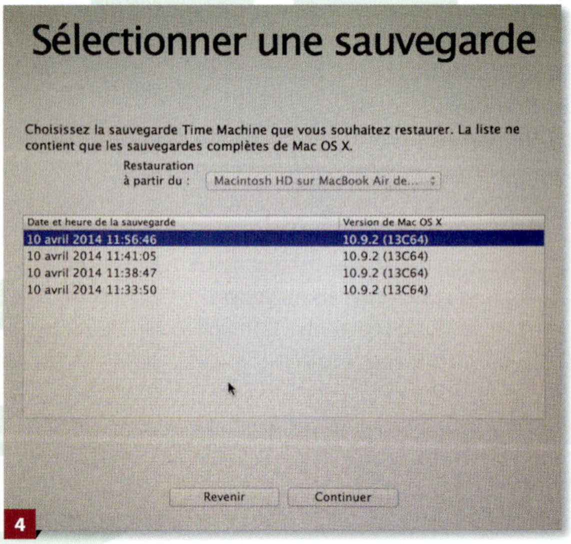

4

179 Est-il possible d'avoir deux systèmes de sauvegarde ?

Afin de minimiser les risques de perte de données, et si vous avez un usage professionnel de votre Mac, je vous recommande chaudement de mettre en place deux systèmes de sauvegardes, sur deux disques durs externes différents. Le premier, avec **Time Machine** (1), est idéal pour restaurer un fichier dans l'heure, il peut vous sauver la mise ! Le second type de sauvegarde avec **SuperDuper !** (2) (**www.shirtpocket.com** • Démo • 20 € env.), qui va réaliser un clone parfait de votre disque dur interne. Ainsi, si votre disque dur tombe en panne, il sera possible de démarrer sur le clone (en appuyant sur **[alt]** au démarrage) et de continuer à travailler : votre Mac sera certes un peu plus lent qu'à l'habitude, mais c'est mieux que rien. Bien évidemment, vous mettrez ces deux sauvegardes à jour très régulièrement. Un confort et une tranquillité d'esprit sans égal !

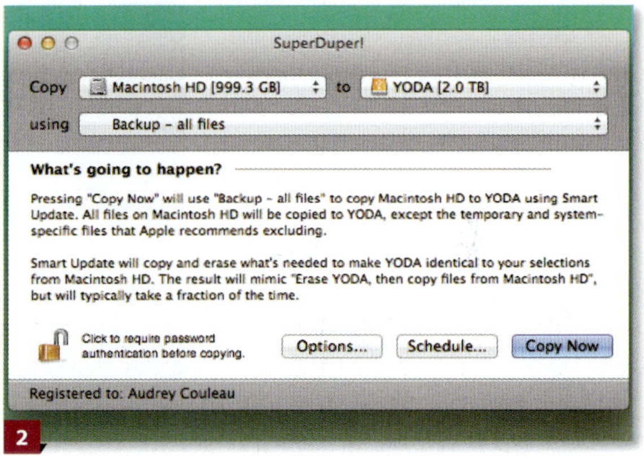

180 Pourquoi ma sauvegarde est-elle si longue ?

Lorsque vous lancez la toute première sauvegarde de votre Mac avec Time Machine, l'application va copier l'intégralité des données présentes sur votre Mac : système OS X, applications, réglages, données personnelles, etc. Il est donc normal que cela prenne du temps. Bien sûr, si vous disposez de peu de données personnelles, il faut moins d'une heure pour réaliser l'intégralité de la sauvegarde. Dès que l'on dépasse les 100 Go de données, il s'agira de s'armer de patience pendant plusieurs heures. Visualisez l'avancée de la sauvegarde (1) et laissez bien le disque dur externe connecté (2). Autre élément à prendre en compte : la rapidité et la connectique de votre disque dur externe. Entre un disque dur USB et un disque dur Thunderbolt, la différence de vitesse est comparable à celle existant entre une citadine et une Formule 1. Une fois la première sauvegarde terminée, Time Machine ne copiera que les nouveaux fichiers ou ceux qui ont été modifiés. Dans tous les cas, si, par la suite, la mise à jour de votre sauvegarde est anormalement longue, il est probable qu'un élément externe la perturbe, comme un logiciel antivirus par exemple. De nombreux cas de ralentissements ont ainsi été constatés avec Norton Anti-virus.

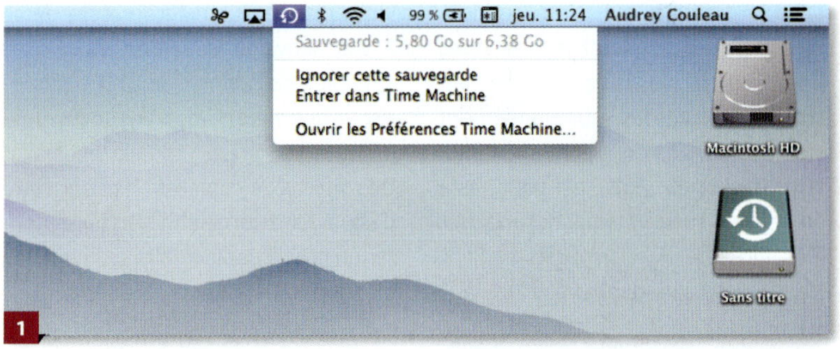

181 Faut-il laisser le disque dur externe constamment branché ?

Vous avez opté pour un NAS comme évoqué à la question 176 ? Alors oui, il faut le laisser constamment branché à votre box pour que tous les Mac puissent y accéder n'importe quand. En revanche, si vous utilisez un disque dur externe directement relié à votre Mac, alors non, il n'est pas nécessaire de le laisser brancher en permanence. Même si Time Machine sauvegarde toutes les heures, il le fait dorénavant sur le disque dur interne. Branchez le disque dur externe plusieurs fois par semaine, le soir par exemple, afin que Time Machine mette à jour la sauvegarde : il déplace alors les sauvegardes placées en interne (les fameuses *Copies*, voir la question 23), vers l'externe. Vous n'avez rien à faire : Time Machine, toujours sur le pont, travaillera seul comme un grand. ■

LACIE – JEAN-FRANÇOIS JAUSSAUD – LUXPRODUCITONS.COM

182 Peut-on ajouter des fichiers sur le disque de sauvegarde ?

En pratique, oui, c'est possible. Même si l'architecture des fichiers de Time Machine est complexe, toutes les sauvegardes sont stockées dans un dossier nommé **Backups.backupdb**. Ainsi, s'il vous reste de la place sur ce disque dur externe, il est possible d'y placer des fichiers. Mais il est cependant préférable que votre disque dur externe reste dédié à vos sauvegardes. Ainsi les choses sont bien cloisonnées et il n'y a pas de risque que vos sauvegardes soient supprimées par erreur. Et cela peut aller très vite : vous copiez un film sur votre disque dur externe afin d'en faire profiter un ami. Il copie le film sur son Mac et supprime malencontreusement le fameux dossier Backups.backupdb... Pire, pendant le transport, le disque dur tombe et les données s'y trouvant ne sont plus accessibles. Vous le comprendrez, votre disque dur externe dédié à Time Machine doit le rester et ne doit pas être transporté tous les jours. Mettez-le à l'abri des chutes et des manipulations involontaires. ■

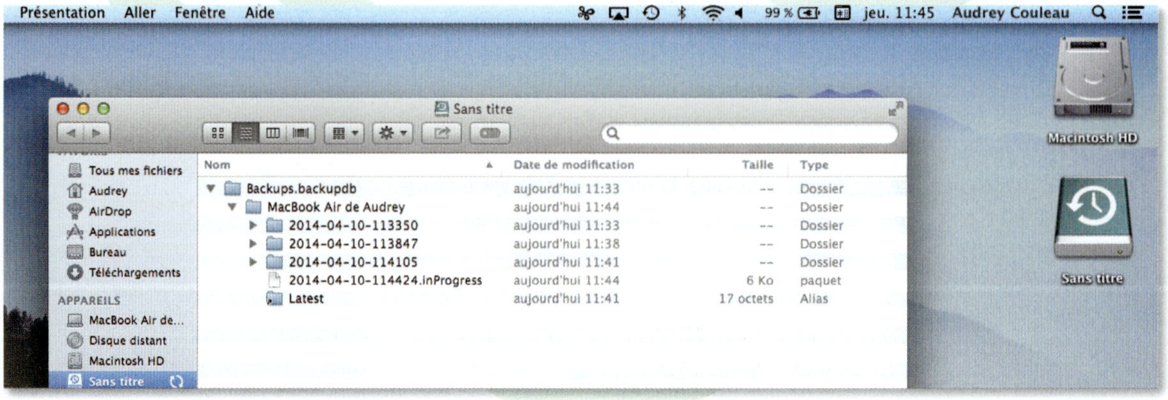

183 Comment récupérer les données d'un ancien Mac ?

Votre conjoint vient de vendre son Mac ? Si vous aviez mis en place une sauvegarde Time Machine sur ce dernier, un outil a été prévu par Apple pour restaurer ses données, il s'agit de l'**Assistant Migration**. Il est disponible dans le dossier **Applications | Utilitaires**. Avant de l'ouvrir, enregistrez vos documents en cours d'utilisation et fermez les applications ouvertes.

Rapatriement

Avant tout, une précision, la méthode que je vais vous indiquer permet de migrer les données d'un autre Mac. La session utilisateur et tous les fichiers du Mac vendu seront rapatriés sur le vôtre. Mais n'appliquez pas cette procédure si la machine vendue vous appartenait. Dans ce cas, optez plutôt pour une récupération des données, à la main, depuis la sauvegarde Time Machine.

Migration de données...

Revenons à nos moutons : vous avez vendu le Mac de votre conjoint et souhaitez récupérer ses données et sa session utilisateur. Lancez l'**Assistant Migration** sur votre Mac et connectez-y le disque de sauvegarde de l'ancien Mac. Choisissez **À partir d'un autre Mac, d'un PC, d'une sauvegarde Time Machine ou d'un autre disque** (1), cliquez sur **Continuer**. Sélectionnez ensuite le disque dur externe Time Machine (2). Cliquez sur **Continuer**. Dans la fenêtre qui s'affiche, sélectionnez la ou les sessions utilisateurs à récupérer, les applications, réglages et autres fichiers (3). Mieux vaut tout récupérer et effacer les éléments inutiles par la suite. Cliquez sur **Continuer** pour débuter le transfert des données. Suivant le poids de celles-ci, la migration sera plus ou moins longue, patientez (4). Une fois cette dernière terminée, votre Mac contient désormais deux utilisateurs, vous et votre conjoint. Au démarrage, chacun utilisera sa session et sera bien chez soi. ■

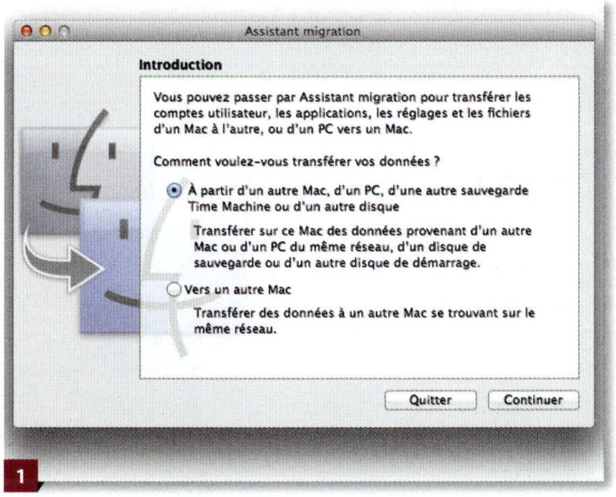

1

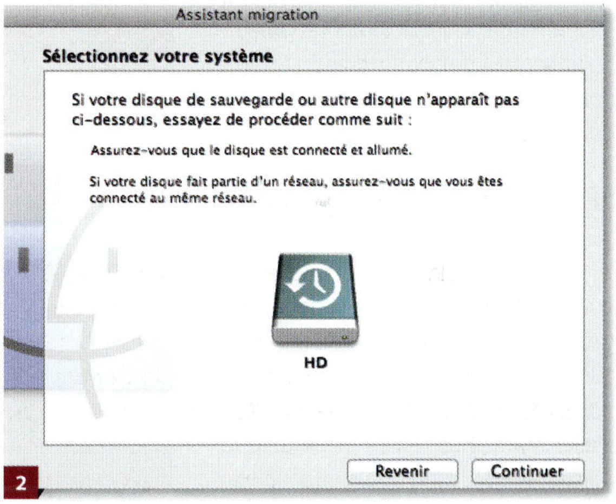

2

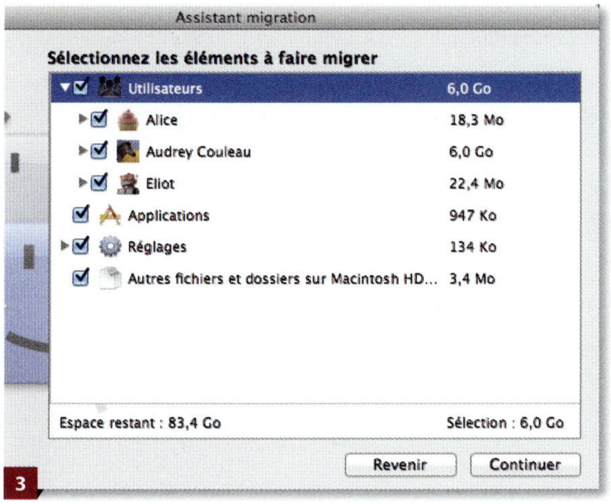

3

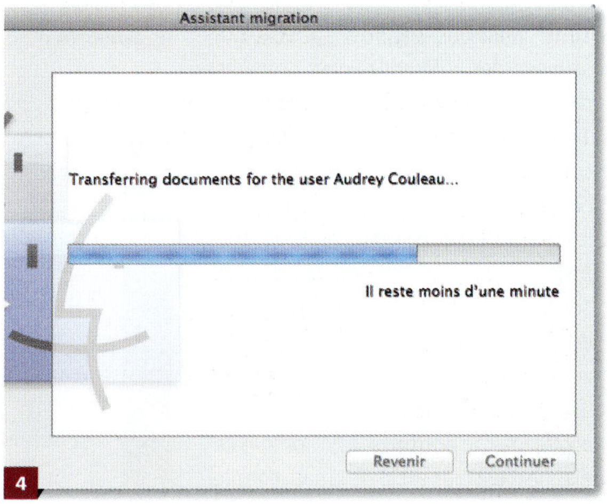

4

Time Machine Devenez maître

184 Comment inclure d'autres supports à ma sauvegarde Time Machine ?

Par défaut, le système Time Machine sauvegarde uniquement le contenu de votre disque dur interne. Mais si votre disque dur externe le permet en termes de capacité, il est possible de demander à Time Machine de sauvegarder des éléments complémentaires, comme des disques durs externes ou des clés USB. Imaginons par exemple que, comme je vous le conseille régulièrement, vous ayez externalisé votre bibliothèque iPhoto ou iTunes sur un disque dur externe afin de libérer de la place sur l'interne. Votre bibliothèque est donc stockée en externe et – même si elle se situe sur un disque dur – elle n'est pas sauvegardée !

Prêt à embarquer !

Branchez votre disque dur externe Time Machine et vérifiez sa capacité de stockage en le sélectionnant et en faisant **[cmd]**+**[i]**. S'il fait 1 To, il sera donc possible de sauvegarder deux disques durs de 500 Go. Faites le calcul des capacités des différents disques et clés USB que vous souhaitez copier. Connectez votre disque dur Time Machine et vos supports à sauvegarder. Rendez-vous ensuite dans les **Préférences Système | Time Machine**. Déverrouillez le cadenas et saisissez votre mot de passe administrateur (1). Cliquez sur le bouton **Options**, disponible en bas à droite. Dans le panneau qui s'ouvre sont listés les éléments qui sont **exclus** de la sauvegarde. Pour en ajouter, sélectionnez les supports de stockage – ici un disque USB nommé R2D2 – puis cliquez sur le **bouton –** (2). Comme ce disque n'est plus exclu de la sauvegarde Time Machine, il sera pris en charge lors de la prochaine sauvegarde (3). Aidez-vous de l'information, en bas à droite de la liste, qui indique la taille estimée de la sauvegarde. Pour valider ce choix, cliquez sur **Enregistrer**. ■

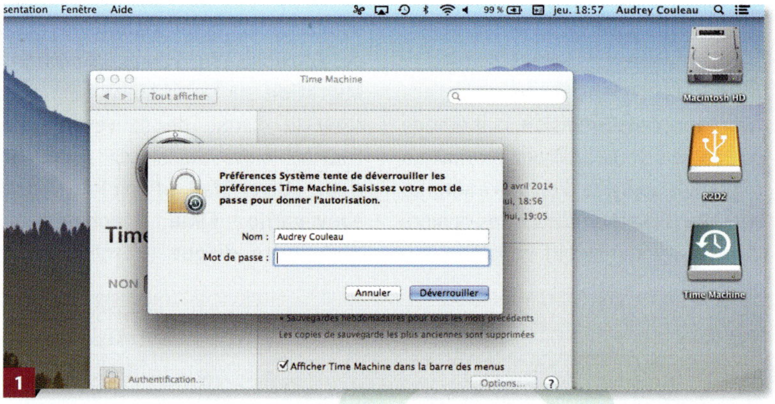

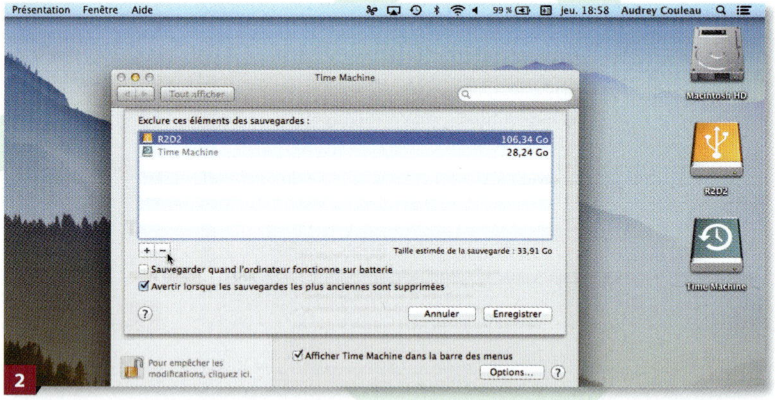

du temps

185 Comment préparer un disque dur neuf pour Time Machine ?

Lorsque vous achetez un disque dur dans le commerce, il sera la plupart du temps formaté soit en NTFS (Windows), soit en FAT32 (Windows et OS X). Avant de l'utiliser avec Time Machine, il est recommandé de réaliser quelques vérifications. Ouvrez l'**Utilitaire de disque**, disponible dans **Applications | Utilitaires**. Dans la colonne de gauche, sélectionnez votre nouveau disque dur (et pas la partition), puis cliquez sur l'onglet **Partition**. Cliquez sur le bouton **Options** et vérifiez que le schéma de partition est bien **Tableau de partition GUID** (1). Cliquez sur **OK** pour valider. Nous allons procéder au formatage du disque. Attention, cette action efface toutes les données qui s'y trouvent (s'il sort du magasin, pas de soucis à se faire). Cliquez maintenant sur l'onglet **Effacer**. Dans le menu déroulant, optez pour **Mac OS X étendu (journalisé)**. Dans le champ Nom, nommez-le, par exemple, **Time Machine**. Cliquez sur bouton **Effacer**, en bas à droite (2). Dans la fenêtre qui s'ouvre, validez votre décision en cliquant sur **Effacer** (3). Le disque est en cours de formatage, patientez (4). Dès que c'est terminé, quittez l'Utilitaire de disque. Votre nouveau disque dur est visible soit directement sur le bureau, soit dans une fenêtre du Finder. Il est prêt pour Time Machine. Au besoin, voyez la question 175 pour mettre en place votre sauvegarde en trois clics. ■

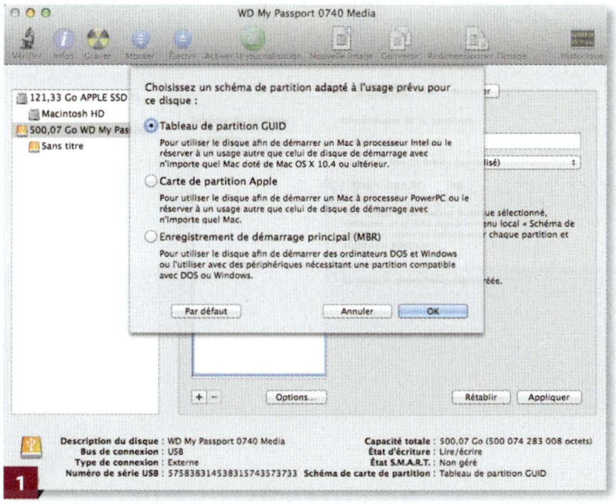

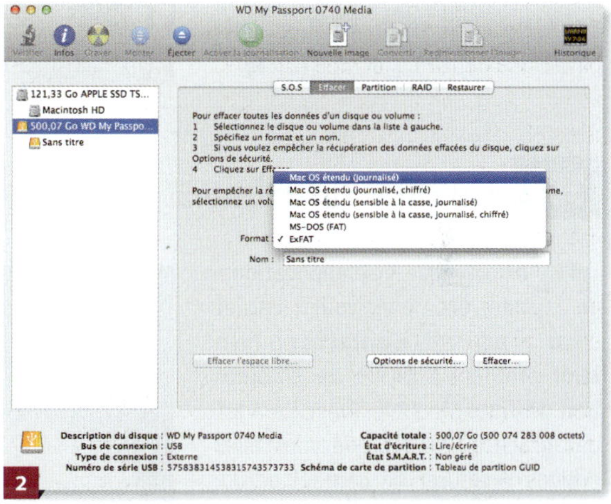

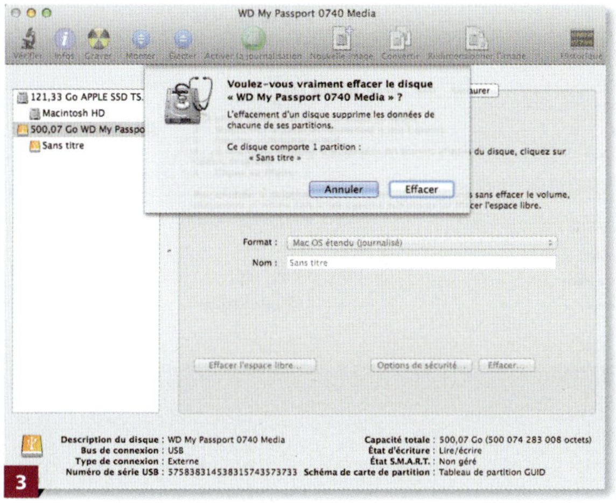

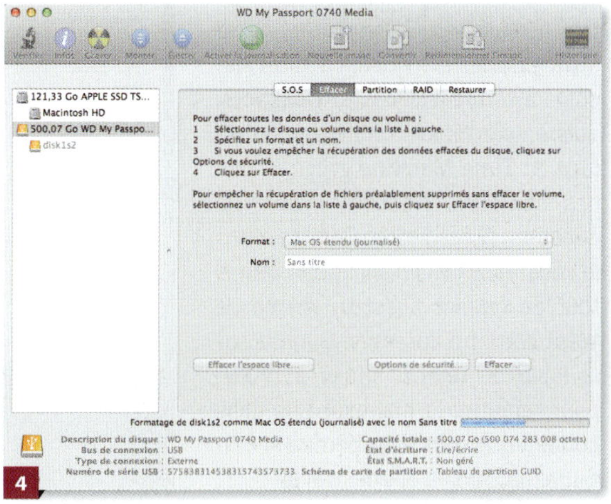

186 Comment accéder plus rapidement à l'interface de Time Machine ?

Ne cherchez plus, il n'est pas possible, nativement, d'attribuer un raccourci clavier à Time Machine. Mais tout n'est pas perdu, puisque trois solutions rapides existent pour contourner ce manque. La méthode conventionnelle consiste à cliquer sur l'icône de Time Machine dans la barre de menus et à choisir **Entrer dans Time Machine**. Seconde option, cliquez sur **Spotlight** – appelez-le grâce à **[cmd]**+**[espace]** – et saisissez les premières lettres du nom de l'application (1). Une fois celle-ci trouvée, appuyez sur la touche **[entrée]**. Troisième solution, allez dans le dossier **Applications** et déplacez l'icône de Time Machine vers le Dock. Un clic sur cette icône suffit à entrer dans l'interface de Time Machine (2). ■

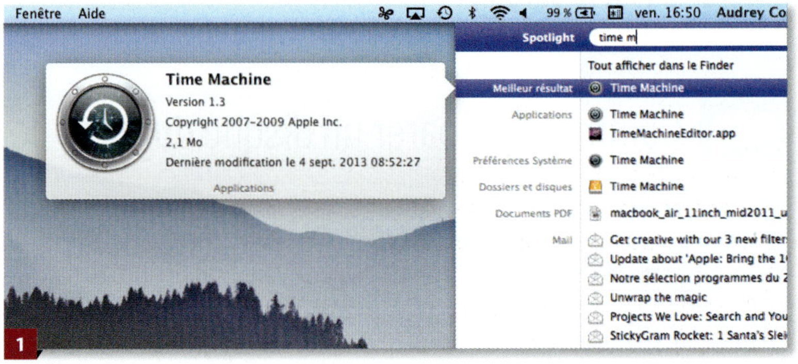

187 Comment restaurer les données d'une application ?

Certaines de vos applications, par exemple votre carnet d'adresses **Contacts** ou bien **Mail**, profitent à 100 % de l'intégration de Time Machine. Ainsi, ce n'est pas grâce au Finder que vous allez pouvoir restaurer un contact perdu, mais directement depuis l'application concernée. Connectez votre disque dur externe dédié à Time Machine à votre Mac. Ouvrez **Contacts**, puis entrez rapidement dans l'interface de **Time Machine** grâce à l'une des solutions présentées dans la question précédente. Comme vous le constatez, vous remontez le temps tout en restant au cœur même de votre carnet d'adresses. Cliquez sur la ligne de temps, située à droite, pour remettre la main sur une fiche contact que vous avez perdue et restaurez-la. Simple et efficace. ■

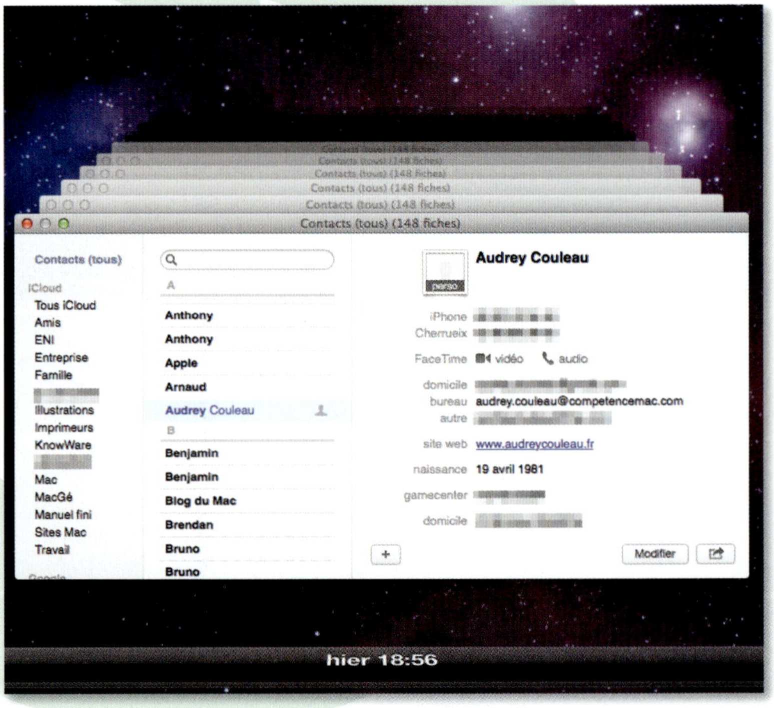

188 Après une sauvegarde, puis-je supprimer de gros fichiers du Mac ?

Non, et à dire vrai, c'est une très mauvaise idée, même si elle est tentante. Pourquoi ? En réalité, Time Machine utilise un type de sauvegarde dite **incrémentale**, qui ne fait pas d'archivage. Mettons-nous en situation : Time Machine vient de réaliser sa première sauvegarde complète. Lors de la seconde sauvegarde, Time Machine fera un bilan de toutes les manipulations que vous avez réalisées sur votre Mac, entre les deux sauvegardes : les fichiers créés, ceux qui ont été modifiés et ceux qui ont été supprimés. Ainsi, si après la première sauvegarde réalisée, vous avez fait un grand ménage sur votre Mac dans l'idée de faire de la place, dès que vous lancerez la seconde sauvegarde, vos gros fichiers sauvegardés seront également supprimés de Time Machine. Autrement dit, ils seront irrécupérables. Retenez également que tous les fichiers créés puis supprimés dans un laps de temps inférieur à 24 heures seront effacés de votre sauvegarde, dès le lendemain. Seuls les fichiers conservés sur votre disque dur plus d'une semaine resteront dans Time Machine, jusqu'à saturation du disque (voir la question 194). Si vous avez besoin de faire de la place sur votre disque dur, déplacez les gros fichiers vers un autre disque dur externe. ■

189 Comment sauvegarder sur un disque dur réseau ?

Vous avez opté pour un disque dur réseau (NAS), car vous souhaitez sauvegarder plusieurs Mac sur le même disque. Celui-ci sera connecté directement à votre box internet (1). Il est doté d'une interface d'administration où vous allez créer des utilisateurs et partitionner le disque afin que chacun dispose d'un espace dédié à la sauvegarde Time Machine. Une fois la configuration de votre NAS réalisée, ouvrez les **Préférences Système**, puis cliquez sur **Time Machine**. Cliquez sur **Choisir un disque**. Dans les disques disponibles, cliquez sur votre disque réseau (2). Par la suite, Time Machine trouvera tout seul son chemin et réalisera vos sauvegardes sans même que vous ayez à y penser, que votre Mac soit connecté à votre box en Wi-Fi ou en Ethernet. ■

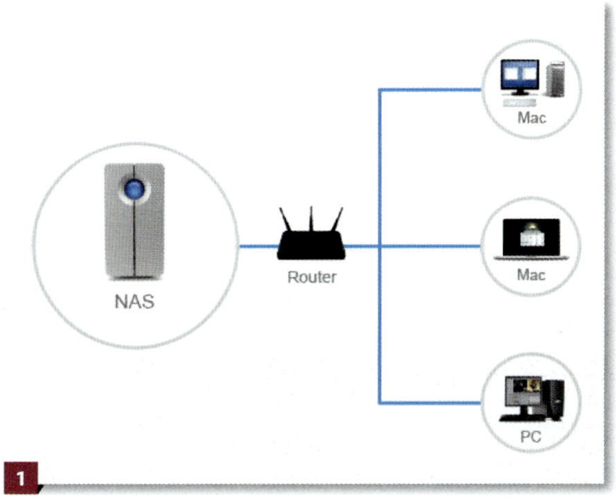

1

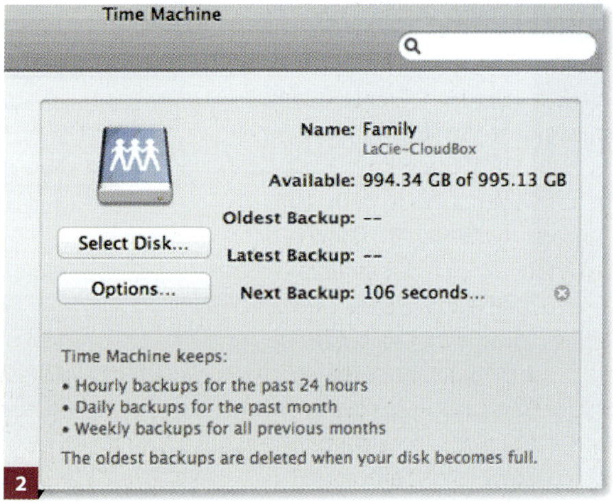

2

190 Comment supprimer un gros fichier de ma sauvegarde Time Machine ?

Time Machine sauvegarde la première fois l'intégralité de votre Mac. Chaque heure – ou à chaque fois que vous branchez votre disque dur externe –, elle sauvegarde à nouveau les fichiers créés, mais aussi ceux qui ont été modifiés. Imaginons maintenant que vous réalisiez un gros montage vidéo dans iMovie, sur plusieurs jours. À chaque fois que vous modifierez votre montage – ne serait-ce qu'un octet – et les fichiers sources qui s'y réfèrent, Time Machine sauvegardera l'intégralité du dossier de travail, comme si c'était un nouveau. Son but est bien évidemment de vous permettre de restaurer votre montage à l'instant T. Pour faire simple, Time Machine n'aime pas et n'a pas été conçu pour les gros fichiers. Si le dossier complet de votre montage vidéo avoisine les 30 Go, je vous laisse imaginer le temps nécessaire à Time Machine pour sauvegarder, mais aussi la quantité d'espace disque qui va être consommée. Pour des éléments spécifiques comme le montage vidéo, il peut être intelligent d'exclure le dossier **Bibliothèque iMovie**, situé dans le dossier **Vidéos** de votre maison. Voyez comment faire à la question 195.

Soulager le disque Time Machine

En parallèle, vous mettrez en place, sur un autre disque, un système d'archivage où vous copierez la bibliothèque iMovie. Si vous travaillez plusieurs jours sur un montage, créez sur ce disque un dossier portant la date du jour : chaque soir, vous copierez la bibliothèque iMovie dans ce dossier quotidien. Si vous avez terminé de monter plusieurs films et que vous n'avez plus la nécessité de retoucher au montage, faites du tri dans iMovie et supprimez les événements devenus inutiles. Lors de la sauvegarde, Time Machine se mettra à jour et libérera de la place sur le disque dur externe. Autre élément : les films. Time Machine en stocke peut-être dont vous n'avez plus besoin. Placez-vous dans le dossier où vous les rangez, puis entrez dans Time Machine. Remontez le temps jusqu'à ce que vous trouviez un film. Pour supprimer toutes les occurrences de ce fichier, faites un clic droit dessus et choisissez **Supprimer toutes les sauvegardes de...**, comme sur l'image ci-dessous. ■

191 Comment sauvegarder le même Mac sur deux disques ?

Cas concret : votre Mac portable est votre outil de travail. Vous l'emmenez donc au bureau et rentrez le soir à la maison avec lui sous le bras. Vous disposez déjà d'une sauvegarde au bureau, mais vous aimeriez mettre en place une seconde sauvegarde. Vous avez raison, on n'est jamais trop prudent, notamment pour des données professionnelles. Depuis peu, Time Machine permet cette action : sauvegarder le même Mac sur deux disques durs externes. Branchez le second disque dur à votre Mac puis allez dans **Préférences Système | Time Machine**. Cliquez sur **Choisir un disque**. Dans les disques disponibles, sélectionnez celui que vous venez de connecter (1). Validez. Un panneau s'ouvre, cliquez alors sur **Utilisez les deux**. Lancez immédiatement la sauvegarde pour ne pas perdre de temps (voir la question 197), c'est parti (2). ■

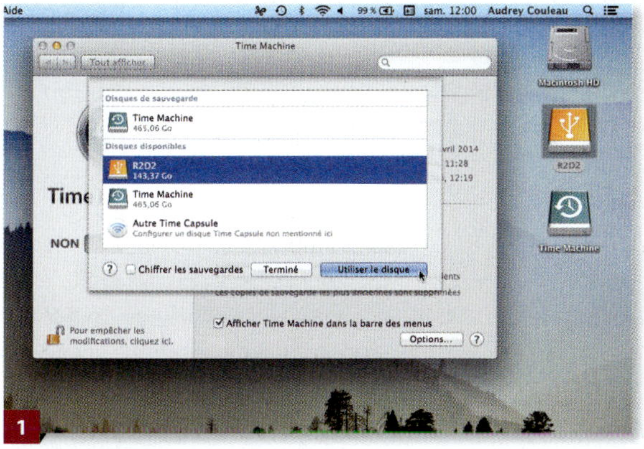

1

2

192 Comment accéder aux différentes versions d'un fichier ?

La fonction **Versions** apparue sous OS X Lion est très pratique : vous travaillez sur un fichier, dès que vous faites une pause ou toutes les cinq minutes, OS X le sauvegarde. À chaque fois que vous l'ouvrez à nouveau, OS X en conserve la version précédente. À noter que cette fonction n'est pas liée à Time Machine. En revanche, si vous utilisez Time Machine, les différentes versions seront stockées sur le disque dur externe. Dans tous les cas, cette fonction n'est pour l'instant intégrée qu'à quelques logiciels : TextEdit, Aperçu, Keynote, Numbers et Pages. Concernant l'espace disque utilisé par Versions, pas d'inquiétude puisque ces fichiers n'ont pas des poids excessifs. Pour voir les différentes versions d'un fichier, ouvrez-le puis allez dans le menu **Fichier | Revenir à | Parcourir toutes les versions**. Vous vous retrouverez à nouveau dans l'espace et parcourrez librement les différentes versions de votre fichier. Cliquez sur **Restaurer** quand vous avez trouvé le bon. ■

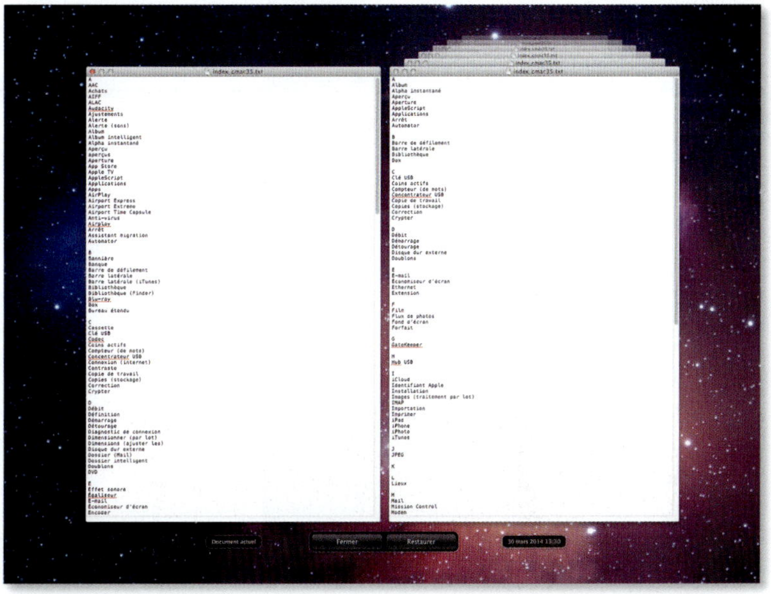

193 Comment transférer mes sauvegardes d'un disque vers un autre ?

Vous avez peut-être choisi, il y a quelques mois ou années, le premier disque dur qui vous passait sous la main pour sauvegarder votre Mac. Depuis, votre équipement s'est étoffé et vous disposez de plusieurs disques durs externes. Afin d'avoir la possibilité de restaurer vos données les plus anciennes, il serait bon de remplacer votre actuel disque dur externe dédié à Time Machine par un nouveau, d'une capacité supérieure. D'autant plus si ce dernier est plus véloce en étant équipé, par exemple, de l'USB 3.0. Pour que ce nouveau disque soit compatible avec Time Machine, formatez-le (attention, le formatage efface toutes les données) au format **Mac OS Étendu (journalisé)** grâce à l'**Utilitaire de disques**, présent dans **Applications | Utilitaires** (voir la question 185).

Rapatrier les anciennes sauvegardes

Avant de dire à Time Machine qu'il faut utiliser un nouveau disque dur externe, il faut tout d'abord transférer vos anciennes sauvegardes vers le nouveau. Il serait dommage de repartir à zéro... Connectez vos deux disques durs externes à votre Mac. Allez dans les **Préférences Système | Time Machine** et désactivez l'application en plaçant le curseur sur **Non**. Ouvrez deux fenêtres du Finder et placez-vous sur chaque disque. À gauche, l'ancien ; à droite, le nouveau. Faites glisser le dossier **Backups.backupdb** de l'ancien disque vers le nouveau (1), saisissez votre mot de passe administrateur lorsqu'il est demandé. Patientez pendant la copie, cela peut être très long. Une fois la copie terminée, rendez-vous dans les **Préférences Système | Time Machine**. Déverrouillez le cadenas, saisissez votre mot de passe administrateur, puis cliquez sur **Choisir un disque**. Dans la liste des disques disponibles, sélectionnez votre **nouveau disque dur** et cliquez sur **Utiliser le disque** (2). Dans la fenêtre qui s'ouvre, cliquez sur **Remplacer «Time Machine»** (c'est le nom de mon disque, le vôtre peut être différent) (3). Ainsi, le nouveau disque dur prend la place de l'ancien et la sauvegarde débute quelques minutes plus tard.

1

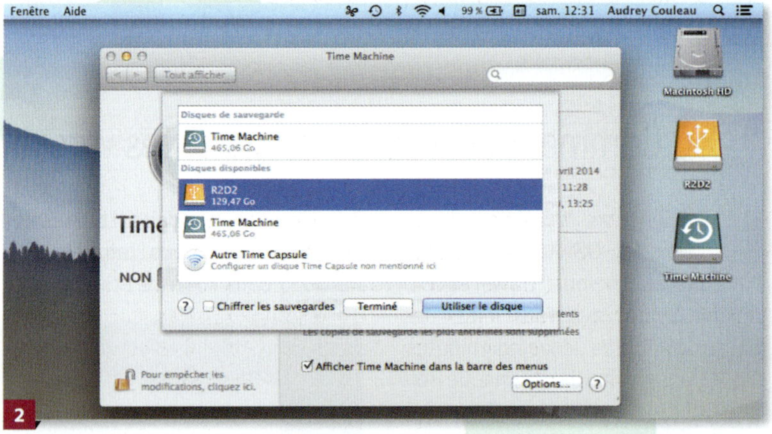

2

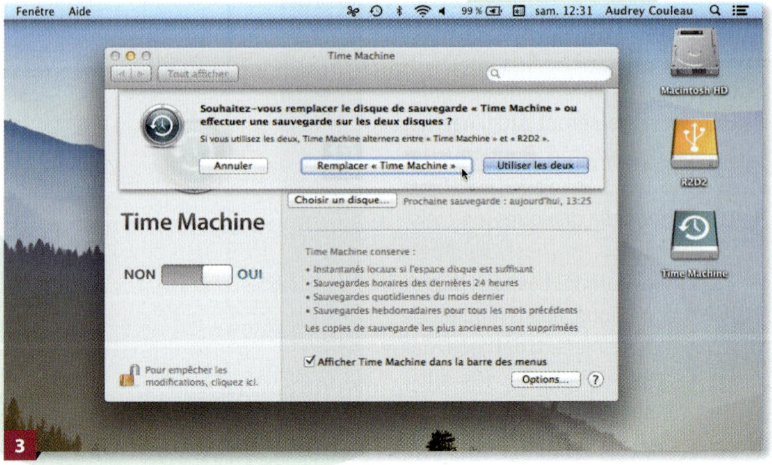

3

194 Time Machine m'indique que le disque est plein, que faire ?

Avec le temps, Time Machine va remplir le disque dur externe dédié à vos sauvegardes. Un jour ou l'autre, il est évident qu'il vous indiquera que celui-ci est plein. Deux choix s'offrent à vous. Première solution, Time Machine va supprimer les anciennes sauvegardes afin de libérer de la place. Dans ce cas, il faut prendre conscience que les fichiers les plus vieux seront supprimés. Si vous faites de la photographie ou de la vidéo, il est fortement recommandé de mettre en place un système d'archivage sur un autre disque. Seconde solution, débrancher le disque dur saturé de votre Mac, le stocker, et en connecter un nouveau. Vous conserverez ainsi vos disques durs, au fur et à mesure des années. Avant d'arriver à la saturation du disque, prenez l'habitude de vérifier l'espace disponible. Allez dans le menu **Pomme | À propos de ce Mac**. Dans la fenêtre, cliquez sur **Plus d'infos**. Cliquez ensuite sur l'onglet **Stockage** pour visualiser les espaces libres et occupés de vos disques durs. ■

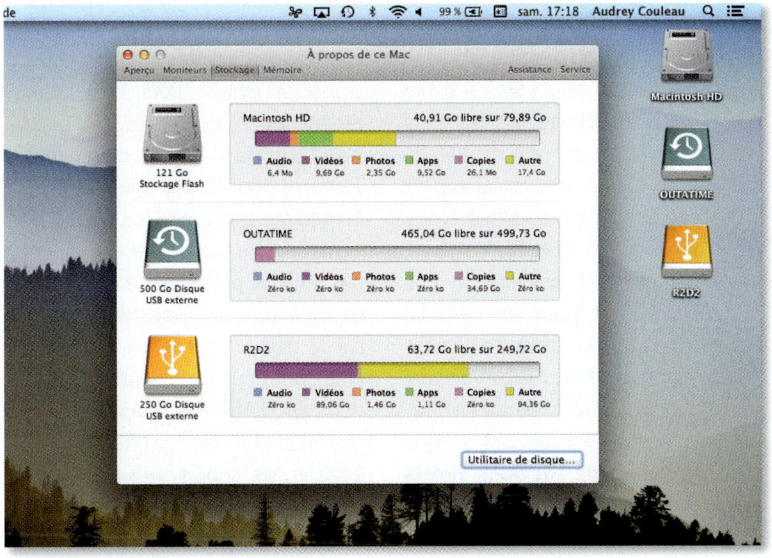

195 Comment exclure des dossiers de la sauvegarde ?

Pour exclure des éléments de la sauvegarde et ainsi l'alléger, rendez-vous dans les **Préférences Système | Time Machine**. Déverrouillez le cadenas, puis cliquez sur le bouton **Options**. Sous la liste des éléments exclus, cliquez sur le **bouton +** et sélectionnez les **éléments désirés**. Validez en cliquant sur **Exclure** (1). Les éléments présents dans cette liste ne seront donc plus pris en compte par Time Machine lors des prochaines sauvegardes (2). C'est idéal pour certains dossiers comme **Téléchargements**. Celui-ci peut vite grossir et, au final, contient des fichiers qui pourront toujours être à nouveau obtenus. ■

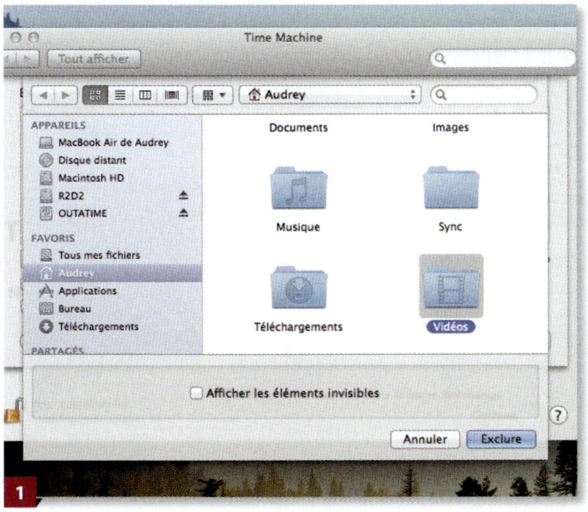

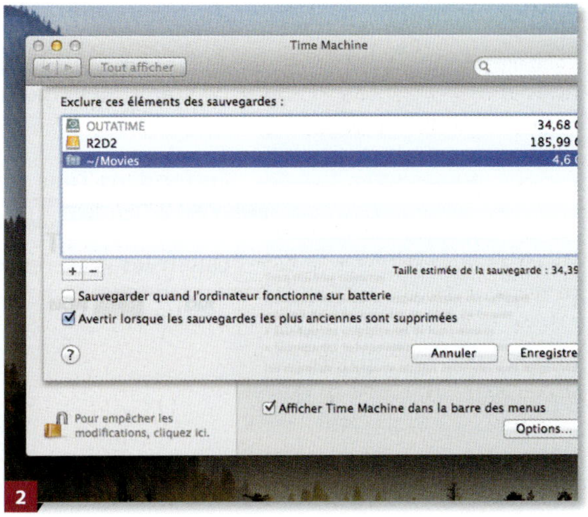

196 Pourquoi la ligne de temps utilise-t-elle différentes couleurs ?

Si vous disposez d'un Mac portable, vous avez peut-être remarqué que l'interface étoilée de Time Machine comporte quelques nuances par rapport à un Mac de bureau. Notamment la frise chronologique – ou ligne de temps – située à droite de l'écran, qui affiche parfois des tirets blancs, gris ou violets (voir capture ci-contre). En réalité, il ne s'agit pas ici d'un caprice d'artiste ou d'une erreur d'un développeur californien épuisé : ces différentes couleurs ont un rôle informatif. Le **tiret blanc** correspond à l'état de vos fichiers à l'heure actuelle (maintenant), les **tirets gris** indiquent que la sauvegarde a été réalisée en local, sur le disque dur interne, car l'externe n'était pas connecté. Les **tirets violets** représentent les sauvegardes externes. Par défaut, seuls les Mac portables disposent de l'option de sauvegarde en interne. Pour l'activer sur votre Mac de bureau (iMac, Mac mini et Mac Pro), lancez l'application **Terminal** (**Applications | Utilitaires**), puis tapez la commande suivante : `sudo tmutil enablelocal`. Pour faire marche arrière, tapez : `sudo tmutil disablelocal`. Profitez d'être dans le Terminal pour lancer une sauvegarde immédiate, tapez : `tmutil snapshot`. Si votre disque dur externe n'est pas relié en permanence à votre Mac de bureau, les sauvegardes se feront sur le disque interne, ce sont les copies dont nous avons parlé aux questions 23 et 181. Pas d'inquiétude, dès que vous brancherez votre disque dur externe, les copies seront déplacées vers l'externe, libérant ainsi de la place sur Macintosh HD. ■

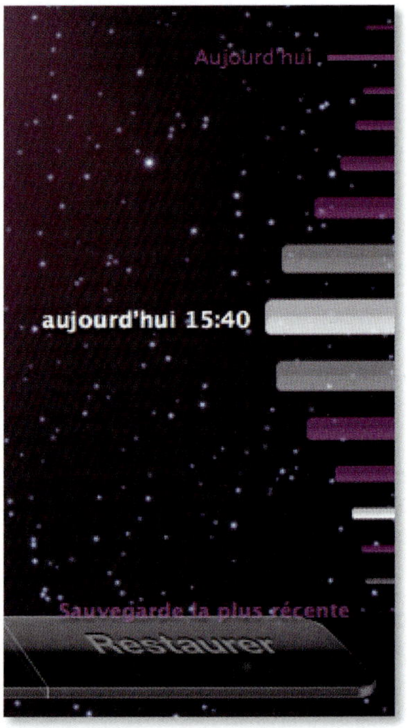

197 Comment forcer la sauvegarde ?

On ne sait jamais de quoi sera fait demain... un Mac qui refuse de démarrer ou un disque dur qui tombe en panne. Un quart d'heure avant d'éteindre votre Mac ou en fin de journée, avant de partir du bureau, il est bon de lancer manuellement une sauvegarde afin d'être sûr que les éléments créés ou modifiés pendant l'heure passée, seront sauvegardés. Connectez votre disque dur externe dédié à Time Machine. Une fois celui-ci monté sur votre bureau, cliquez dans la barre de menus du Finder sur l'icône de Time Machine. Choisissez **Sauvegarder maintenant**. Patientez le temps nécessaire. Vous pouvez voir l'état d'avancement de la mise à jour de la sauvegarde en cliquant à nouveau sur l'icône de Time Machine, dans la barre de menus. ■

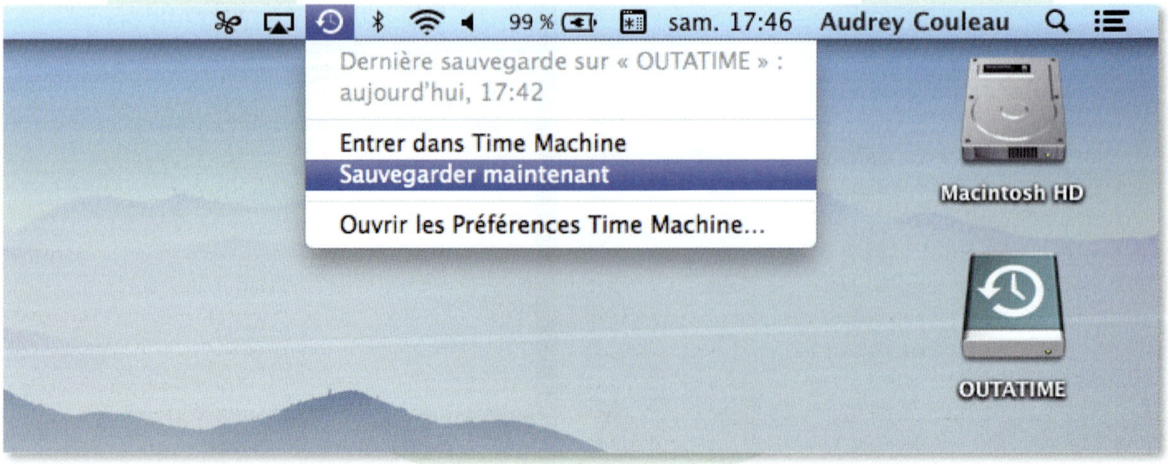

198 Pour quelles raisons opter pour une Time Capsule ?

Comme nous l'avons vu à la question 28, la Time Capsule d'Apple dispose de nombreux atouts par rapport à un disque dur externe, voire un disque dur externe réseau (NAS). C'est principalement pour ses fonctions supplémentaires que vous l'adopterez, si, vous en avez besoin. En plus de sauvegarder les données de tous les Mac de la maison, le tout sans fil, elle permet également de prendre le relais de votre box pour diffuser un réseau Wi-Fi de meilleure qualité qui s'adaptera à vos appareils (réseaux 2,4 GHz et 5 GHz). Vous pouvez également y connecter des périphériques USB (imprimante, disque dur, etc.) et d'autres périphériques en Ethernet. Attention, contrairement à un disque dur réseau (voir question 176), la Time Capsule dispose d'un seul disque dur et n'autorise pas l'utilisation d'un système RAID. Ce dernier permet, grâce à deux disques, à l'un de prendre le relais si l'autre est défaillant. Apple aurait dû y penser. ■

199 Peut-on utiliser Time Machine sur une partition ?

Lorsque vous achetez un disque dur externe, celui-ci est livré avec une partition unique : un disque monte alors sur le bureau. Il est tout à fait envisageable et simple de le partitionner, notamment grâce à l'Utilitaire de disques. Cela signifie que vous allez, « logiciellement », couper le disque en deux morceaux (ou plus). Ainsi, dans le Finder, lorsque vous connecterez un disque dur externe partitionné à votre Mac, celui-ci apparaîtra sous la forme de deux disques (ou plus). Vous pouvez vous dire qu'une partition est dédiée à la musique et l'autre aux photos. Time Machine s'utilise sans problème sur un disque dur partitionné, mais choisir de sauvegarder ses données sur une partition, c'est prendre un risque. Tout comme il est risqué d'utiliser votre disque dur de sauvegarde afin d'y copier d'autres fichiers, ainsi que nous l'avons vu à la question 182. En effet, si vous prenez la décision de partitionner un disque dur, c'est bien dans l'idée d'utiliser la seconde partition à d'autres fins. Et la manipulation des disques durs (en transports, dans votre sac, à la Fac, au travail) nuit à leur durée de vie. À vous de voir si vous prenez le risque de trimballer vos sauvegardes partout avec vous ou si vous préférez laisser sagement votre disque à la maison... Personnellement, mon choix est fait. ■

200 Comment restaurer des photos supprimées ?

Depuis l'arrivée de Mac OS X Lion (10.7 et ultérieure) et d'iPhoto' 11 (9.2 et ultérieure), le gestionnaire des photos d'Apple n'intègre plus l'option **Parcourir les copies de sauvegardes**. Ainsi, au lieu de restaurer certaines photos directement au sein du logiciel, il faut restaurer la bibliothèque dans son intégralité. C'est dommage, c'était beaucoup plus confortable autrefois. Concernant iPhoto, sachez que Time Machine ne peut pas effectuer une sauvegarde complète de la bibliothèque tant que l'appli est ouverte. Pour être sûr que Time Machine fasse bien son travail, quittez iPhoto avant que Time Machine ne lance la sauvegarde. Pour restaurer la bibliothèque iPhoto suite à une mauvaise manipulation, commencez par quitter iPhoto. Connectez votre disque dur externe Time Machine à votre Mac. Dans le Finder, cliquez sur votre **maison** et ouvrez le dossier **Images**. Votre bibliothèque doit logiquement s'y trouver, c'est son emplacement par défaut. Sinon, rendez-vous à l'endroit où vous l'avez placée. Entrez dans Time Machine en cliquant sur son icône disponible dans la barre de menus. Retournez à la date souhaitée. Pour information, la chronologie à droite de l'écran affiche une couleur violette pour chacune des sauvegardes stockées sur votre disque dur externe. Sélectionnez la photothèque à restaurer, puis cliquez, en bas à droite, sur **Restaurer**. ■

Poursuivez l'expérience sur **www.competencemac.com**

Rendez-vous sur notre site web pour découvrir dix bonus vidéo gratuits, offerts en complément de ce numéro :

1. Comment retrouver les mots de passe enregistrés par le Mac ?
2. Comment sécuriser les informations du carnet d'adresses ?
3. Comment régler plus finement la luminosité de l'écran ?
4. Comment naviguer sur internet sans publicité ?
5. Comment créer et sécuriser un fichier PDF ?
6. Comment désactiver le lancement automatique d'iPhoto ?
7. Comment changer rapidement d'entrée ou de sortie audio ?
8. Comment masquer un achat dans le Mac App Store ?
9. Comment encoder un film pour iTunes ?
10. Comment réaliser un clone avec SuperDuper! ?

BONUS VIDEO

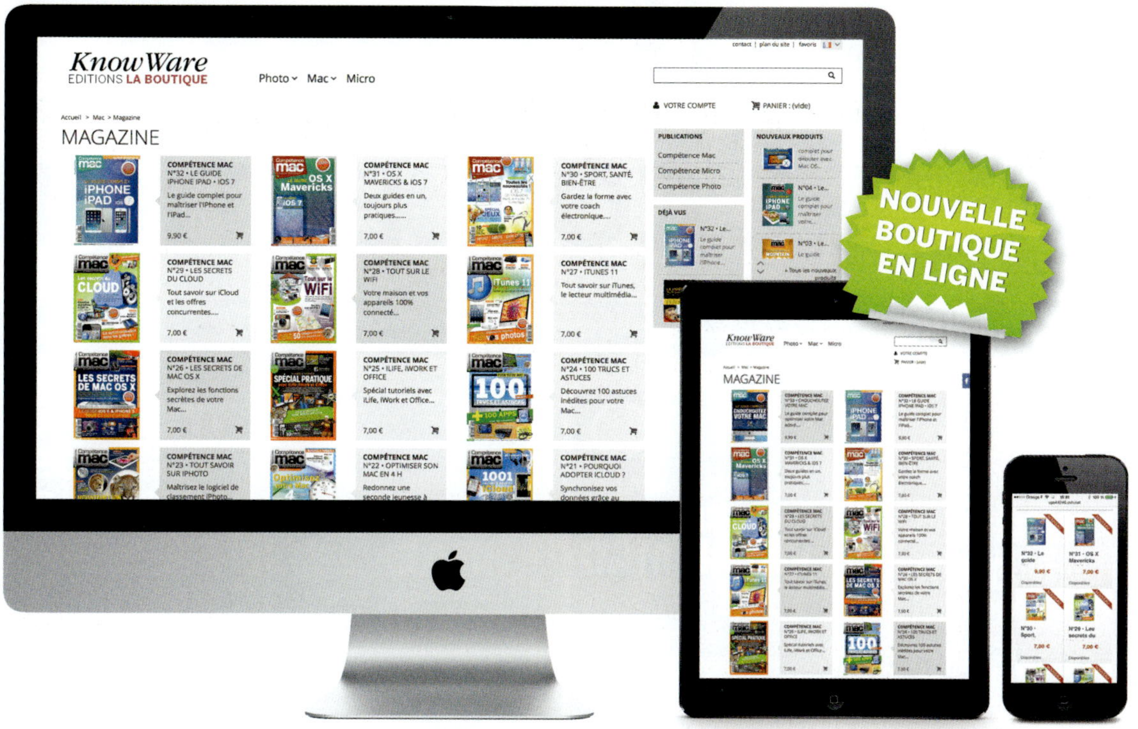

WWW.KNOWWAREEDITIONS.COM

BULLETIN D'ABONNEMENT

□ Je désire m'abonner à Compétence Mac (6 numéros) pour 48 € au lieu de 59,40 €, soit 19 % de remise et les frais de port offerts*.

Vos coordonnées

Nom : ....

Prénom : ....

Adresse : ....

Ville : .... Code postal : └┴┴┴┴┘

Téléphone : ....

E-mail : ....

Règlement

□ **Par chèque bancaire ou postal** à l'ordre de KnowWare

□ **Par carte bancaire**

N° : └┴┴┴┘ └┴┴┴┘ └┴┴┴┘ └┴┴┴┘

Code à 3 chiffres (au dos de la carte) : └┴┴┘

Date d'expiration : └┴┘ └┴┘

Signature

Pour commander votre abonnement, renvoyez-nous ce bon de commande avec votre règlement à l'adresse indiquée.

* Pour la France métropolitaine uniquement

COMPLÉTEZ VOTRE COLLECTION

LE MAGAZINE

NUMÉRO 34

NUMÉRO 33

NUMÉRO 32

NUMÉRO 31

NUMÉRO 30

NUMÉRO 29

NUMÉRO 28

NUMÉRO 27

NOS LIVRES & HORS-SÉRIE

OS X Mavericks

iPhone iPad • iOS 6

OS X Mountain Lion

iMovie'11

BON DE COMMANDE

LE MAGAZINE

Nouvelle formule • 148 pages

☐ 34 ☐ 33 ☐ 32

9,90 € + port

Ancienne formule • 116 pages

☐ 31 ☐ 30 ☐ 29 ☐ 28 ☐ 27

7 € + port

NOS LIVRES & HORS-SÉRIE

☐ Bien débuter sur Mac avec OS X Mavericks • 148 pages • 9,95 € + port

☐ Le Guide complet iPhone iPad avec iOS 6 • 148 pages • 9,90 € + port

☐ Tout savoir sur OS X Mountain Lion • 148 pages • 9,90 € + port

☐ La vidéo sur Mac avec iMovie'11 • 260 pages • 23 € + port

Vos coordonnées

Nom : ....

Prénom : ....

Adresse : ....

Ville : ....

Code postal : └┴┴┴┴┘

Téléphone : ....

E-mail : ....

Règlement

□ **Par chèque bancaire ou postal** à l'ordre de **KnowWare**

□ **Par carte bancaire**

N° : └┴┴┴┘ └┴┴┴┘ └┴┴┴┘ └┴┴┴┘

Code à 3 chiffres (au dos de la carte) : └┴┴┘

Date d'expiration : └┴┘ └┴┘

Pour passer commande, renvoyez-nous ce bon complété avec votre réglement à l'adresse suivante :

KNOWWARE
70, rue Georges Villette
77250 Écuelles
Tél. : (+33) (0) 1 60 70 60 34
Fax : (+33) (0) 1 60 70 60 35

Signature

CALCULEZ LES FRAIS DE PORT

FRANCE MÉTROPOLITAINE
Premier exemplaire : 3,50 €
Chaque exemplaire supplémentaire : + 1 €

AUTRES DESTINATIONS
Passez commande sur notre site web
www.knowwareeditions.com

INDEX

A

AAC 73, 76, 80
Achats 94, 95, 104
AIFF 76
ALAC 80
Audacity 73
Ajustements 58, 68
Alerte 46, 48, 49
Alerte (sons) 76
Album 29, 62, 79, 83, 113
Album intelligent 61, 67
Alpha instantané 53
Aperçu 22, 52, 135
Aperçus 66, 68
Aperture 66, 121
App Store 114
Apple ID ... 14, 35, 89, 105, 108, 111, 119
Apple TV 88, 94, 101, 116, 118
AppleScript 20
Applications 10, 15, 19, 48, 74, 104
Apps 63, 114
AirPlay 26, 27, 29, 88, 89, 119
AirPort Express 26, 27, 29
AirPort Extreme 26, 27, 35
AirPort Time Capsule 26, 27, 35
Antivirus 33, 127
Arrêt 16
Assistant migration 129
Automator 20

B

Bannière 46
Banque 67
Barre de défilement 17
Barre latérale Finder 12
Barre latérale iTunes 81
Bibliothèque Aperture 66, 67
Bibliothèque iPhoto 59, 64, 67
Bibliothèque iTunes 78, 80, 113, 119
Bibliothèque Finder 45, 76
Blu-ray 29, 87, 97
Box 26, 28, 32, 34, 124, 133, 139
Bureau étendu 89

C

Cassette 72
Clé USB 11, 18, 33, 107, 112, 130
Codec 90, 98
Coins actifs 16
Compteur de mots 20
Concentrateur USB 25, 27
Connexion internet 29, 32, 42, 106, 108, 110, 117
Contraste 54
Copie de travail 65, 67, 68, 69
Copies de sauvegardes 140
Copies (stockage) 22, 128
Correction 58, 67
Crypter 18

D

Débit 23, 32
Définition standard 95, 96, 111
Démarrage 11, 16, 17, 127
Détourage 53, 55
Diagnostic de connexion 42
Dimensionner (par lots) 57
Dimensions 52, 55, 57, 101, 111
Disque dur externe 11, 18, 22, 27, 112, 124
Dossier (Mail) 44
Dossier intelligent 61, 91
Doublons 58, 79
DVD 29, 82, 97, 107, 118

E

Effet sonore 76
Égaliseur 75, 82
Email 42, 46
Économiseur d'écran 10, 16
Encoder .... 87, 88 , 97
Enregistrement 21, 72, 73, 75, 99
Ethernet 24, 26, 35, 124, 133,139
Exposition 54
Extension 22, 55

F

Facebook 34, 39, 100
Favoris 12, 37, 40, 44
Films 86, 92, 94,108
FLAC 80
Flash 41
Flux de photos 62, 63, 121
Fond d'écran 11
Forfait 63

G

GateKeeper 10
Générique 99, 100
Gravure 82

H

Haute définition ... 89, 93, 95, 109, 110
Hub USB 25, 27

I

iCloud 19, 39, 42, 62, 116, 120
Identifiant Apple 14, 35, 89, 105, 108, 111, 119
Indésirable 36
Infrarouge 118
Installation 10, 81, 105, 107
Images 52, 57, 59, 66
IMAP 43, 44
iMessages 35, 75
Importation 60, 61, 66, 78
Imprimer 28, 54, 56
iMovie 95, 120, 134
iPad / iPhone 28, 36, 38, 62, 72, 78, 88, 95, 101, 111, 114
iPhoto 42, 58, 120, 121, 140
iTunes 49, 73, 78, 94, 101, 106
iTunes Store 89, 94, 95, 108, 115

J

Jaquette 94, 97
JPEG 22, 52, 55, 92

K

Keynote 99, 135

L

Lecteur (mode) 40, 41
Liens partagés 37
Lieux 59, 60, 67, 68, 69
Liste de lecture 37, 40, 75, 82, 109
Location (de films) 109, 110, 111
Luminosité 74

M

Mac App Store 10, 104
Mail 42, 132
Mémo vocal 75
Messages 35, 36, 42, 43, 75
Micro 75, 77, 99
Mise à jour 104, 106, 117, 121,
Mission Control 49
Mode sans échec (iTunes) 81
Modem 27, 35
Mot de passe 10, 14, 16, 18, 45, 56
MP3 .... 76, 80
Musique 26, 29, 78, 113

N

NAS 124, 128, 133, 139
Ne pas déranger 36, 46
Noir et blanc 54
Notifications 46
Numériser 57, 72

P

Page d'accueil 38
Page web (archiver) 41, 54
Paroles 79
Partage à domicile 113, 118, 119
PDF 17, 22, 41, 54, 55, 56
Perian 98
Photothèque 59, 66, 67
Piles 69
Pistes (audio) 73, 80, 82, 83
Plugins (web) 32, 90
Plugins (iTunes) 81
PNG 22, 53, 55
POP 43, 44
Point d'interrogation 12
Préamplificateur 72
Publicité 32, 40

Q

QuickTime Player 75, 80, 86, 88, 98, 118

R

Raccourci clavier 49, 132
RAW 55
Recadrer 52
Récents (fichiers) 19, 91
Recherche 18, 44, 45, 91
Recopie vidéo 89
Référencé (mode) 66, 67, 68, 78
Relever (le courrier) 42
Réseau cellulaire 63
Résolution 52, 57, 111
Restaurer 66, 125, 132, 135, 140
Retouche 55, 58, 65, 67, 68, 134
Revenir (à l'original) 65, 68

S

Safari 32, 37, 48, 90
Sauvegardes 22, 67, 124, 131
Sécuriser 11
Sécuriser (un PDF) 56
Sécurité .... 10 ,15, 16, 23, 118
Serveur 33, 42, 43, 44, 58, 94
Signets 37, 40
SMC 13
Son 72
Sous-titres 86, 88
Spotlight .... 13 , 18, 132
SuperDuper! 127
SuperDrive 29, 82

T

Taille (ajuster la) 52, 55, 57, 86, 99
Télécommande 118, 120
Thunderbolt 24, 127
TIFF 22, 55
Time Machine 22, 27, 94, 124, 131
TNT 92
Transfert d'images 63, 64
Trousseau d'accès 45
Twitter 34, 37, 39, 100

U

USB 24, 25, 73, 127

V

Veille 10, 13, 16
Versions 21, 65, 101, 107, 135
Verrouiller 10, 16
Vidéos 61, 86, 91, 95, 96, 100
Vignettes 56, 57, 58, 61, 64
Vinyle 72, 73
VIP 44
Volume 15, 73, 75, 77, 82

W

Wi-Fi 26, 28, 29, 34, 35, 108, 120

Y

YouTube 32, 74, 86, 87, 88, 90, 100